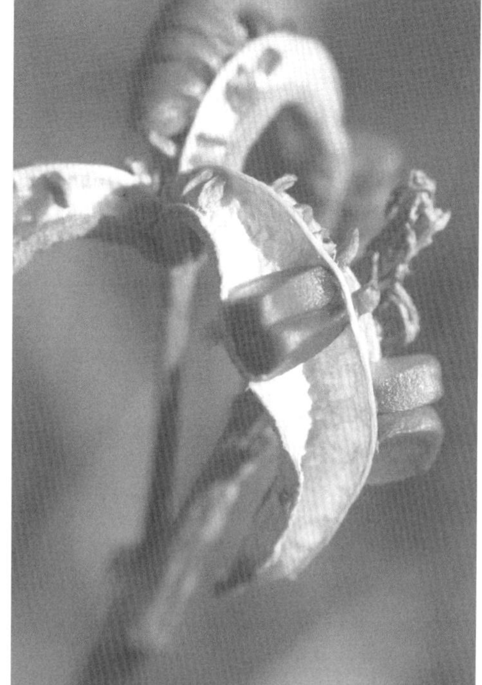

Außen handeln – Innen schauen

Systemische Prozessbegleitung in der Erlebnispädagogik

3. überarbeitete Auflage

Roland Abstreiter, Rafaela Zwerger, Reinhard Zwerger

Gelbe Reihe : Praktische Erlebnispädagogik

Dieser Titel ist auch als eBook erhältlich
ISBN 978-3-96557-131-0

Sie finden uns im Internet unter
www.ziel-verlag.de

Wichtiger Hinweis des Verlags: Der Verlag hat sich bemüht, die Copyright-Inhaber aller verwendeten Zitate, Texte, Bilder, Abbildungen und Illustrationen zu ermitteln. Leider gelang dies nicht in allen Fällen. Sollten wir jemanden übergangen haben, so bitten wir die Copyright-Inhaber, sich mit uns in Verbindung zu setzen.

Inhalt und Form des vorliegenden Bandes liegen in der Verantwortung der Autor:innen.

Bibliografische Information der Deutschen Nationalbibliothek
Die Deutsche Nationalbibliothek verzeichnet diese Publikation in der Deutschen Nationalbibliografie; detaillierte bibliografische Daten sind im Internet über *http://dnb.d-nb.de* abrufbar.

Printed in Germany

ISBN 978-3-96557-130-3 (Print)

Verlag:	ZIEL – Zentrum für interdisziplinäres erfahrungsorientiertes Lernen GmbH Zeuggasse 7–9, 86150 Augsburg, www.ziel-verlag.de 3. überarbeitete Auflage 2024
Fotos:	Sebastian Kautz, www.phototion.de Rafaela Zwerger, www.zwerger-r-leben.de
Zeichnung:	Paul Dorgerloh
Sämtliche Grafiken:	Roland Abstreiter
Gesamtherstellung:	**FRIENDS** Menschen Marken Medien www.friends.ag

Klimaneutral gedruckt mit mineralölfreien Druckfarben auf möglichst umweltschonend produziertem Papier.

„Wer glaubt,
etwas zu sein,

hört auf,
etwas zu werden.“

(Sokrates)

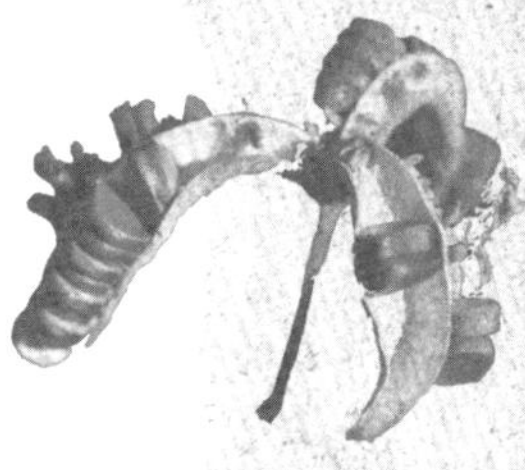

Inhaltsverzeichnis

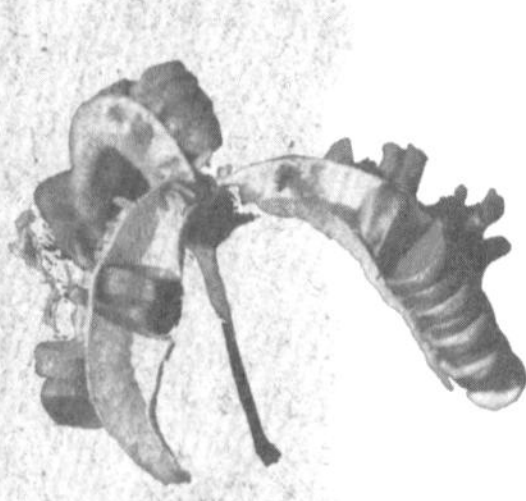

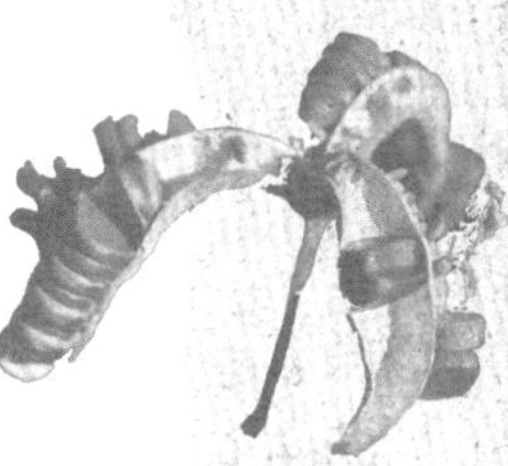

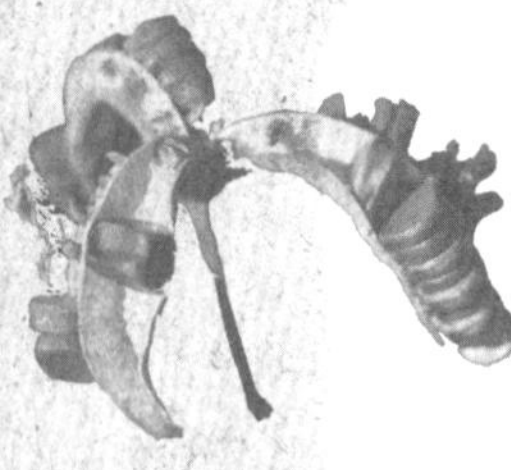

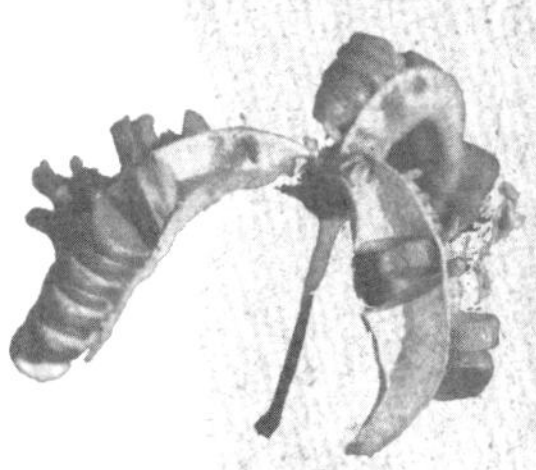

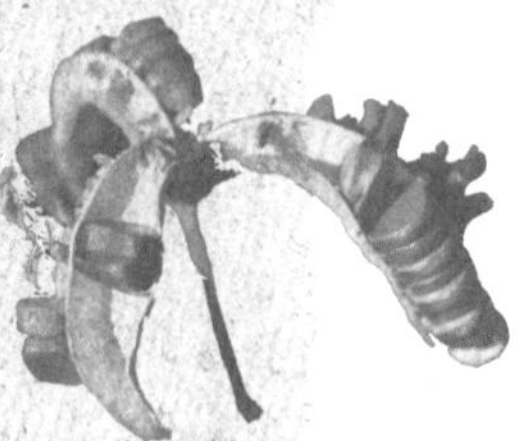

1. Vorbemerkungen

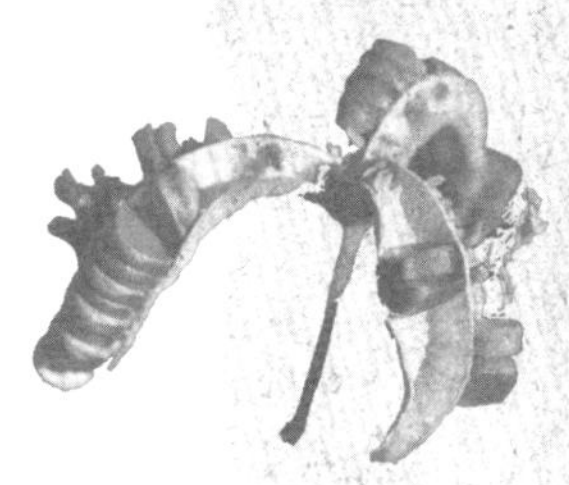

1. Vorbemerkungen

Die Erde schenkt uns mehr Selbsterkenntnis als alle Bücher,
weil sie uns Widerstand bietet. Antoine de Saint-Exupéry: Wind, Sand und Sterne

Warum Sie Vorwort und Einführung nicht überblättern sollten

Es wird vielen von Ihnen ähnlich gehen. Weil man gespannt ist darauf, ob man Gefallen an einem Buch findet, überblättert man häufig Vorwort und Einleitung, damit man rasch dort angelangt, wo es „richtig losgeht". Wir möchten Ihnen jedoch ans Herz legen, dies bei dem vorliegenden Buch nicht zu tun. Es folgt sozusagen eine „Anleitung" zum Lesen des Buches. Viele der Gedankengänge und sprachlichen Besonderheiten könnten leicht missverstanden werden, wenn Sie lediglich in das Inhaltsverzeichnis sehen und zu dem Kapitel springen, das unmittelbar Ihre größte Aufmerksamkeit anzieht. Lesen Sie die Einleitung und entscheiden Sie danach, welche Kapitel Sie als Expert:in zunächst doch überspringen.

Wenn Sie zu der Erkenntnis gelangen, dass Sie nicht zum wiederholten Male Abschnitte über grundlegende Modelle der Erlebnispädagogik lesen müssen, geben wir Ihnen hier den Tipp, spätestens bei Kapitel 4.2. einzusteigen.

Vorwort

„Warum wollt ihr dieses Buch schreiben, es gibt doch schon so viele? Was wird das Neue sein darin? Wollt ihr vorhandene Erkenntnisse nur einfach neu beschreiben und in eure Sprache übersetzen? Erfindet ihr etwas neu und ist das, was es bereits gibt, nicht gut genug?"

Mit solchen Fragen wurden wir beim Verfassen dieses Buches immer wieder konfrontiert, und oft stellten wir uns diese Fragen im Autorenteam selbst. Was genau ist unsere Absicht, wenn wir uns daran machen, unsere Erkenntnisse aus 30 Jahren erlebnispädagogischer Praxis zu Papier zu bringen?

Wir wollen einen Kuchen backen. Die Zutatenliste findet sich in einem der zahlreichen Koch- und Backbücher im Regal bzw. heutzutage leicht im Internet. Die Liste klingt vertraut: Mehl, Eier, Butter ... oder übersetzt in die Sprache der Erlebnispädagogik: neue und möglichst herausfordernde Erfahrungen, vorzugsweise, jedoch schon lange nicht mehr ausschließlich in der Natur, zumeist erlebt in der Gruppe, physisch und psychisch sicher vorbereitet und durchgeführt, dazu eine gute Portion Reflexion zu unterschiedlichen Zeitpunkten in die rohe Kuchenmasse eingebracht, um am Ende einen möglichst guten Transfer für die einzelnen Teilnehmenden oder die gesamte Gruppe zu ermöglichen. Den fertigen Kuchen kann man zudem dekorieren und zu einem passenden Stück geschnitten zusammen mit Kuchengabel und Serviette anrichten.

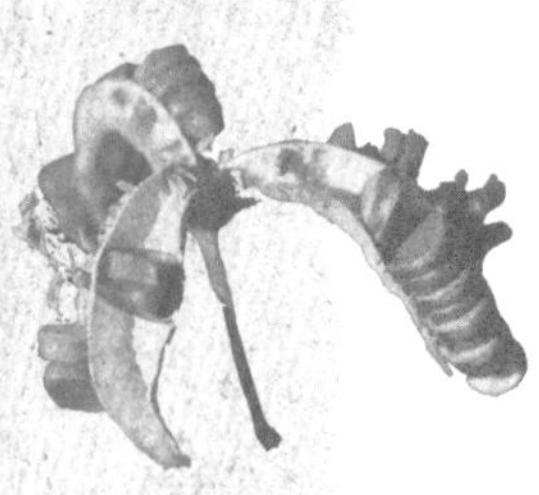

Vielen ist bekannt, was es bedeutet, als Küchenlaie einen vorzeigbaren Kuchen zu backen und sie wissen um die Tücken dieses Geschäftes. Selbst wenn man sich Zeile für Zeile an das Rezept hält, ist dies noch lange keine Garantie für etwas Schmackhaftes. Begnadeten Bäckern und Konditoren dagegen gelingt etwas Wunderbares: Auch wenn jeder Kuchen anders schmeckt und kleine Nuancen bei der Zusammenstellung der Zutaten, bei der Backtemperatur und bei der Backdauer den Kuchen verändern, er gelingt immer. Und fragt man wie das gelingt, lautet die Antwort „Das habe ich im Gefühl." Oft frustriert diese Antwort dann eher und führt dazu, dass auf eine Fertigbackmischung zurückgegriffen wird. Und selbst dann gelingt es meist nicht, das Ergebnis auch nur im entferntesten Sinne ähnlich aussehen zu lassen wie das, was das Bild auf der Verpackung verspricht.

Menschen mit Übung können zudem aus den gleichen oder zumindest sehr ähnlichen Zutaten ein gutes Dutzend verschiedenster Kuchen zaubern. Konsistenz, Geschmack, Größe und „Schwere" des Kuchens sind oftmals so unterschiedlich, dass man kaum glauben mag, es handele sich hier um die gleichen Ausgangsmaterialien.

Und so möchten wir das Buch verstehen. Wir werden nicht das Kuchenbacken neu erfinden oder auch nur behaupten, unsere Kuchen würden besonders gut schmecken. Doch wir denken, aus lange bekannten Zutaten am Ende einen neuen Kuchen kreiert zu haben, der dann probiert werden kann. Er mag ein interessantes Erscheinungsbild haben, manche klassische Zutaten nur in Spuren und weitere spannende Gewürzmischungen enthalten – am Ende muss er schmecken, und zwar vor allem den Kunden und nicht dem Bäcker alleine. Ob er sich auf dem Markt durchsetzen kann, wird hoffentlich lebhaft diskutiert werden.

Das Bild mit dem Kuchen hinkt an einer sehr wichtigen Stelle. Man könnte meinen, Erlebnispädagogik könne nach Rezept zusammengesetzt werden und am Ende komme schon irgendwie ein Kuchen dabei heraus. Man nehme etwas hiervon und davon und schon hätten wir etwas für den Sonntagskaffee. Da wir viele Menschen im Bereich Erlebnispädagogik ausbilden, werden wir mit solchen Fragen auch immer wieder konfrontiert: „Welche Aufgabe und welche Reflexionsmethode muss ich kombinieren, um ein bestimmtes Thema zu bearbeiten?"

Wir haben die Hoffnung, dass Sie selbst diese Fragen nicht mehr stellen werden oder dass Ihr Blick auf die Antworten ein vollkommen neuer ist, wenn Sie dieses Buch komplett gelesen haben. Denn wir sind der Meinung, dass (Erlebnis-)Pädagogik viel zu komplex ist, um Antworten auf diese Frage überhaupt in befriedigender Weise geben zu können. Und wir behaupten obendrein, dass dies sogar gut ist.

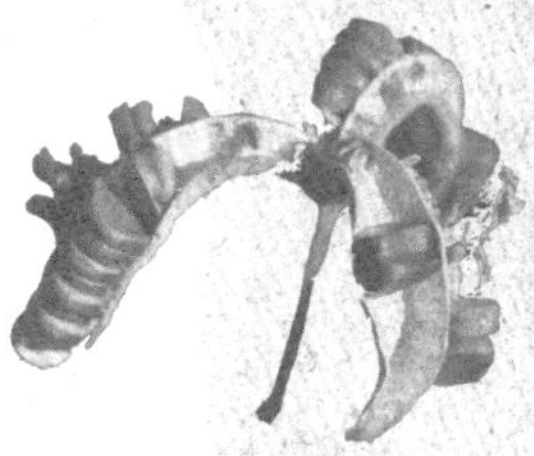

Wir möchten ausdrücklich bereits an dieser Stelle die vorangegangene Arbeit vieler würdigen, die in hervorragenden Publikationen vieles bereits zu Papier gebracht haben. Zahlreiche Kapitel des vorliegenden Buches wären sehr kurz, wenn wir einfach auf deren Werke verweisen würden. Und der Beginn dieses Buches war nichts anderes als ein 25 Seiten langer Artikel in einer Kongressveröffentlichung, wo wir genau dies getan haben: Grundlagen, auf denen unser neu entwickeltes Modell der erweiterten E-Kette beruht, haben wir dort als bekannt vorausgesetzt und nur mit ein paar Zeilen in Erinnerung gerufen.

Da es unsere Absicht ist, dass praktizierende Erlebnispädagog:innen dieses Buch auch lesen kann, ohne dabei mehrere weitere Werke gleichzeitig bei sich führen zu müssen, beschreiben wir in den ersten Kapiteln die für uns wichtigsten Modelle und Denkansätze und erläutern zugleich, woher diese stammen. Dabei haben wir nach bestem Wissen und mit bestem Gewissen nach der jeweiligen Urheberschaft geforscht und bitten um Hinweise darauf, falls uns dies einmal nicht richtig gelungen ist, und zugleich um Entschuldigung. Die Bücher, auf die wir uns beziehen, füllen ganze Regale. Manche Gedanken haben wir dort wiedergefunden, die wir in ähnlichem Umfang selbst hatten, bevor wir später dann auf die entsprechenden Textpassagen stießen. Viele Inspirationen haben unsere eigenen Schlüsse erweitert, andere wiederum teilen wir nicht. Bei manchen Gedankengängen und Bildern hoffen wir, die Urheberschaft für uns beanspruchen zu dürfen, denn diese sind bei uns neu entstanden.

Immer wieder hervorgeholt haben wir bei unseren Recherchen diverse Titel der folgenden Autorinnen und Autoren, wobei deren Stellenwert sich durch die alphabetische Ordnung der Nennung nicht immer widerspiegelt. Es sind dies unter anderen: Steven Bacon (2003), Manuel Barthelmess (2016), Jörg Friebe (2010), Michael A. Gass (2005), Rüdiger Gilsdorf (2004), Bernd Heckmair (2000, 2008), Martin Hillebrand und Roswita Königswieser (2011), Johan Hovelynck (1999 – 2004), Hans Peter Hufenus (2012), Christine und Hansjörg Lindenthaler (2012), John L. Luckner und Reldan S. Nadler (1997), Werner Michl (1989, 2015), Hartmut Paffrath (2013), Simon Priest (1999), Mart Rutkowski (2010), Tom Senninger (2000), Rainer Schwing (2013), Arist von Schlippe und Jochen Schweitzer (2003), Cornelia Schödlbauer (2000) und viele andere mehr.

Wenn im Text Personennamen vorkommen, wurden diese dort, wo es die Persönlichkeitsrechte von Teilnehmenden betrifft, geändert.

Hinterzarten, im Juli 2017
Roland Abstreiter, Rafaela & Reinhard Zwerger

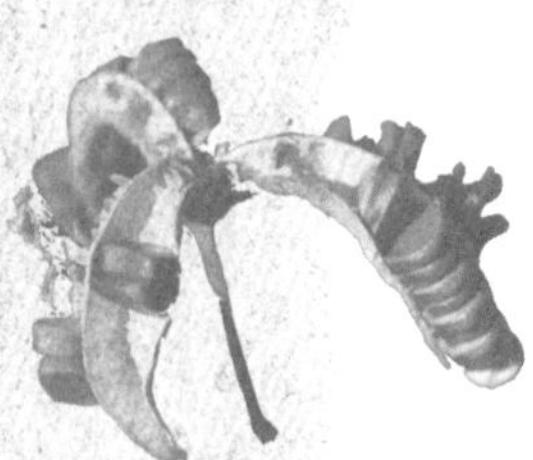

Vorwort zur 3. überarbeiteten Auflage

In der vorliegenden 3. Auflage haben wir inhaltlich nur wenige Erweiterungen wie die Aktualisierung des Berufsbildes aus dem Jahr 2023 vorgenommen. Wir konnten die Tatsache, dass auch die 2. Auflage schnell vergriffen war, jedoch dazu nutzen, den Text zu gendern. Wir hoffen, dass uns dies lückenlos gelungen ist und freuen uns diesbezüglich über Informationen per Mail an **info@zwerger-raab.de**, falls wir Wesentliches übersehen haben. Wenn teilweise nur ein Geschlecht genannt wird, liegt das daran, dass in diesen Fällen explizit eine Frau oder ein Mann gemeint sind oder es um Original-Zitate aus der Literatur handelt.

Wir sind der Meinung, dass systemische Haltungen und Methoden eine hilfreiche und wirkungsvolle Art sind, um die klassische erlebnispädagogische Arbeit zu unterstützen, wenn auch nicht die einzige. An dieser Stelle zitieren wir gerne Bernd Heckmair und Werner Michl (2018, S. 141), die schreiben, dass es darum geht „(...) den Wald und die Bäume zu sehen. Und manchmal sind die Bäume wichtiger, manchmal der Wald und oft beides zugleich!"

Roland Abstreiter, Rafaela & Reinhard Zwerger

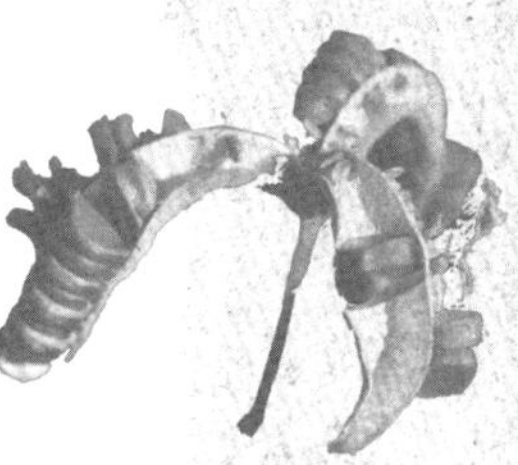

2. Einführung

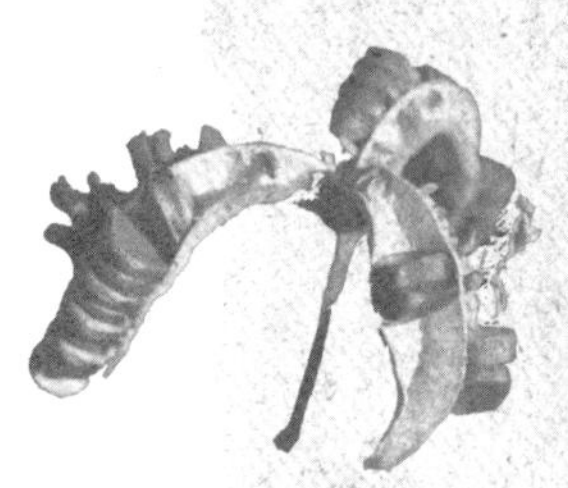

2. Einführung

Einleitung

In unseren Ausbildungsgruppen werden wir häufig gefragt, welche Aktivität „A" man am besten einsetzen und welche Reflexionsmethode „R" man sodann ergänzen solle, um am Ende das Ziel „Z" zu erreichen. Dahinter steckt die Suche nach einem klaren Schema, an dem man sich festhalten kann – wie die Suche nach einem Rezept. Wenn man will, dass die Gruppe an ihrem Kommunikationsverhalten arbeitet, verwendet man am besten Teamaufgabe XY, ... mit anderen Worten: Welche Aktivität führt mit welcher Reflexionsmethode zu welchem Ziel? Der Gedanke dahinter ist, dass durch bestimmte Aufgaben gleichsam automatisch die entsprechenden Erkenntnisse gewonnen werden könnten. Es wäre so schön, da so einfach! Leider – oder besser gesagt: zum Glück – ist dem aber nicht so, da wir es mit Menschen und nicht mit Maschinen zu tun haben und auch wir selbst Menschen mit subjektiven Einstellungen und Empfindungen sind und daher mit dem, wie wir sind, den Prozess beeinflussen.

Meistens müssen wir die Teilnehmenden unserer Weiterbildungen vertrösten, dass sie unsere Antwort erst in einigen Wochen des Erlebens und Erfahrens verstehen würden und dies selbst dann noch nicht gewährleistet sei. Unser „Kommt ganz darauf an" beinhaltet dabei stets auch das Hinterfragen der Intention, ein bestimmtes Ziel zu erreichen, das uns Kunden oder wir selbst gesteckt haben, und ein Reflektieren der eigenen Motive und Antreiber.

Während eines Abschlussgesprächs nach neun Monaten Zusatzqualifikation „Erlebnis- und Umweltpädagogik" erzählte ein Teilnehmer, dass er den Beginn der Weiterbildung „ganz schön nervig" gefunden habe. Immer wenn er seinen Wissensdurst gestillt bekommen wollte, hielten wir ein „Kommt ganz darauf an" entgegen und stellten Fragen, anstatt „einfach" zu sagen, wie „man es richtig macht".

Er hatte es sich zur Aufgabe gemacht, während seines in der Ausbildung erforderten Eigenprojektes Sozialarbeiter und Lehrkräfte an einer Schule in Erlebnispädagogik zu schulen, und sah sich nun mit den gleichen Fragen konfrontiert. Und er erzählte mir, wie sich seine eigene Haltung mittlerweile gewandelt habe. Wir zitieren aus seinem Projektbericht:
„Während der Ausbildung zum Erlebnispädagogen hörten wir öfter den Satz ‚Kommt ganz drauf an'. Gerade wenn es um die Frage ging, welche Methode wende ich bei Problem X an. Auf diesen Satz durfte ich während des Projektes des Öfteren zurückgreifen. Gerade diese Situation verdeutlichte mir, dass die Erlebnispädagogik keine einfache Problem-Antwort-Geschichte ist, sondern dass die Haltung der Anleitenden, die Persönlichkeiten der Teilnehmenden, die Phase der Gruppe, usw. ... ausschlaggebend sind. Und dass wir als Erlebnispädagogen selbst bei einer guten Vorbereitung zwar für den Rahmen verantwortlich sind und für die Begleitung des Prozesses. Doch was gewonnen werden kann, liegt ebenso in der Verantwortung der Teilnehmenden. Offenheit, Motivation und Engagement bestimmen maßgeblich den Erfolg eines Prozesses mit."

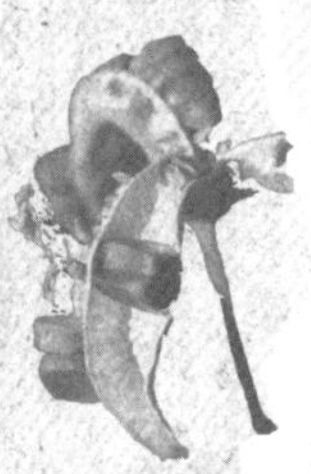

Dieses Buch mit dem Titel „Außen handeln – Innen schauen" wird vor allem näher untersuchen, *wie* Erlebnispädagog:innen ihre Aufgaben und Tätigkeiten ausfüllen, welche Faktoren bei der Gestaltung von Lernräumen und Aktivitäten eine Rolle spielen, wo Stellschrauben oder Ansatzpunkte gesehen werden, um bewusst Einfluss auf den Lernprozess der Teilnehmenden zu nehmen – mit dem Ziel, persönliche Entwicklungsprozesse bei ihnen anzuregen und zu begleiten. Darin stecken aus unserer Sicht die wesentlichen Inhalte und die Beantwortung der Gretchenfrage der Erlebnispädagogik: „Wie gestalten wir den Unterschied zwischen erlebnisorientierten Angeboten und wirksamer Erlebnispädagogik? Wo sind Ansatzpunkte und Einflussmöglichkeiten, um Prozesse am Laufen zu halten und sie zu unterstützen, um Entwicklung auf persönlicher Ebene zu ermöglichen und die Teilnehmenden in ihren Themen voranzubringen?"

Im Hinblick auf die Ziele der Erlebnispädagogik unterscheidet beispielsweise Baig-Schneider (2012, S. 171) drei zentrale Dimensionen erlebnispädagogischer Veranstaltungen. Diese sind Bildung im Sinne von Selbstbildung, Erziehung und Training. Aus unserer Sicht zielt Erlebnispädagogik immer auf einen persönlichen Entwicklungsprozess ab, der die genannten Aspekte beinhaltet.

Wenn „wir der Erlebnispädagog:innen" gefragt werden, warum und auf welche Weise das funktioniert, was wir mit fester Überzeugung vertreten, mit Leidenschaft vortragen und den uns anvertrauten Menschen nahebringen wollen, bemühen wir zumeist unterschiedliche Modelle, die alle jeweils Teilaspekte beinhalten. Je länger wir uns mit diesen Themen beschäftigen, desto näher rücken die Ansätze zusammen und desto klarer werden für uns die Zusammenhänge zwischen all den Betrachtungsweisen.

Daher wird es aus unserer Sicht Zeit für eine Neubetrachtung der Lernmodelle, Wirkmodelle, Ansätze oder Theorien, wie auch immer der theoretische Hintergrund zur Erlebnispädagogik von unterschiedlichen Autor:innen genannt werden mag. Zusammenfassend lassen sich aus unserer Wahrnehmung heraus erlebnispädagogische Ansätze sehr gut mit den Denkansätzen der systemischen Praxis verbinden.

In diesem Buch werden wir nur einen groben Blick auf das Offensichtliche legen. Die auf dem weiten Feld der Erlebnispädagogik genutzten Medien, wie Natursport, Hochseilgarten, Lernszenarien, Interaktionsübungen und vieles mehr, werden wir hier nur streifen und dabei mit Freude auf ein großes Spektrum von Veröffentlichungen verweisen. Auch die Themen der physischen und psychischen Sicherheit und Unversehrtheit der Teilnehmenden seien nur am Rande erwähnt. Und da es zudem zahlreiche Fortbildungen zu diesen Fertigkeiten gibt, widmen wir uns in unserem Buch diesem Bereich nur peripher.

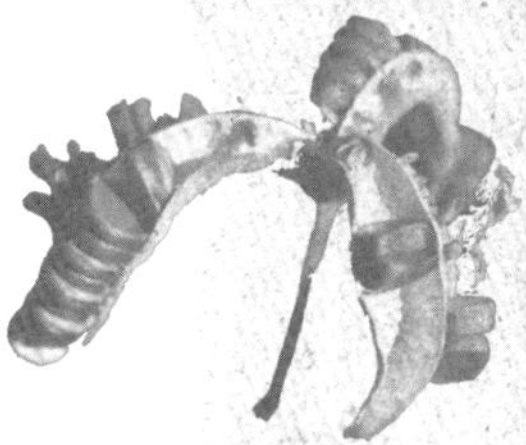

Im **ersten Teil** beschreiben wir in Kapitel 3 zunächst den Beruf der Erlebnispädagog:innen, wobei wir auf das 2015 erstmalig veröffentlichte Berufsbild des Bundesverbandes Individual- und Erlebnispädagogik eingehen. Wir konkretisieren dieses Berufsbild anhand der Fertigkeiten und Fähigkeiten, die Erlebnispädagog:innen mitbringen sollten. Sodann geben wir in Kapitel 4.1 einen Überblick über die am häufigsten veröffentlichten Theorien und Modelle, auf die wir in unterschiedlicher Form und Ausprägung immer wieder zurückgreifen, wenn es darum geht, Menschen in der Entwicklung diverser Kompetenzen zu fördern bzw. den Teilnehmenden unserer Fort- und Weiterbildungskurse zu beschreiben, wie das, was wir tun, wirkt. Wir stellen dabei die Modelle so dar, wie sie in unserem Verständnis von den jeweiligen Autor:innen gedacht waren, ungeachtet der Widersprüchlichkeiten und möglicher Kritiken an den jeweiligen Ansätzen.

Im weiteren Verlauf nehmen wir auch eine Neusortierung und teilweise Neubenennung von immer wieder ähnlich, aber leider selten einheitlich verwendeten Begriffen vor. In Kapitel 4.2 differenzieren wir zwischen den Ansätzen von Priest/Gass und Gilsdorf. Die Ansätze unterscheiden sich unter anderem in der Frage, ob sich zwischen Phasen der Aktivität und Reflexion eine Trennlinie ziehen lässt oder nicht.

In Kapitel 4 betrachten wir Reflexion als unerlässlichen Bestandteil erlebnispädagogischer Programme, unabhängig davon, ob sie vom Erlebnispädagog:innen bewusst angeleitet wird oder ob sie als untrennbarer Bestandteil der Aktivitäten angesehen wird.

Unsere Haltungen und Herangehensweisen sind zu einem großen Teil durch Gedanken aus der Systemtheorie und dem Konstruktivismus geprägt, so dass wir in Kapitel 4.4 einen Abriss über für uns wichtige und im Zusammenhang mit Erlebnispädagogik stehende Grundannahmen und Haltungen systemischen Denkens und Handelns geben.

Im **zweiten Teil** betrachten wir in Kapitel 5, welche Rolle wir als Erlebnispädagog:innen innehaben, ganz gleich, ob wir uns der daraus resultierenden Effekte auf das ganze System bewusst sind oder nicht. Aus bekannten Modellen kreieren wir sodann ein neues erweitertes E-Ketten-Modell. Zudem beschreiben wir bestehende Modelle der Prozessbegleitung (bislang beispielsweise bekannt unter dem Begriff „Lernmodelle") neu, indem wir sie nach dem Grad der subjektiven Einflussnahme der Erlebnispädagog:innen auf die Teilnehmenden ordnen.

Durch diese neue, an der Person der Erlebnispädagog:innen ausgerichtete Ordnung ergeben sich unterschiedliche Sichtweisen auf erlebnispädagogische Prozesse. Ein Prozess kann jeweils aus der Sicht von Erlebnispädagog:innen betrachtet werden („Wie trage ich zur Entwicklung bei? Wie interveniere ich?") oder aus der Sicht der Teilnehmenden („Welche Prozesse durchlaufe ich?"). In der Praxis ist der Entwicklungsprozess der Teilnehmenden permanent durch die Intervention der Erlebnispädagog:innen beeinflusst. Um diese Dynamik greifbarer zu machen, betrachten wir die Prozesse in Kapitel 6 getrennt voneinander.

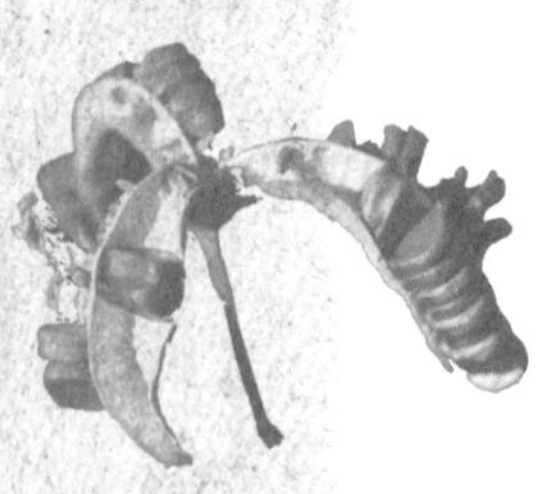

Wir versuchen dadurch aufzuzeigen, an welchen Stellen ein Erlebnispädagog:innen – immer abhängig von seiner subjektiven Sichtweise – vermeintlich stärker oder weniger stark den Prozess beeinflussen kann. Er kann sich bewusst für Zeitpunkte und Arten von Interventionen entscheiden – wissend, dass es sich immer um dynamische Prozesse und Wechselwirkungen unterschiedlicher Faktoren handelt und wir davon ausgehen, dass Reflexions- und Transferprozesse bei Teilnehmenden permanent im Verborgenen ablaufen, ohne dass sie konkret zugeordnet werden können.

Im **dritten Teil** erörtern wir für uns wichtige systemische Ansätze und beschreiben mit Beispielen aus unserer Arbeit, welche Rolle die aus ihnen resultierenden Denk- und Handlungsansätze in der erlebnispädagogischen Arbeit spielen sollten. Als Erlebnispädagog:innen können wir die Entwicklungsprozesse der Teilnehmenden aus unterschiedlichen Rollen heraus mit unterschiedlichen Sichtweisen betrachten. Wir sprechen dabei von verschiedenen Hüten, die wir aufsetzen, und verschiedenen Brillen, die wir tragen können. Je nach Hut und Brille werden wir unterschiedlich intervenieren. Dadurch wird die Subjektivität der Intervention greifbar. Dies beschreiben wir in Kapitel 7.1.

Dem Begriff der „Haltung" kommt dabei eine zentrale Bedeutung zu. In Kapitel 8 setzen wir uns mit den Fragen auseinander, inwieweit die Haltung desjenigen, der den Prozess begleitet, und die Beziehung zu den Teilnehmenden eine Rolle für die Wirkung von Erlebnispädagogik und für die Lernerfahrung der Teilnehmenden spielen.

Kann man eine „Haltung" erlernen? Wie entwickelt sich eine persönliche Haltung? Das letzte Kapitel des Buches (Kapitel 9) beschäftigt sich mit diesen Fragen und damit, wie wir an der eigenen Haltung arbeiten können.

Wir nehmen an dieser Stelle die beiden ersten Absätze des „Berufsbildes Erlebnispädagog_in" (www.be-ep.de, 2023) vorweg: Zentrale Worte darin für die weiteren Betrachtungen sind für uns: *„Die spezifischen Aufgaben und Tätigkeiten von Erlebnispädagog_innen liegen in der zielgerichteten, fachlich fundierten Planung und Durchführung handlungsorientierter Lernszenarien, vorzugsweise in und mit der Natur als Erfahrungsraum. Sie arrangieren ganzheitlich orientierte, individuell herausfordernde und nicht alltägliche Situationen, die entwicklungs- und bildungswirksame Erlebnisse ermöglichen. Diese fördern vorrangig personale und soziale Kompetenzen. Um einen Lerntransfer und Entwicklungsprozesse in die Lebens- und Arbeitswelt zu unterstützen, setzen Erlebnispädagog_innen verschiedene Reflexionsmethoden ein. Sie arbeiten theoriegeleitet und greifen dabei auf spezifische Lern- und Wirkungsmodelle zurück."*

Oder mit unseren Worten: Wir setzen Methoden des handlungsorientierten Lernens mit ihrem kompletten vielfältigen Umfeld so ein, dass wir unseren Teilnehmenden – einzelnen Personen wie Gruppen – Entwicklung ermöglichen.

Aufzuzeigen, warum wir denken, dass bestimmte Herangehensweisen diese Zielsetzung unterstützen, ist erklärtes Ziel dieses Buches.

Begriffe

Wir möchten an dieser Stelle einige Begriffe im Vorfeld erläutern und sprachliche Vereinbarungen treffen.

Es betrifft die Benennung der **„Adressat:innen"**, jene Menschen also, die die Zielgruppe erlebnispädagogischer Programme sind. Ein recht allgemeingültiger Begriff wäre das Wort „Teilnehmende", und auf die meisten Menschen trifft dies in seiner Neutralität auch zu. Zu den „Kunden" erlebnispädagogischer Veranstaltungen gehören jedoch auch Menschen, die beispielsweise im Zuge einer therapeutischen Behandlung zu uns geschickt werden und mit denen wir in Zusammenarbeit mit Therapeutinnen und Therapeuten erlebnispädagogisch arbeiten. Dann ist der Begriff „Klient" der passendere, und wenn wir aus Originalliteratur zu systemischer Therapie zitieren (ein Kontext, in dem systemisch geprägtes Vorgehen ursprünglich entstanden ist), werden die Begriffe „Klient" oder „Klientensystem" häufig verwendet, weshalb sie auch in diesem Buch immer wieder zu finden sind.

Wir möchten der Einfachheit halber folgende Vereinbarung mit Ihnen treffen: Welchen Begriff wir oder die Literatur auch immer verwenden, Sie ersetzen ihn durch den, der für Sie und Ihren Kontext gerade am besten passt!

Etwas sehr Ähnliches möchten wir mit dem Begriff **„Erlebnispädagog:in"** und auch der Ursprung des Wortes „Pädagoge" (altgriechisch „Der Knabenführer") beinhaltet diese Zielgruppe. Seit langer Zeit haben erlebnispädagogische Elemente in der Erwachsenenbildung Einzug gehalten und hier, in Bereichen, in denen Menschen nicht mehr „erzogen" oder „pädagogisiert" werden möchten, ersetzen Begriffe wie *„Trainer:in"*, *„Outdoortrainer:in"*, *„Erlebniscoach"* oder *„Prozessbegleiter:in"* den Begriff der *„Erlebnispädagog:innen"*. Auch wir werden im wechselnden Zusammenhang diese Begriffe parallel verwenden und bitten Sie wiederum, Ihre Lieblingsbegriffe kontextbezogen einzusetzen.

Im erlebnispädagogischen Kontext begegnen wir immer wieder Begriffen wie „Handlungslernen" und „Erfahrungslernen", die teilweise miteinander verwoben sind. Ein großer Teil der Literatur ist zudem im englischen Sprachraum entstanden, was bei der Übersetzung bestimmter Begriffe immer wieder zu Schwierigkeiten führt. Wir möchten daher Folgendes für dieses Buch festlegen:

Der Ansatz der **Handlungsorientierung** ist beschrieben als „ganzheitliche Lern- und Lehrmethodik" (Zuffelato/Kreszmeier 2007, S. 60). „Handlung führt dabei zu Konkretisierung und fördert die Eingebundenheit der Teilnehmenden in den Lernprozess. In der Handlung bekommen Menschen die Möglichkeit, ganz verschiedene Ressourcen und (Lern-) Fähigkeiten zu entdecken, zu zeigen und zu nutzen, alternative Wege zu gehen und Möglichkeiten auszuprobieren, um so den Handlungsspielraum Schritt für Schritt zu vergrößern" (ebd.).

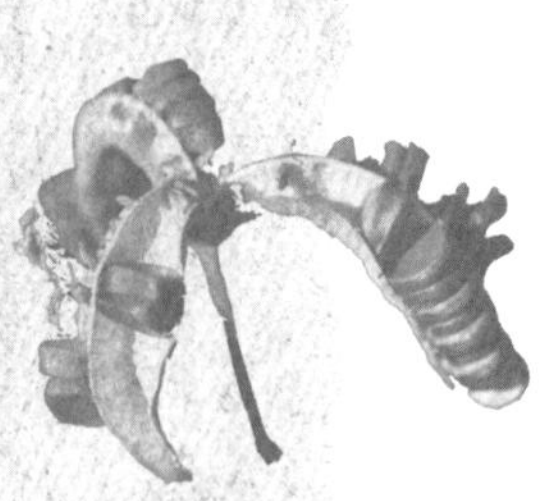

Erlebnispädagogik nutzt „handlungsorientierte Methoden" (ebd., S. 44), wobei „im erlebnispädagogischen Kontext mehr als nur die äußere Tätigkeit, die Ebene der praktischen Umsetzung" (Paffrath 2013, S. 85) angesprochen wird. „Der Leitsatz ‚Learning by doing' betont gerade den wechselseitigen Zusammenhang zwischen Handeln, Wahrnehmen, Empfinden, Reflektieren, Auswerten, Planen (Experiential Learning Cycle)" (ebd.).

Erlebnispädagogik ist also unter dem Dach des handlungsorientierten Lernens anzusiedeln – jedoch ist nicht jede Form handlungsorientierten Lernens gleichzusetzen mit Erlebnispädagogik.

Im Lexikon Erlebnispädagogik heißt es: „**Erfahrungslernen** beschreibt das Lernen über konkrete Handlungsbezüge und schließt meist körperliche, sozio-emotionale sowie kognitive Ebenen mit ein. Es ist die Basis für experimentelles Lernen, Projektlernen und andere Formen handlungsorientierten Wissenserwerbs, nicht zuletzt auch für Erlebnispädagogik" (Zuffelato/Kreszmeier 2007, S. 43).

Johan Hovelynck stellt Erfahrungslernen **didaktischen Lehrmethoden** gegenüber und betont, dass es nicht um vorgefertigte Muster von Lehren und Lernen gehe, also nicht darum, „die Methoden lebendiger und vielfältiger zu machen, mit denen die Lehrenden ihre vorgefertigten Vorstellungen an ihre Schüler übergeben" (Hovelynck 2001, S. 144). Erfahrungslernen meint „etwas wesentlich anderes als alle Formen der aktiven Lehre im didaktischen Sinn" (ebd.).

Es geht darum, dass Teilnehmende aus eigenen Erfahrungen lernen – und es ist nicht plan- und vorhersagbar, was genau und wie sie lernen. Handlungslernen meint also Lernen durch den oder im Prozess des Handelns und Tuns und kann durchaus auf ein bestimmtes Ziel ausgerichtet sein. Erfahrungslernen benötigt ein Setting, welches Erfahrungen ermöglicht, ist aber sehr individuell und nicht planbar.

Hovelynck plädiert dafür, dass sich Erlebnispädagog:innen (wieder) mehr die Frage stellen sollten, wie viel Raum sie tatsächlich den Erfahrungen und Erlebnissen der Lernenden bieten oder wie sehr sie sich von didaktischen Lehrmethoden und vorherdefinierten Lernprozessen (ver-)leiten lassen (vgl. ebd., S. 148ff.).

Darüber hinaus weist er darauf hin, dass es im englischen Sprachgebrauch keine Synonyme zu **„experience"**, **„experiencing"** oder **„experiential"** gebe, wohingegen im Deutschen mehrere Worte mit ähnlicher Bedeutung existieren würden, wie „erfahren", „erleben", „mitmachen". Dadurch entstehe womöglich eine differenziertere Sicht auf den Prozess des Erfahrungslernens und es könne schon rein sprachlich schwer zwischen Handlungslernen, Erfahrungslernen, Erlebnispädagogik etc. unterschieden werden (vgl. ebd., S. 146).

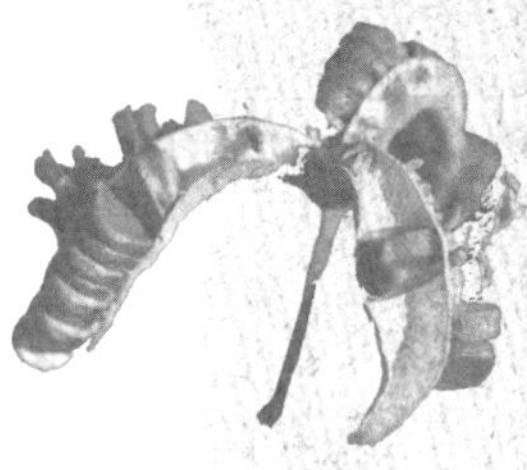

Teil 1:

Den Boden bereiten

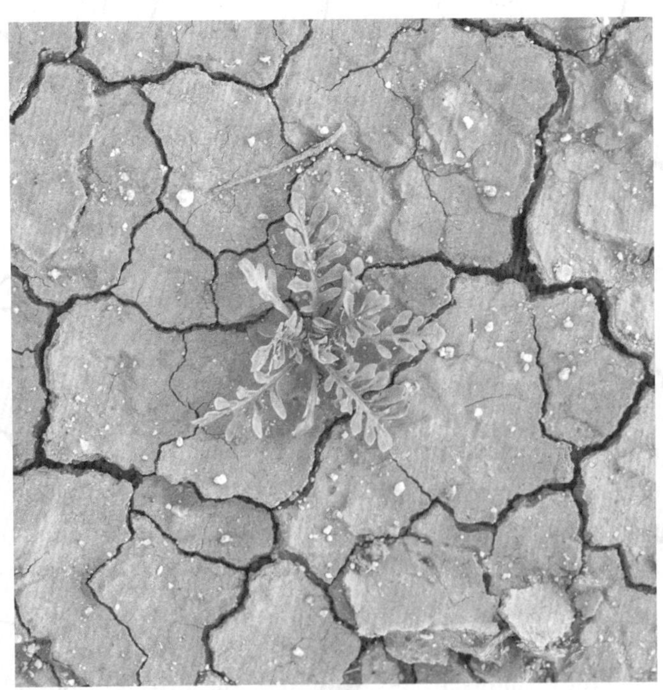

3. Der Beruf Erlebnispädagog:in

3. Der Beruf Erlebnispädagog:in

3.1 Das Berufsbild

Im Frühjahr 2015 ist etwas Großartiges gelungen. In der Nähe von Fulda trafen sich zahlreiche Vertreter von erlebnispädagogischen Anbietern und von Hochschulen, an denen Erlebnispädagogik in unterschiedlichster Form gelehrt wird. Sie kamen aus Deutschland, der Schweiz, Österreich und den Niederlanden und haben sich nach längerer Vorarbeit auf ein gemeinsames Berufsbild „Erlebnispädagog_in" geeinigt. Dieses Berufsbild wurde kurze Zeit später veröffentlicht und steht nun zur Weiterentwicklung dem breiten Publikum zur Verfügung.

Fragt man Passanten auf der Straße, was beispielsweise den Beruf einer Bäckerin oder eines Bäckers kennzeichne, erhält man weitgehend richtige und zum guten Teil auch ausführliche Angaben. Wenn man nach neueren Berufen wie dem des Geomatikers (der den nicht mehr existierenden Beruf des Kartografen durch zahlreiche Tätigkeiten im Bereich der Vermessungstechnik und Fernerkundung erweitert) fragt, sind die Angaben schon sehr lückenhaft bis vollkommen offen. Man kann das dazugehörige Berufsbild jedoch nach kurzer Internetrecherche leicht finden.

Anders war es bei den Erlebnispädagog:innen. Nach diesem Berufsbild gefragt, antwortet ein sehr großer Teil der angesprochenen Passanten mit Klischees wie „Wildwasserfahrten", „Klettern" und „Abenteuer" und übersieht dabei in der Regel fast vollständig die große Bandbreite der Tätigkeiten in unterschiedlichsten Handlungsfeldern und auch den pädagogischen Auftrag hinter diesem Beruf. Auch eine Internetrecherche ergab nur Oberflächliches.

Das Berufsbild wurde vom „Hochschulforum Erlebnispädagogik" und vom Bundesverband Individual- und Erlebnispädagogik e.V. (Fachgruppe „Aus- und Weiterbildung") in einem dreijährigen Prozess entwickelt und soll regelmäßig aktualisiert werden. Derzeit ist es unter www.be-ep.de (September 2023) abrufbar und sieht so aus:

Berufsbild Erlebnispädagog:in

Aufgaben und Tätigkeiten

Die spezifischen Aufgaben und Tätigkeiten von Erlebnispädagog:innen liegen in der zielgerichteten, fachlich fundierten Planung und Durchführung handlungsorientierter Lernszenarien für Einzelpersonen und Gruppen, vorzugsweise in und mit der Natur als Erfahrungsraum. Sie arrangieren ganzheitlich orientierte, individuell herausfordernde und nicht alltägliche Situationen, die entwicklungs- und bildungswirksame Erlebnisse ermöglichen. Diese fördern vorrangig personale soziale und emotionale Kompetenzen. Ergänzend können je nach Lernraum und Aktivität technisch-instrumentelle Fertigkeiten und Kenntnisse erlernt und gestärkt werden. Dafür nutzen Erlebnispädagog:innen überwiegend das Gruppensetting als Katalysator.

Bei der Planung, Durchführung und Evaluierung der Lernszenarien berücksichtigen Erlebnispädagog:innen grundlegende Strukturmerkmale wie beispielsweise Selbststeuerung, Eigenverantwortung, Freiwilligkeit, Ressourcen- und Prozessorientierung sowie die Dimension der sozialen Interaktion. Erlebnispädagog:innen gestalten Lernprozesse im realen Raum mit physischer Präsenz. Die Möglichkeiten von digitalen Begegnungs- und Lernformaten können ergänzend genutzt werden.

Neben der Beachtung aktueller Qualitäts- und Sicherheitsstandards stehen die physische, psychische und soziale Unversehrtheit der Teilnehmenden im Vordergrund. Im Sinne einer nachhaltigen gesellschaftlichen Entwicklung wird Wert auf einen achtsamen, klimaschonenden Umgang mit der Natur und der Umwelt gelegt.

Um einen Lerntransfer und Entwicklungsprozesse in die Lebens- und Arbeitswelt zu unterstützen, setzen Erlebnispädagog:innen verschiedene Reflexionsmethoden ein. Sie arbeiten theoriegeleitet und greifen dabei auf spezifische Lern- und Wirkungsmodelle zurück.

Lernräume und Aktivitäten

Charakteristische Angebote reichen von natursportlichen Aktivitäten wie zum Beispiel Wandertouren, Segeln, Klettern, Kanufahren über Wildnis- und Naturaufenthalte bis zu Interaktionsübungen und handlungsorientierten Projekten. Solozeiten, kreativ-rituelle Angebote oder City Bound gehören zum weiteren Spektrum.

Arbeits- und Handlungsfelder

Erlebnispädagog:innen sind im Bereich *„Pädagogik"* zum Beispiel in der Kinder- und Jugendarbeit, Kinder- und Jugendhilfe, im schulischen, außerschulischen und tertiären Bildungsbereich oder in der Erwachsenenbildung und Heilpädagogik tätig.

Im Bereich *„Wirtschaft"* arbeiten Erlebnispädagog:innen vorzugsweise als Prozessbegleiter:innen und Trainer:innen im Rahmen von Personal- und Organisationsentwicklung.

Auf dem Gebiet der *„Gesundheitsförderung"* sind Erlebnispädagog:innen vor allem in der Prävention und Rehabilitation tätig.

Im Handlungsfeld der *„Therapie"* unterstützen Erlebnispädagog:innen als Teil eines multiprofessionellen Teams therapeutische Prozesse [1].

Ein erweitertes Arbeitsfeld finden Erlebnispädagog:innen im Bereich der Natur- und Umweltbildung sowie in der Bildung für nachhaltige Entwicklung. Sie sind ferner in freizeitpädagogischen und touristischen Bereichen tätig, arbeiten dort aber vorwiegend erlebnisorientiert.

Kompetenzen und Ausbildung

Erlebnispädagog:innen erwerben im Rahmen ihrer Ausbildung neben pädagogischen und psychologischen Kompetenzen zur angemessenen Prozessbegleitung und verantwortungsvollen Gruppenführung auch die erforderlichen technisch-instrumentellen Kompetenzen zur sicheren Anleitung der Teilnehmenden in den entsprechenden erlebnispädagogischen Lernräumen und Aktivitäten.

Grundlegend sind hierbei die Orientierung an einem humanistischen Menschenbild, eine wertschätzende Haltung gegenüber menschlicher Vielfalt und einem Wertesystem, das sich in den Menschenrechten verankert sieht.

Um diesen Anforderungen gerecht zu werden und sie professionell und bewusst einsetzen zu können, sind fachliche, personale und soziale Kompetenzen notwendig. Diese erlangen sie durch eine qualifizierte pädagogische Ausbildung sowie eine fundierte erlebnispädagogische Qualifizierung, wie sie der Bundesverband Individual- und Erlebnispädagogik e.V. formuliert hat. Darüber hinaus ist eine für die spezifischen Aktivitäten und Lernräume entsprechende (fachsportliche) Qualifikation erforderlich.

Das Berufsbild wurde vom „Hochschulforum Erlebnispädagogik" und dem Bundesverband Individual- und Erlebnispädagogik e.V. (Fachgruppe „Aus- und Weiterbildung") in einem dreijährigen Prozess entwickelt und am 13.03.2015 erstmals verabschiedet.

Bearbeitungsstand: 29. März 2023

1 Für den Teilbereich der Erlebnistherapie inklusive der Gesundheitsförderung wurde ein eigenes Berufsbild Erlebnistherapeut:in formuliert.

3.2 Erlebnispädagogin be® und Erlebnispädagoge be®

Aufbauend auf das fertig gestellte Berufsbild wurde Anfang 2016 beim deutschen Patent- und Markenamt die Titel Erlebnispädagogin be® und Erlebnispädagoge be® eingetragen (Seidel 2018, S. 370). Mit diesen Titeln gibt es nun erstmals im deutschsprachigen Raum eine geschützte Bezeichnung für Menschen, die diesen Beruf ausüben. Der Titel legt erstmals vergleichbare Anforderungen für die Kompetenzen von Erlebnispädagogen fest (Rothmeier 2018, S. 30).

An der Entwicklung des Titels und des Anerkennungsverfahrens haben in mehreren Arbeitstreffen über 50 Fachleute verschiedenster Anbieter und Hochschulen mitgearbeitet (ebd., S. 31). Man darf dies als sehr bedeutsamen Schritt in Richtung einer Professionalisierung des Berufes ansehen (Heckmair, Michl 2018, S.262). Die Voraussetzungen zur Erlangung des Titels und Details über das Anerkennungsverfahren sind umfangreich und unter www.be-ep.de abrufbar. Sie umfassen neben einer pädagogischen und einer erlebnispädagogischen Ausbildung unter anderem auch weitreichende praktische Erfahrungen, Fortbildungen und aus unserer Sicht in Hinblick auf Kapitel 9.2. „Haltung auf dem Prüfstand" wichtige Selbst- und Fremdreflexionen der eigenen Arbeit beispielsweise in Form von Supervision.

3.3 Das Skillsmodell nach Priest und Gass

Ausgehend von diesem Berufsbild und um dieses in die Praxis umzusetzen, werden nun aus unserer Sicht „gut ausgestattete" Erlebnispädagog:innen vorgestellt. Sie sind zunächst einmal äußerlich gut als Erlebnispädagog:innen bzw. zumindest als Naturfachleute zu erkennen. Merkmale sind beispielsweise Kleidung, Schuhe, Ausrüstung und das, was sie offensichtlich damit anfangen. Selbst unbedarfte Beobachtende können kann schnell erfassen, dass es hier möglicherweise um „Abenteuer" und „Natursport" geht.

Abb. 3-1: Gut ausgestattete Erlebnispädagog:innen

Wir sind in Albanien und dürfen ein Team von 20 Mitarbeitenden einer sozialpädagogischen Einrichtung aus Tirana/Albanien in Erlebnispädagogik fortbilden. Leider regnet es andauernd und wir haben unsere passendste Kleidung inklusive recht schwerer Bergstiefel angezogen. Als wir in einer abendlichen Runde die Übungen zum Thema „Vertrauen" reflektieren, stellen wir die Frage, was alles dazu beigetragen hat, dass sie sich gegenseitig vertrauen konnten. Eine Frau zeigt auf unsere Füße und sagt: „Eure Schuhe!"

Diese Antwort haben wir nicht erwartet, und wir haken nochmals nach. Sie bekräftigt ihre Aussage und sagt, dass sie sich nicht hätte fallen lassen, wenn wir auch nur wie alle anderen Sportschuhe getragen hätten.

Wesentliche Aspekte sind jedoch erst zu bemerken, wenn man den Erlebnispädagog:innen zuhört, mit ihnen spricht, sie agieren sieht und einen Blick hinter die äußeren Kulissen geworfen hat. Erst dann sehen Außenstehende, dass hier mehr geschieht als nur „Action" und dass neben einem Plan vermutlich auch höhere Ziele und Beweggründe hinter ihrem Tun (und Lassen) stecken.

Simon Priest und Michael A. Gass (Priest/Gass, 1999 und 2005) beschreiben die Komponenten, die dazu beitragen, dass Menschen andere Menschen wirksam durch erlebnispädagogische Settings in der Natur begleiten können, als „Mauer" („Effective outdoor leadership wall"). Diese Mauer besteht aus einem soliden Fundament, stabilen Backsteinen und Mörtel.

Die Ziegelsteine und das, was diese symbolisieren, werden als Hard- und Softskills bezeichnet. Diese Bausteine sind gleichzeitig Inhalt von Ausbildungen im Bereich der Erlebnispädagogik.

Priest und Gass (2005, S. XIII) bezeichnen individuelle Fähigkeiten der Erlebnispädagog:innen wie Kommunikationsfähigkeit, flexibler Führungsstil, eine professionelle Ethik, Problemlösekompetenzen, Entschlussfähigkeit und erfahrungsgestützte Beurteilung von Situationen als zusätzliche Metaskills und nehmen diese als Mörtel in die Mauer auf, um alle Bausteine miteinander zu verbinden.

Im gleichen Bild stellen sie die Mauer auf eine solide Basis von Grundkenntnissen über Psychologie, Geschichte, Philosophie – und wir erweitern hier schon um grundlegende Kenntnisse aus Physik, Geografie, Astronomie, Botanik, Ökologie und vieles andere mehr.

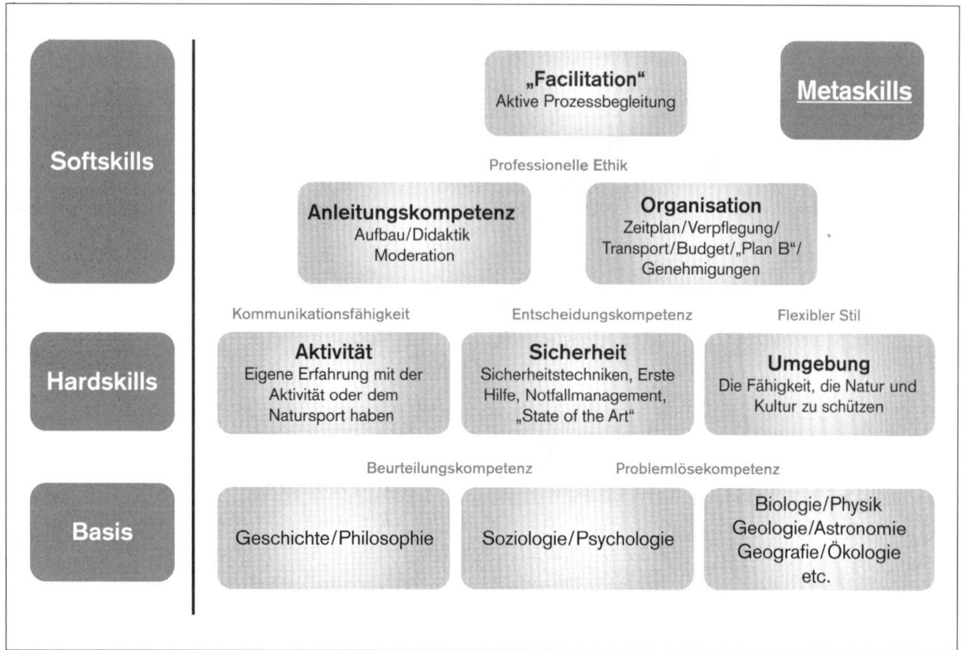

Abb. 3-2: Die erlebnispädagogischen Skills (nach Priest/Gass 2005)

In unserem eigenen Bild der „gut ausgestatteten" Erlebnispädagog:innen handelt es sich bei der Basis um den Boden, auf dem die Erlebnispädagog:innen stehen. Er besteht aus Wissen über die Umwelt und Verständnis ökologischer Zusammenhänge. Erlebnispädagog:innen können die Fragen von Kindern und Erwachsenen zu den Pflanzen am Wegesrand, zur Natur des Gesteins der Kletterfelsen und zu den Lebewesen im Fließgewässer beantworten oder zumindest deren Interesse daran wecken.

Erlebnispädagog:innen sind aufgrund der sehr unterschiedlichen Settings, in denen sie arbeiten, in besonders hohem Maße sozusagen „natürlicherweise" mit verschiedenen Themengebieten konfrontiert:

Fragen zu Kultur und Geschichte können sich etwa beim Abseilen von einem besonderen Gebäude oder beim Wandern und Geocachen zu Ruinen oder Denkmälern ergeben; es entsteht Neugier, wenn es bei einer Kanutour zu Begegnungen mit einem der vielen am oder im Wasser lebenden Tiere kommt: wie sie heißen und wie sie leben oder welcher Vogel da frühmorgens im Frühsommer nach einer Übernachtung im Freien zu singen beginnt.

Psychologisches Wissen ist notwendig, wenn es beispielsweise um unterschiedliche Strategien des Lernens geht oder um Begleitung von Menschen an Grenzen, bei entstehenden Ängsten und persönlichen biografischen Themen. Auch philosophische Fragen nehmen sich Raum: in Solozeiten oder angesichts einer sternklaren Nacht: Wer bin ich? Wo komme ich her? Wo will ich hin?

Welche Sterne stehen abends über der Campingwiese und wie weit sind sie eigentlich entfernt? Wie alt ist so ein Granit- oder Buntsandsteinfelsen, an dem geklettert wird? Wie kann ich mit Körpermaßen Messungen im Gelände vornehmen? Auf welche Winkel und Kräfte muss ich bei Seilkonstruktionen achten? Welche Zündtemperatur brauche ich für welches Zundermaterial?

Solche und unendlich viele weitere Fragen entstehen im Kontakt mit dem jeweiligen Medium, in der unmittelbaren Auseinandersetzung mit dem, was uns „da draußen" begegnet.

Bei einer Wanderung an einem klaren und sonnigen Herbsttag von Freiburgs Hausberg, dem Schauinsland, hinunter zur Talstation erreiche ich mit zwei Jugendlichen aus einer stationären intensivpädagogischen Wohngruppe ein kleines Felsplateau. Wir beschließen, dort eine kurze Rast zu machen, und genießen die Aussicht auf Kaiserstuhl, Vogesen und Rheinebene. Ein Junge fragt plötzlich: „Wie und wann sind diese Berge eigentlich entstanden?"

Zudem generiert Wissen auch Neugier: Wenn ich registriere, dass sich jemand in einem bestimmten Bereich gut auskennt, denke ich selbst darüber nach und beginne Fragen zu stellen.

Das bedeutet nicht, dass Erlebnispädagog:innen alle Fragen beantworten können müssen – doch sollten sie unserer Meinung nach solide Grundkenntnisse und auch ein wenig „Spezialwissen" über ihre Einsatz- und Themengebiete haben. Und es sollte Raum sein für solche Fragen, für gemeinsames neugieriges Erforschen unterschiedlicher Gebiete.

Wir betonen an dieser Stelle, dass viele der Begriffe und beschriebenen Gegenstände und Accessoires in unserem eigenen Bild der „gut ausgestatteten" Erlebnispädagog:innen hier nur metaphorisch verwendet werden bzw. in der Beschreibung teilweise gängigen Klischees genügen, um zu verdeutlichen, worum es uns geht. Die von Priest und Gass (2005, S. XII) verwendeten Begriffe Hard-, Soft- und Metaskills werden nun beispielhaft übertragen.

3.3.1 Hardskills

Erlebnispädagog:innen verfügen selbstverständlich über klassische Werkzeuge, die wir diesem Metier zuschreiben, und sie tragen diese „im Rucksack" mit: Seile, Karabiner, Karte und Kompass, Augenbinden und allerlei weitere Hilfsmittel. Manchmal benötigt man mehr als einen Rucksack, heutzutage handelt es sich zumeist um einen Kleinbus, denn zu den Werkzeugen gehören je nach Ziel und Bedarf auch Kanus, Pfeil und Bogen, spezielle Ausrüstung für Höhlen und Felswände, Schneeschuhe und vieles mehr.

Für alle von ihnen angewendeten Methoden gilt: Sie können die Gerätschaften sicher bedienen, sind auf dem neuesten Stand der Technik, wie es die diversen Fachsportverbände empfehlen, und sie verfügen über ausreichend eigene Erfahrung und Können. Sie können daher die physische Sicherheit der Teilnehmenden in hohem Maße gewährleisten, Risiken gut einschätzen, und ihnen stehen Notfall- und Krisenbewältigungspläne zur Verfügung. Diese Erfahrung, das Vertrautsein mit den angewendeten Methoden, geht idealerweise so weit, dass sie stets konzentriert bei der Sache sein können, auch wenn ein großer Teil ihrer Aufmerksamkeit durch die Menschen, die sie durch Prozesse begleiten sollen, eingenommen wird.

Der dritte Backstein auf der Ebene der Hardskills ist im Wesentlichen durch die Fähigkeiten im Umgang mit Natur und Landschaft gekennzeichnet. „Hinterlasse beim Kanufahren nichts als die Ringe im Wasser, die dein Paddel verursacht" lautet die Devise, die sich auf alle Lebensräume übertragen lässt. Das Wissen darum, wie man ein Lager in der Natur baut, ist ein Aspekt – den Ort danach wieder so zu verlassen, dass man den Aufenthalt einer Gruppe kaum bemerkt, ein weiterer.

Die umgebende Landschaft und die aktuellen Begebenheiten richtig einschätzen zu können gehört ebenso zu diesen Fertigkeiten. Ist der Weg sicher? Passt die Wetterlage noch? Zeigt sich der Hang heute anders als sonst und lässt er sich weiter sicher queren? Viele derartige Fragen stellt man sich dauernd, ebenso oft bewusst wie unbewusst, und man gelangt so zu einer erfahrungsbasierten Entscheidung.

Manchmal kommen zu den Besonderheiten der Natur noch kulturelle Aspekte hinzu. Erlebnispädagogik findet in der Regel nicht auf einsamen abgelegenen Inseln statt, sondern oft mitten unter anderen unbeteiligten Menschen, deren Kultur es zu respektieren gilt. Hier sind sie empathische und informierte Kosmopoliten.

Es ist Juli 2016, und in Deutschland und Frankreich sind die Ereignisse von Nizza, Rouen, Würzburg, München und Ansbach, als psychisch extrem gestörte und teilweise auch islamistisch radikalisierte Menschen Attentate mit einem Lastwagen, mit einer Axt, Sprengstoff und einer Pistole verübt haben, noch sehr präsent. Nach vier Tagen Wildnistraining und etwa zur Kurshalbzeit bieten wir den Teilnehmenden, die bislang die Zeit auf einem abgelegenen Campingplatz am Fluss verbracht haben, die Möglichkeit, in einem 10 km entfernten Supermarkt einzukaufen. Schon sind alle abfahrbereit, doch unser Kollege ist aufmerksam: „In Anbetracht der jüngsten Vorfälle wäre es noch passend, wenn ihr alle eure Messer, die ihr am Gürtel tragt, ablegt, bevor wir in die Zivilisation zurückkehren...!"

Deutsche Reiseleiter in einem nordspanischen Küstenort an der Costa Brava haben dies übersehen. Sie inszenieren spontan einen Flashmob, bei dem zahlreiche eingeweihte Teilnehmende so tun sollen, als würden sie auf der Uferpromenade einen bekannten Star mit Kameras verfolgen. Unbeteiligte Passanten werden durch die rennende und schreiende Masse sofort an das Lastwagenattentat von Nizza erinnert und bringen sich mit Sprüngen über Mauern und in Schaufenster in Sicherheit. Es gibt nicht nur zahlreiche Verletzte, die Verantwortlichen werden zudem verhaftet.

All die oben beschriebenen Fertigkeiten und Fähigkeiten werden oft unter dem Begriff „Hard Skills" subsumiert, und man kann sie durchaus mit der Hardware eines Computers vergleichen.

3.3.2 Softskills

Was nutzen nun alle technischen Gerätschaften und Fertigkeiten ohne die Möglichkeit, diese für die Teilnehmenden vorteilhaft einzusetzen? So wie ein Rechner umfangreiche Software benötigt, sind nun die sogenannten Softskills (Priest und Gass 2005, S. 119ff.) gefragt. Darunter werden unter anderem Fähigkeiten verstanden, die auf didaktischen und organisatorischen Grundlagen basieren. Erlebnispädagog:innen wissen daher, wie man ein erlebnispädagogisches Setting plant, wie man Aufgaben anmoderieren kann, wie ein Tag mit Arbeitsphasen und Pausen sinnvoll gestaltet wird, und verfügen über didaktische Kompetenzen.

Auf organisatorischer Ebene stellen sich viele Fragen: Wie kommt die Gruppe zum Ort der Veranstaltung? Was erlauben die Finanzen? Welche Infrastruktur ist zu organisieren (Räume, Verpflegung, Toiletten, Wetterschutz)? Was muss ich darüber hinaus über rechtliche und versicherungstechnische Aspekte wissen? Und wie kann ich die Anreise aus ökologischer Sicht möglichst passend gestalten?

Außerdem sind Erlebnispädagog:innen vertraut mit den notwendigen wald- und naturschutzrechtlichen Gegebenheiten und haben sich für die Orte, an denen sie arbeiten, Genehmigungen von Landbesitzenden, Forstämtern und Behörden eingeholt.

Ein wichtiges Element dieser Softskills liegt auf der Ebene der Prozessbegleitung. Wie setzen sie die bisherigen Bausteine so zusammen, dass sie es den Teilnehmenden ermöglichen, aus schlichten Ereignissen (wie das Befahren eines Flusses oder das Abseilen von einer Felswand) ein Stück Entwicklung werden zu lassen?

3.3.3 Metaskills

Der Boden, auf dem sich die Erlebnispädagog:innen bewegen, wird durch Erfahrung stabilisiert. Die Erlebnispädagog:innen entwickeln ein gesundes Beurteilungsvermögen zum Beispiel darüber, wann eine Situation „zu kippen droht", wann die Sicherheitslage sich zu verändern beginnt. Sie bemerken intuitiv auch kleine Veränderungen. Die Summe der Beobachtungen und eine Hand voll nicht immer bewusster Faustregeln lassen sie zumeist die richtigen Entscheidungen treffen. Im Bild von Priest und Gass (2005, S. 241ff.) entspricht dies dem Mörtel, der die Steine miteinander verbindet.

Wenden wir uns nun eher unscheinbaren Accessoires zu. Erlebnispädagog:innen tragen unterschiedliche Hüte, die symbolisch für ihre Rollen stehen. Sie sind sich darüber im Klaren, dass sie Weg- und Prozessbegleitende und zudem manchmal nebeneinander und manchmal zugleich Lehrpersonen, Outdoorprofis, Zuhörende, Vertrauenspersonen, Wissensberatende, Feedbackgebende, „normaler" Teil der Gruppe, Erste unter Gleichen, Entscheidungstragende und Krisenmanagement sind.

Diese Hüte können auf vielerlei verschiedene Weise aufgesetzt werden. Bei Sturm zieht man sich einen Hut tiefer über die Stirn und auch eine Baseballkappe kann seriös oder locker, schief oder verkehrt herum sitzen. In diesem Bild spiegeln sich Themen wider wie „Gelassenheit und Engagement" sowie „Nähe und professionelle Distanz". Je nachdem, welchen Hut sie tragen, verlassen sie die Rolle der erlebnispädagogischen Prozessbegleitung. So schlüpfen sie zwischenzeitlich durchaus in die Rolle des Didaktikers, wenn sie beispielsweise den Teilnehmenden den Umgang mit einem Sicherungsgerät beim Klettern lehren müssen. Dann stehen klare Zielsetzungen im Vordergrund (Erlernen einer Technik), damit sie später „gesichert" Erfahrungsräume öffnen können.

Dabei kann es vorkommen, dass während der Erklärung bei Teilnehmenden ein Entwicklungsprozess auf persönlicher Ebene angestoßen wird. Erlebnispädagog:innen legen dann ihren Hut als Lehrpersonen ab und setzen den der Prozessbegleitung wieder auf.

Während eines Kurses lehren wir unterschiedliche Methoden des Feuermachens. Die Teilnehmenden sollen später selbst in der Lage sein, das Element Feuer als Erfahrungsraum nutzen zu können. Dies erfolgt bei uns in einem Wechsel aus theoretischem Input, praktischem Ausprobieren und Anwenden der gelehrten Techniken.

Wir bemerken, dass sich eine Teilnehmerin, die sich während der vorangegangenen Kurstage gerne darauf berufen hat, dass sie als Frau bei der Feuerwehr mitwirke, besonders im Hintergrund hält. Sie probiert nicht eine der Methoden aus, so dass wir sie schließlich darauf ansprechen. Zunächst fragen wir sie scherzend, ob das nicht heute genau ihr Element sei.

Daraufhin bricht sie in Tränen aus und berichtet, dass sie seit einem Zwischenfall panische Angst vor Feuer habe und sich kaum traue, eine Kerze zu entzünden. Und dass sie bei der Feuerwehr eigentlich nichts mit Feuer zu tun habe.

Wir begleiten sie behutsam durch den Morgen und am Ende ist es ihr größtes Erlebnis des Wochenendes, ein Stück Birkenrinde entflammt zu haben. „Das", so sagt sie, „ist gerade volle Therapie für mich gewesen!"

Zudem tragen Erlebnispädagog:innen Brillen, die ihnen je nach Situation ein differenziertes Wahrnehmen der Welt ermöglichen (Schwing 2013, S. 18). Sie sind sich der Wirkung der Brillen auf sich selbst und auf die Wahrnehmung der Umwelt und Teilnehmenden bewusst. Sie wissen, dass die Brillen vergrößern, verdunkeln, näher fokussieren, einfärben oder verzerren können (Barthelmess 2016, S. 71).

Auf die Bedeutung dieser Rollen und Brillen werden wir in Kapitel 7 genau eingehen. An dieser Stelle sei jedoch ein Beispiel genannt. Erlebnispädagog:innen haben eine gute Vorstellung davon, in welcher Gruppenphase sich ihre Teilnehmenden aktuell befinden und was während der entsprechenden Phasen ihre besonderen zusätzlichen Aufgaben und Rollen sein könnten. In diesem Fall betrachten sie die Gruppe mit der Brille der „Teamentwicklungs- bzw. Gruppenphasen" und richten einen bestimmten Aspekt ihrer Interventionen darauf aus. Sie werden der Gruppe mehr oder weniger Struktur vorgeben oder mehr oder weniger Zeit und Raum für bestimmte Formen der Auseinandersetzung gewähren.

Immer wieder müssen sie Einzelheiten entweder näher betrachten oder besonders beleuchten. Fernglas, Lupe und Stirnlampe helfen dabei, wenn es darum geht, einen sehr detaillierten Blick auf bestimmte Ereignisse zu richten (ebd., 2016, S. 71).

Bisher haben wir Erlebnispädagog:innen präsentiert, die sich ihre Skills gut durch Aus- und Weiterbildungen und gegebenenfalls aus Büchern und Zeitschriften haben erarbeiten können – sehen wir einmal davon ab, dass sie auch praktische Erfahrung mitbringen müssen, die durch Gedrucktes nicht ersetzt werden kann.

Simon Priest und Michael Gass subsumieren unter dem Begriff Metaskills darüber hinaus die von ihnen so benannte „professionelle Ethik" (Priest und Gass 2005, S. 289–297) und deuten auf wenigen Seiten in ihrem Buch die Komplexität des Themas an. Beispielhaft erläutern sie, vor welchen ethischen Grundfragen Erlebnispädagog:innen stehen können, wenn diese bemerken, dass sich eine Gruppe während eines Orientierungslaufes in größerem Maße verläuft (ebd., S. 291): Schreiten sie ein, gibt es einen Konflikt mit ihren Prinzipien des Erfahrungslernens. Lassen sie die Gruppe weiterlaufen, könnten einzelne eventuell überfordert werden. Zudem wird eventuell gegen Prinzipien des Naturschutzes verstoßen, wenn die Gruppe weiterhin querfeldein läuft. Die Entscheidung darüber ist in starkem Maße situationsabhängig und basiert wiederum auf den Erfahrungen der Erlebnispädagog:innen.

Wenden wir uns noch einem weiteren Bereich zu, den wir nicht wie eine Technik oder eine Methode einfach erlernen können: unsere Haltung. Um bei dem Bild der Erlebnispädagogen zu bleiben, möchten wir gern den Vergleich mit dem Rückgrat wählen, das einen aufrechten Gang ermöglicht oder einen gebeugten hervorbringt.

Viele kennen die Situation aus der eigenen Schullaufbahn. Eine „gute" Lehrperson konnte auch für ein subjektiv langweiliges Fach begeistern. Es war die Haltung der Lehrperson, die Art und Weise, wie sie mit der Klasse in Beziehung getreten ist, die ihr neue Erkenntnisse und daraus resultierende Entwicklungen eröffnet hat. Es ist die Haltung der Erlebnispädagog:innen, die es den Teilnehmenden ermöglicht, dass sich Erkenntnisse zu nachhaltigen Veränderungen entwickeln.

Oder, aus Sicht der Teilnehmenden: „Ich werde nur von demjenigen etwas annehmen, von dem ich auch etwas halte." Theodore Roosevelt wird zugeschrieben, es wie folgt formuliert zu haben: „Nobody cares how much you know until they know how much you care."[2]

Dies ist für die Ausbildung von Lehrpersonen heutzutage nicht nur erkannt, sondern auch gut erforscht. John Hattie (2014) hat in einer Zusammenführung bestehender Einzelstudien, einer sogenannten Meta-Analyse, erforscht, welche Faktoren wirksam, welche weniger wirksam und welche sogar negativ dazu beitragen, dass Schülerinnen und Schüler lernen können. Es wurden über 80.000 Einzelstudien in 15-jähriger Arbeit zusammengeführt, an denen ca. 250 Millionen Lernende teilgenommen haben. Die Arbeiten werden stetig fortgesetzt, mittlerweile wurden 150 Faktoren untersucht, die sich auf die Bereiche Lernende, Elternhaus, Schule, Lehrperson, Curricula und Unterrichten erstrecken.

Klaus Zierer (Hattie 2014, Zierer 2016) hat die komplexen Studien übersetzt, sich kritisch mit der Übertragbarkeit der Ergebnisse auf deutsche Verhältnisse auseinandergesetzt und die Kernbotschaften herausgearbeitet. Und eine dieser Kernbotschaften lautet: „Die Haltungen der Lehrpersonen (...) sind wesentlich für den großen Einfluss von Lehrpersonen" (Zierer 2016, S. 93). „Es sind damit die leidenschaftlichen Lehrpersonen, die den größten Einfluss auf die Lernenden haben: Wichtiger als das, was wir machen, ist, wie und warum wir es machen" (ebd., S. 90). Und an anderer Stelle zum Thema Lehrperson – Schüler:innen-Beziehung: „Die Konsequenz daraus bringt Hattie auf den Punkt, wenn er die ‚schülerzentrierte' und ‚leidenschaftliche' Lehrperson fordert. Dieser geht es nicht so sehr um ihr Wissen und Können. Dieser geht es in erster Linie um die Schülerinnen und Schüler" (ebd., S. 77).

Nicht zuletzt zeichnen sich Erlebnispädagog:innen durch ihre Offenheit, Toleranz und Wertschätzung aus. Ihre Wertvorstellungen, ihre Ethik, ihre Weltanschauung sind nicht dadurch geprägt, bestimmte Menschen über andere zu stellen, und sie verfolgen auch keine politischen oder religiösen Ziele. Und wenn sie dies doch tun, haben sie dies im Vorfeld transparent gemacht, und es handelt sich nicht um Wertvorstellungen, die mit einer humanistischen Weltanschauung nicht zu vereinbaren wären.

2 „This quote is often attributed to Theodore Roosevelt, but no known source can be found to verify the attribution." www.theodorerooseveltcenter.org

Die Erlebnispädagog:innen in unserem Bild sind nun für vieles gut vorbereitet, mit zahlreichen Werkzeugen, Hüten und Brillen ausgestattet und kommen auch mit unvorhergesehenen Ereignissen gut zurecht. Der Vergleich mit einem Handwerker oder eine Handwerkerin, die zu Kunden gerufen werden, bietet sich an: Es ist noch nicht klar, ob etwas hergestellt werden soll, eine Schönheitskorrektur ausgeführt werden muss oder, aus Sicht der Kunden, etwas zu reparieren ist. Beim Anruf ist noch nicht klar, ob ein kleiner Schraubenschlüssel benötigt wird oder eine Beißzange, ob ein kräftiger Schlag mit dem Vorschlaghammer die Lösung des Problems ist – oder ob die Kunden beraten werden müssen, sich einfach eine neue Waschmaschine zu kaufen. Wird jedoch als Werkzeug nur ein Hammer mitgeführt, muss jedes Problem zum Nagel gemacht werden.

„Deklinieren" wir die betrachteten Fähigkeiten einmal durch am Beispiel des Monkey-Kletterns: An einem Baum werden künstliche Klettergriffe angebracht und die Teilnehmenden können top-rope daran klettern. Welche „Skills" müssen unsere Erlebnispädagog:innen dazu mitbringen?

Starten wir bei der soliden Basis, dem Boden: Interessierte Teilnehmende könnten bald fragen, um welche Art von Baum es sich handelt, warum man genau diesen ausgewählt hat und „ob das dem Baum nicht weh tut". Und während der Wartezeit werden eventuell Fragen über die anderen umgebenden Pflanzen und Tiere gestellt. Fragen auf dieser Ebene können mit grundlegenden Botanik-Kenntnissen recht gut und schnell beantwortet werden.

Mit Blick auf die Hardskills muss zunächst der Monkey-Baum eingerichtet werden. Dazu müssen die Erlebnispädagog:innen mit ihrer eigenen Ausrüstung (der persönlichen Schutzausrüstung „PSA") umgehen können und mit Techniken aus der Baumpflege den Baum selbst besteigen und dabei die Griffe und die oberste Umlenkung anbringen.

Kenntnisse über Seile und Sicherungsgeräte sind nicht nur beim Einrichten, sondern auch bei der Begehung durch Teilnehmende gefragt. Welche Sicherungsgeräte sind geeignet? Welche inzwischen nicht mehr „State of the Art"? Und können sie bedient werden, ohne dass große Teile der Aufmerksamkeit auf das Sichern verwendet werden müssen?

Steht das notwendige Material (Seile, Sicherungsgeräte, Helme, Gurte und Bandschlingen) in ausreichender Zahl und passender Größe zur Verfügung? Vermittelt der Zustand des Materials Vertrauen bei den Teilnehmenden?

Zu den Fragen der Sicherheit gehört auch: Habe ich für Blessuren ein Verbandspäckchen dabei und kann ich damit umgehen? Wann war der letzte Erste-Hilfe-Kurs? Steht ein Handy zur Verfügung, wenn ich jemanden erreichen muss?

Und schließlich stellen sich während der gesamten Zeit zwischen Vorbereitung und Ende der Veranstaltung die Fragen danach, ob man in der Lage ist, die Veranstaltung so vorzubereiten und durchzuführen, dass die Natur keinen Schaden nimmt. Gibt es womöglich Schäden an der Rinde? Welchen Baum suche ich mir aus und wie ist der Bewuchs auf dem strapazierten Untergrund? Welche Spuren werden hinterlassen?

Im Blick auf die Softskills werden schon im Vorfeld viele organisatorische Details geklärt: Darf ich den Wald betreten? Darf ich den Baum nutzen? Habe ich gegebenenfalls schriftliche Genehmigungen? Zudem wurde organisiert, wie die Gruppe zum Ort des Geschehens gelangt, wie mit dem Thema „Toilette" umgegangen wird und ob es genügend Verpflegung gibt.

Da die Veranstaltung sehr wetterabhängig ist, muss ich nicht nur den aktuellen Wetterbericht kennen, sondern auch kurzfristig über Alternativen verfügen, wenn beispielsweise ein Gewitter droht.

Auf didaktischer Seite stellen sich Fragen nach dem Aufbau der Veranstaltung. Wird das Sichern auf dem Boden geübt? Wie gewöhnen sich unsichere Teilnehmende an die Höhe? Gibt es verschiedene Schwierigkeitsgrade? Soll es Wettbewerbe geben oder steht Kooperation im Vordergrund?

Viele weitere Fähigkeiten sind gefragt, wenn es um die aktive Prozessbegleitung geht. Wie wird die Veranstaltung eingerahmt? Wie ermutige ich? Stelle ich Modelle zur Verfügung wie beispielsweise das Komfortzonenmodell (siehe Kapitel 4.1.5.)? Wie wird die Veranstaltung reflektiert?

Die Metaskills gewinnen an Bedeutung, wenn meine Beurteilungskompetenz gefragt ist. Kommt es zu Konflikten? Wie gehe ich selbst damit um? Wie beurteile ich das Aufkommen von Störungen (zwischen „Null Bock" und „ADHS"). Wann breche ich die Veranstaltung eventuell ab (aus Sicherheitsgründen bei Wetterumschwung oder aus pädagogischen Gründen)? Wie wird mit „Erfolg" und „Misserfolg" umgegangen? Welche „Brillen" setze ich auf, wenn die Reflexionsfragen gestellt werden? Mit welcher Haltung „bewerte" ich die Antworten? Wie fülle ich meine unterschiedlichen Rollen aus? Kann ich ohne Bruch dabei den „Hut der Rolle" wechseln?

3.4 Zusammenfassung

Unsere Ausgangsfrage war: „Was genau kennzeichnet den das Berufsbild Erlebnispädagogik?"

Das im April 2015 entwickelte „Berufsbild Erlebnispädagog:in" und der Titel Erlebnispädagogin be®/Erlebnispädagoge be® beschreiben, was den Beruf der „Erlebnispädagog:innen" in seinem Wesen ausmacht. Fähigkeiten, die man beispielsweise durch Erfahrung und/oder Ausbildungen erlangen kann, werden von Priest und Gass (2005) in Hard- und Softskills unterteilt. Im Wesentlichen erfahrungsbasiert und nicht alleine in Ausbildungen erlernbar sind dagegen die Metaskills wie beispielsweise Problemlösekompetenzen und Entschlussfähigkeit.

Über diese Einteilung und Begrifflichkeiten hinaus sind professionelle Erlebnispädagog:innen stets Träger diverser „Hüte" (Rollen) und „Brillen" (Betrachtungsweisen). Selbst bestens in Hard- und Softskills ausgebildete Erlebnispädagog:innen werden unter Umständen nicht wirksam, wenn sie sich dieser Hüte und Brillen nicht bewusst sind und sie entsprechend einsetzen. Einen zentralen Stellenwert erhalten hier weitere allein in der Persönlichkeit der Erlebnispädagog:innen verankerte Aspekte wie Wertvorstellungen, Ethik und Haltung.

In Kapitel 4 wollen wir uns mit dem theoretischen Fundament der Erlebnispädagogik auseinandersetzen.

4. Grundlagen

4. Grundlagen

Bei der Sichtung erlebnispädagogischer Literatur findet man zum Thema theoretische Hintergründe der Erlebnispädagogik unterschiedliche Begriffe für teilweise gleiche Inhalte. Es scheint derzeit keine Einigkeit darüber zu herrschen, was wie genannt wird. Alle Autorinnen und Autoren haben ihre persönlichen Denkgebäude, die Begriffe sind zum guten Teil in jeweils einer Veröffentlichung logisch miteinander verwoben.

Deshalb wollen wir auf Begriffseinteilungen aus anderen bekannten Veröffentlichungen Bezug nehmen und eine zunächst für dieses Buch einheitliche und sinnvolle „Sprache" entwickeln, aufgrund derer auch die Weiterentwicklungen wie beispielsweise die „Erweiterte E-Kette" in Kapitel 6 verständlich werden können. Dazu gehört unter anderem eine Betrachtung des Begriffs „Reflexion", ein zentraler Terminus, der allen vertraut erscheint.

4.1 Theorien der Erlebnispädagogik

Der Begriff Theorie stammt aus dem Griechischen und bedeutet im Wortsinn „Anschauen, betrachten". Im Duden wird Theorie als *„System wissenschaftlich begründeter Aussagen zur Erklärung bestimmter Tatsachen oder Erscheinungen und der ihnen zugrunde liegenden Gesetzlichkeiten"* (www.duden.de) beschrieben.

Als **Theorien der Erlebnispädagogik** verstehen wir Gedankengänge, die ihre Wirksamkeit begründen sollen. Theorien sind übergeordnete Muster, die es uns ermöglichen, unser Handeln als Erlebnispädagog:innen in einen begründeten Zusammenhang zu stellen und damit der Willkürlichkeit zu entsagen.

Werfen wir also zunächst einen Blick auf die bereits beschriebenen Ansätze, mittels derer erlebnispädagogisches Handeln theoretisch erfasst werden soll.

Die folgenden Theorien wurden aufgrund der Häufigkeit ihres Auftretens in der gängigen erlebnispädagogischen Literatur sowie aufgrund der von uns subjektiv eingeschätzten Wichtigkeit ausgewählt. Was Erlebnispädagogik bewirken will, sind Veränderungen auf den Ebenen Fühlen, Fühlen und Denken oder Fühlen, Denken und Handeln (Priest/Gass/Gillis 2000, S. 10). Die Motivation für diese Veränderung kommt durchaus von den Teilnehmenden selbst und ist nur in bestimmten Fällen ausschließlich durch die Auftraggebenden bestimmt.

Je nachdem, auf welcher dieser Ebenen wir ansetzen möchten, lassen wir beispielsweise bewusst „die Berge für sich selbst sprechen" oder ergänzen die Ereignisse und Erlebnisse durch ein passendes Maß an Reflexion, der Verbindung zwischen kognitiven und affektiven Anteilen des Erlebens. Reflexion bringt das Erlebte in Kontakt mit unseren Erfahrungen, was diese wiederum auf den Prüfstand stellt und somit eine Grundlage für nachhaltiges Lernen darstellt.

4.1.1 Der Experiential Learning Cycle

Auf David Kolb[3] (1984) geht als eines der frühesten veröffentlichten Modelle zum handlungsorientierten Lernen der „Experiential Learning Cycle" zurück. Seine Arbeiten gründen wiederum auf vorangegangenen Erkenntnissen von Dewey, Lewin und Piaget. Hier werden die vier Schritte **Konkrete Erfahrung, Beobachtung und Reflexion, Abstrakte Begriffsbildung** und **Aktives Experimentieren** zu einem Kreislauf beziehungsweise in der moderneren Auslegung (Kolb/Kolb 2008, S. 309ff.) zu einer aufsteigenden Spirale miteinander verbunden, denn der Lernzyklus soll schließlich auf immer höheren Ebenen der Entwicklung ablaufen (Beard/Wilson 2013, S. 39ff.).

Die vier Schritte sind:

- *Konkrete Erfahrung:* Diese sollte Echtcharakter besitzen, und eine beobachtbare Konsequenz für den Teilnehmenden sollte enthalten sein.
- *Beobachtung und Reflexion:* An dieser Stelle werden affektive und kognitive Erfahrungen miteinander in Verbindung gebracht, reflektiert und somit nochmals mental durchgespielt.
- *Bildung abstrakter Begriffe:* In diesem Schritt wird das beschrieben, was wir im Allgemeinen unter Transfer verstehen. Es kommt zu einer Generalisierung, bei der von der konkreten Erfahrung abstrahiert und zugrunde liegende Prinzipien erkannt werden. Erst durch diesen Schritt werden die aus der Erfahrung gewonnenen Einsichten zu Wissen, das an anderer Stelle anwendbar ist.
- *Aktives Experimentieren:* Nun wird das neu erworbene Wissen aktiv im Alltag angewendet. Und genau hier schließt sich der Kreis, denn der lernende Mensch wird nun wieder zum Akteur und kann einen neuen Durchgang bzw. eine weitere Windung der Spirale durchlaufen.

3 Der Professor für Organisational Behaviour an der Weatherhead School of Management veröffentlichte zahlreiche Arbeiten zwischen Mitte der 1970er und Mitte der 1980er Jahre und regte den Paradigmenwechsel von der Belehrungsdidaktik hin zu Formen des selbstgesteuerten Lernens mit an.

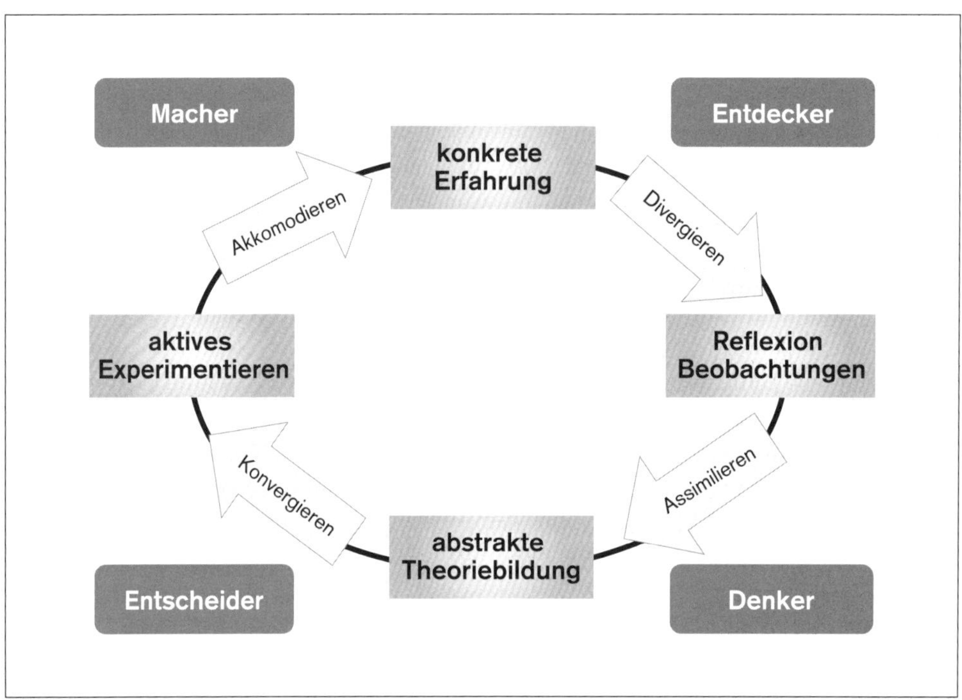

Abb. 4-1: Der Experiential Learning Cycle, nach Kolb D. und A. (2009, S. 6)

Ein Durchlauf einer Spiralwindung kann prinzipiell an unterschiedlichsten Stellen des Kreislaufes begonnen werden, also auch bei der Generalisierung in Form von Theorievermittlung. In der Erlebnispädagogik erfolgt dies durch unterschiedliche Formen des „Frontloading" und durch verschiedene Methoden bei der Einkleidung von Aktivitäten.

Kolb und Kolb (2009, S. 9ff.) leiten aus diesem Modell zunächst vier unterschiedliche Lernstile ab, die jeweils in der Verbindung zweier dieser Schritte anzusiedeln sind.

- **Entdecker**, die bevorzugt aus der Reflexion von gemachten Erfahrungen lernen, Kolb nennt sie „Divergierer".
- **Denker**, die nach der Reflexion Theorien[4] bilden; sie werden „Assimilierer" genannt.
- **Entscheider**, die aktiv Theorien erproben; bei Kolb werden sie als „Konvergierer" bezeichnet", und
- **Macher**, die ihre Erfahrungen aus experimentellem Handeln sammeln. Für letztere wird der Terminus „Akkomodierer" verwendet.

4 Theorien in dem an dieser Stelle verwendeten Kontext sind keine erlebnispädagogischen Theorien, sondern Generalisierungen persönlicher Erfahrungen.

In neueren Veröffentlichungen (Kolb und Kolb, 2013, S. 13ff.) wird mittlerweile in neun verschiedene Lerntypen differenziert. Jeder Mensch hat alle Typen in sich vereint. Meistens sind ein oder zwei Typen besonders stark ausgeprägt bzw. zwei oder drei davon treten in den Hintergrund.

4.1.2 Aktion - Reflexion - Transfer - Unterstützung

Auf den kanadischen Erlebnispädagogen Simon Priest geht das Modell des Aktions-Reflexions-Zyklus zurück (Priest, 1996 – 2004).

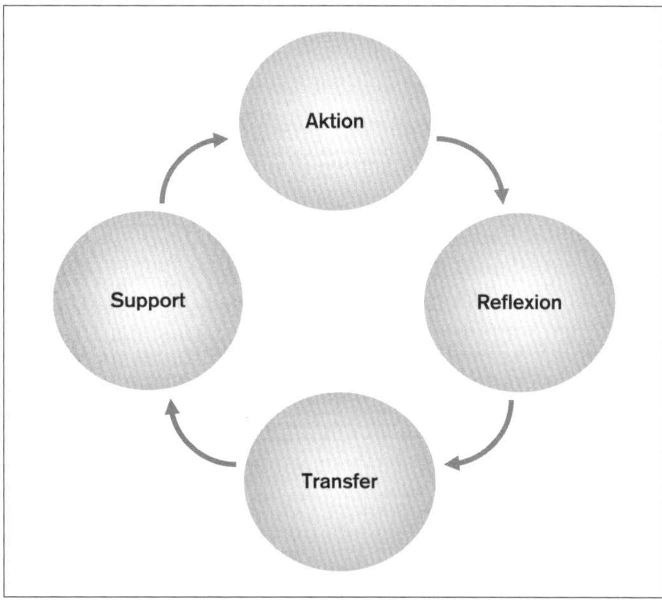

Abb. 4-2: Der Aktions-Reflexions-Zyklus

In der Erlebnispädagogik beginnt eine Maßnahme, Veranstaltung oder ein Training mit einer **Aktion**. Dabei spielt es keine Rolle, um welche Aktivität es sich handelt. Dies kann sowohl eine Klettertour als auch eine Teamaufgabe im Seminarraum sein. Die Teilnehmenden werden also mit einer erlebnisorientierten Aufgabe konfrontiert. Bei der Bewältigung oder Lösung dieser Aufgabe - auch wenn keine Lösung gefunden wird - machen die Teilnehmenden Erfahrungen in einem konstruierten Kontext, der zunächst vermeintlich keinen Bezug zum Alltag hat.

In einer anschließenden Phase der **Reflexion** werden diese Erfahrungen bewusst gemacht. Im Austausch werden die eigenen Erfahrungen mit denen der anderen in Kontakt gebracht, wodurch ein größeres Bild entsteht. Bedürfnisse werden sichtbar; Emotionen verbalisiert und damit greifbarer. Eine Reflexion kann auch in einer Phase der Innenschau stattfinden, je nachdem, welches Ziel mit der gesamten Maßnahme verfolgt wird.

Die Methoden zur Reflexion sind vielfältig und an anderer Stelle (Friebe 2010, Rutkowski 2010) ausführlich beschrieben. In der Phase der Reflexion wird das Erlebte auch auf seine Bedeutung für die Alltagssituation der Teilnehmenden überprüft.

In einem nächsten Schritt werden diese Erkenntnisse in den (Berufs-)Alltag transferiert. Was dies konkret für diesen bedeutet, wird zur Kernfrage für die Phase des Transfers. Transfer beschreibt eine Übertragung von einem Kontext (Seminar, Maßnahme, ...) in einen anderen (Alltag, berufliche Situation, Schule, ...). Die Teilnehmenden einigen sich beispielsweise auf bestimmte Schritte, nehmen sich Handlungen vor oder treffen konkrete Absprachen.

What? - So what? - Now what?

Die englische Sprache verfügt bisweilen über Möglichkeiten, Inhalte mit wenigen Worten auf eine Weise „auf den Punkt zu bringen". Wenn wir Lernenden in der Erlebnispädagogik eine Art Leitfaden zur Reflexion mitgeben möchten nutzen wir gerne die von Priest, Gass und Gillis (2000, S. 21) eingeführten und mit diesen Ausdrücken beschriebenen Ebenen der Prozessbegleitung, die sozusagen als „Geländer" oder „Leitplanke" dienen können, um bei einer (offenen oder fokussierten) Dialogreflexion vom Erlebnis über die Erfahrung zur Erkenntnis oder gar zur Erprobung zu gelangen.

In der ersten „What"-Ebene nutzen wir kreative Methoden, um Teilnehmenden zu ermöglichen, sich über gemachte Erfahrungen auszutauschen und Emotionen verbal oder non-verbal Ausdruck zu verleihen. Es handelt sich um einen allgemeinen Wahrnehmungsabgleich. Immer wieder ist es wichtig zu erfahren, wie andere bestimmte Situationen erlebt haben und wie sie mit diesen umgegangen sind. Wenn man die dazugehörige Frage karikieren würde, lautete sie etwa „Wie ging es jedem damit?", doch wir hoffen, dass erfahrenere Prozessbegleitende auf einen großen Pool von Methoden zurückgreifen können, damit diese Formulierung nicht die Einzige im Repertoire ist.

In der zweiten, der „So what"-Ebene, geht es nun um die Frage, wie die Gruppe oder Einzelne mit den in der Regel sehr unterschiedlichen Wahrnehmungen umgehen möchten. „Jetzt haben wir jeden gehört, spannend sind natürlich die Schnittmengen und die Unterschiede". In der nun weiterführenden Reflexion versuchen Prozessbegleitende, die Gruppe mit diesbezüglichen Fragen zum Nachdenken anzuregen bzw. sie moderieren und begleiten in den vielen Fällen, in denen sich die Teilnehmenden selbstständig ein bestimmtes Thema herausgreifen. Dabei handelt es sich um einen sehr wesentlichen Schritt, um wahrgenommene Themen in einer neuen Bewusstseinsebene neu ausleuchten zu können. Hier werden aus den Erfahrungen Erkenntnisse.

In der dritten, der „Now-what"-Ebene geht es nun darum, die Erkenntnisse so zu konkretisieren, dass sie im Alltag zumindest erprobt werden können. Es stellen sich Fragen nach der konkreten Umsetzung: mindestens bei der nächsten Herausforderung im aktuellen Training und bestenfalls beim konkreten Transfer in den (beruflichen) Alltag.

Wenn man dieses vereinfachte Modell verdichtet und zu einer konkreten Technik ausbaut, kann sich daraus das von Priest, Gass und Gillis (ebd., S.88f.) beschriebene Modell des Funneling (Trichtertechnik) ergeben. Wir verzichten an dieser Stelle auf eine detaillierte Beschreibung, zumal es in den Werken von Rutkowski (2010, S.200ff.) und Friebe (2010, S. 72 ff.) gut beschrieben wurde.

In der erlebnispädagogischen Szene wurde immer wieder diskutiert, wie man die sogenannte *Transferschwelle* so niedrig wie möglich halten bzw. am besten überwinden könne. Unter Transferschwelle verstehen Simon Priest und Michael Gass (1999) die Schwierigkeit der Teilnehmenden, während des Trainings die Parallele zwischen den gemachten Erfahrungen und dem (Berufs-)Alltag zu erkennen. Anzeichen während des Trainings sind Aussagen wie: „Das ist bei uns aber ganz anders", „mit unserer Situation hat das aber nichts zu tun" etc. Priest und Gass beschreiben verschiedene Modelle der unterstützenden Prozessbegleitung, um es den Teilnehmenden zu erleichtern, diese Schwelle zu überwinden (vgl. ebd. 1999, S. 223). Wir werden dies in Kapitel 6 näher betrachten.

Eine weitere Transferschwelle entsteht aus unserer Sicht beim Umsetzen des „Neuen" auf der Handlungsebene in der Alltagssituation. Darunter fällt zum Beispiel das Phänomen der sogenannten „back home"-Situation. Man ist im „normalen Leben" schnell wieder vom Alltag eingeholt, Terminstress macht die besten Vorsätze zunichte und die Teammitglieder, die nicht auf dem Seminar mit dabei waren, sind von den neuen Ideen gar nicht so überzeugt.

Manchmal ist ein Unternehmen zudem nicht an einer Veränderung interessiert. Ralf Besser bezeichnete in einem Artikel in der Zeitschrift *management & training* bereits 2003 Fortbildungen und Trainings als ein Milliardengrab. „In Unternehmen ist der Trend zu beobachten, Trainings nicht an den Berufsalltag der Teilnehmenden anzubinden und als Alibi-Veranstaltung laufen zu lassen" (Besser 2013, S. 51). Eindrücklich beschrieben werden solche und ähnliche Aspekte auch in der Publikation „Die Weiterbildungslüge" (Gris 2008).

Um einen tatsächlichen Transfer auch auf der Handlungsebene zu erleichtern, werden bereits im Seminar unterstützende Vereinbarungen für den Berufsalltag getroffen; man bezeichnet diese als **Support**. Wie die Umsetzung unterstützt werden kann, ist hier die zentrale Frage. Dies können zum Beispiel „Anker" in Form von Erinnerungsstücken sein oder schriftliche Vereinbarungen, die dann im Unternehmen gut sichtbar angebracht werden.

Auch die Planung von Folgemaßnahmen, in denen die Umsetzung auf den Prüfstand kommt, zählt hierzu. Oder die Verabredung zu wöchentlichen Teamsitzungen, inkl. des Bestimmens einer verantwortlichen Person, die in einem Monat eine Sondersitzung einberuft, wenn die Teamsitzungen bis dahin nicht regelmäßig stattgefunden haben.

Der Kreis schließt sich, wenn einige Zeit später ein Folgetraining durchgeführt wird und man während diesem auf die zuvor erarbeiteten Ergebnisse zurückgreift.

4.1.3 Die E-Kette

„Gelegentlich stolpern die Menschen über eine Wahrheit,
aber sie richten sich auf und gehen weiter, als sei nichts geschehen." (Winston Churchill)

Auf Werner Michl geht die Theorie der E-Kette zurück, die den Lernprozess während einer erlebnispädagogischen Maßnahme beschreibt (Michl, W. 2015, S. 11, und 1989, S. 485ff.).

Aus Ereignissen werden je nach Persönlichkeit und Geschichte des Teilnehmenden unterschiedlich ausgeprägte Erlebnisse. Abseilen an einer Felswand ist für jemanden mit Höhenangst das gleiche Ereignis, aber ein anderes Erlebnis als z.B. für einen professionellen Fensterputzer von Hochhäusern.

Erlebnisse bieten die Möglichkeit (aber nicht die Garantie!), zu einer Erfahrung zu werden, wobei eine wie auch immer gestaltete Reflexion die Teilnehmenden auf dem Weg dazu begleiten bzw. je nach Intention und Haltung der Erlebnispädagog:innen sie direkt auf diesen Weg führen kann.

Eine **Erfahrung** im erlebnispädagogischen Sinn entsteht durch die Rückschau auf Erlebnisse. Ein Erlebnis kann nur in dem Moment erlebt werden, in dem es sich ereignet, eine Erfahrung dagegen ist von dauerhafter Natur. Sie entsteht meist durch die bewusste Reflexion, aber auch durch den Vergleich mit anderen Erlebnissen und manchmal auch ohne weiteres Zutun.

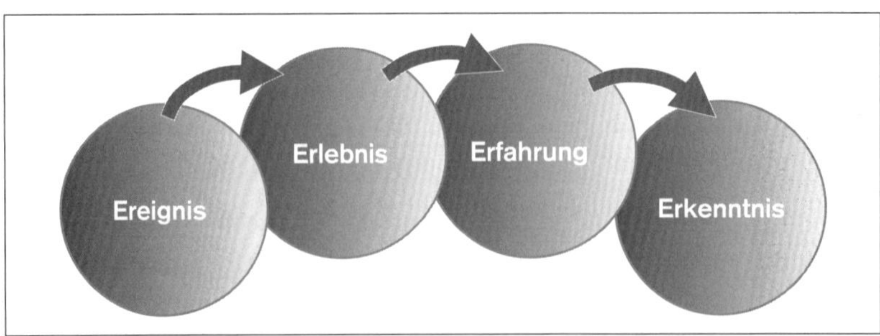

Abb. 4-3: Die E-Kette (nach Michl 2015, S. 11)

Diese Erfahrungen können nun zu neuen Erkenntnissen reifen, die in der neuen Gegenwart erprobt werden.

Auf der Basis dieser neuen Erkenntnisse werden die Ereignisse der nächsten Herausforderung – entweder noch während der Veranstaltung oder idealerweise nun im beruflichen oder privaten Alltag – neu bewertet.

Um diesen prozesshaften Charakter zu verdeutlichen, wird die E-Kette gerne zu einem Kreis geschlossen, manchmal und bei einigen Autor:innen zu einer Spirale, um die persönliche Weiterentwicklung ebenso darzustellen.

Christoph Quarch (2019) beschreibt Erfahrung als einen distanzierten Vorgang am Beispiel eines Schiffbruchs. Eine Person, die sich während des Schiffbruchs auf dem Schiff in Lebensgefahr befindet, erlebt den Schiffbruch mit all den Emotionen, die damit einhergehen. Eine Erfahrung wiederum macht aus seiner Sicht die Person, die vom Ufer aus, also aus großer Distanz, das Ereignis beobachtet und somit etwas in Erfahrung bringt, ohne es „hautnah" erlebt zu haben. Zweifelsohne können auch aus dieser Art der Erfahrung Erkenntnisse gewonnen werden. In der Erlebnispädagogik geht es uns jedoch um Erfahrungen, die aus Erlebnissen resultieren. Um bei dem Beispiel zu bleiben: Es geht um die Erfahrungen, die eine Person auf dem Schiff aus den Erlebnissen während des Schiffbruchs generiert. Erlebnispädagog:innen gehen davon aus, dass starke Emotionen während des Erlebnisses zu prägenden Erfahrungen führen.

Im subjektiven Erleben besteht ein Unterschied, ob man die Möglichkeit hat, auf einen 15 Meter hohen Mast im Hochseilgarten zu klettern oder ob man von vorneherein definiert in einer beobachtenden Rolle ist. Und dieses unterschiedliche Erleben entsteht unabhängig von der Tatsache, ob man letztlich auf den Mast steigt oder nicht. In dem einen Fall ist man gezwungen, sich mit sich selbst auseinander zu setzen, im anderen nicht.

4.1.4 Die erlebnispädagogische Waage

Ebenso wie die E-Kette haben wir Werner Michl (2015, S. 9f.) das Modell der erlebnispädagogischen Waage zu verdanken. Mit dieser soll das Verhältnis zwischen Ereignis, Erlebnis und Transfer dargestellt werden.

Erlebnispädagog:innen beladen die eine der beiden Waagschalen mit einem *Ereignis*, das sie gut vorbereitet haben im Hinblick auf:
- pädagogische Zielsetzung
- Gruppenphase und
- Sicherheit.

Dieses *Ereignis* ist für viele mit der Theorie nicht vertraute Menschen, die man beispielsweise auf der Straße befragt, der wesentliche Inhalt von Erlebnispädagogik: Klettern, Abseilen, Hochseilgarten, Kanufahren, Feuer machen etc. – und wir ergänzen dies natürlich sofort in unseren Köpfen um Interaktionsübungen, Vertrauensübungen, Solozeiten, City Bound und vieles andere mehr.

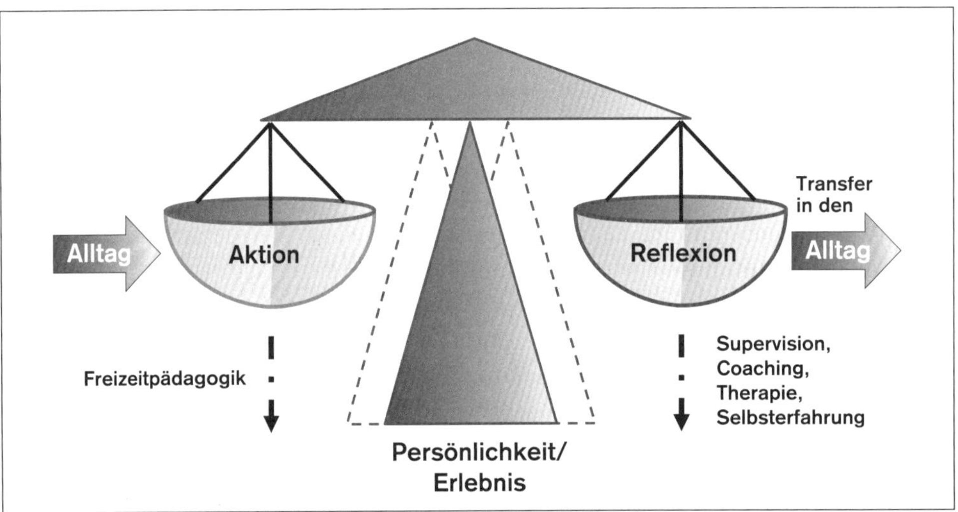

Abb. 4-4: Die Erlebnispädagogik-Waage (nach Michl 2015, S. 9f.)

Die andere Waagschale bestücken wir mit unseren Reflexionsmethoden und wägen dabei ab, welches Maß wir verwenden, damit die Waage entweder ausgeglichen ist oder in die eine oder andere Richtung ausschlägt, je nachdem, ob „nur" *Fühlen, Fühlen* und *Denken* oder sogar *Fühlen, Denken und Handeln* verändern werden sollen. Zu wenig beziehungsweise keine Reflexion lässt die Aktivitäten zunächst zu dem werden, was sie per se sind: zumeist Natursportarten. Zu viel auf die rechte Waagschale gelegt könnte eine erlebnispädagogische Veranstaltung auch in eine Beratung, ein Coaching oder eine therapeutische Sitzung umschlagen lassen.

Das „richtige" Maß wird neben der Zielsetzung zudem durch das Standbein der Waage bestimmt: Wie bereits beim Modell der E-Kette erläutert, bestimmen Persönlichkeit und Geschichte der Teilnehmenden jeweils, wie „empfindlich" die Waage eingestellt ist und wie das Ereignis an sich bewertet wird. Jugendliche mit einer ADHS-Diagnose werden eine andere Dauer und Form von Reflexion als „zu viel" bewerten als Erwachsene mit einer hohen intrinsischen Motivation

4.1.5 Das Komfortzonenmodell

„Wenn Du immer nur das tust, was Du heute kannst,
wirst Du immer das bleiben, was Du heute bist." (Henry Ford)

Das von John Luckner und Reldan Nadler veröffentlichte Komfortzonenmodell (Luckner/Nadler 1997) beschreibt, dass Menschen lernen, wenn sie Schritte aus der bekannten und zumeist bequemen Komfortzone hinaus wagen, um in die Lernzone zu gelangen.

Den Raum, in dem sie wissen, was sie tun sollen und können, was sie tun müssen, den man auch als Handlungsspielraum verstehen kann, gilt es zu erweitern. Aufgabe der Erlebnispädagog:innen ist es dabei, diese Schritte auf physisch und psychisch sichere Weise zusammen mit den Teilnehmenden zu gehen und dafür Sorge zu tragen, dass niemand in die Panikzone gerät. Denn wenn ein Mensch durch Ängste und körperliche Entbehrungen zu sehr gefordert ist, wenn Ereignisse unvorbereitet und plötzlich auftauchen, schaltet das Hirn auf eines der drei ursprünglichen Programme zurück: Kämpfen, Flüchten oder Erstarren. Lernen, im Sinne von Entwicklung fördern, ist in diesem Zustand nahezu unmöglich.

Der Grat zwischen Herausforderung, Flow, Unter- und Überforderung ist oft schmal und wird von jedem unterschiedlich erlebt. Keine zwei Menschen auf der Welt erleben eine Bergtour oder eine Kanufahrt, einen Floßbau oder eine Wahrnehmungsübung auf die gleiche Weise.

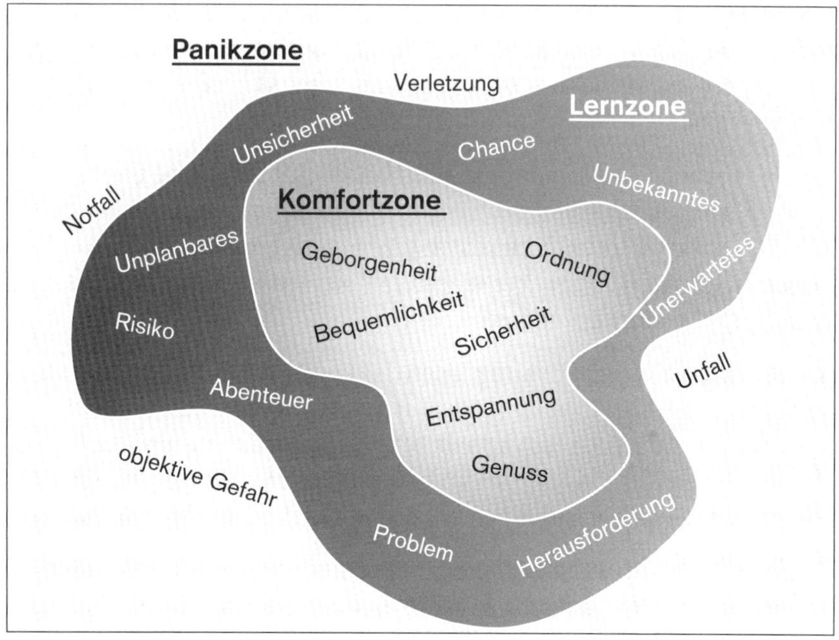

Abb. 4-5: Das Komfortzonenmodell

Ziel ist es, die Komfortzone an manchen Stellen zu erweitern und an anderen Stellen eine bessere persönliche Akzeptanz für das Vorhandensein bestimmter Grenzen zu ermöglichen.

Ist die Grenze der Komfortzone in bestimmten Bereichen des Lebens für Teilnehmende durch positive Erfahrung weiter nach außen gewandert, so ist auch die Fläche der Komfortzone vergrößert. Dies gibt mehr Sicherheit bei zukünftigen herausfordernden Situationen und sie können, wenn sie wieder einmal an die mit Unsicherheit, Angst und Unwohlsein verbundene Grenze zur Lernzone geraten, mit mehr Entschlossenheit und auf bereits gemachte Erfahrungen zurückgreifend durchstarten.

Gleichzeitig ist diese Grenze auch durch Neugier gekennzeichnet und Menschen haben neben dem Streben nach Sicherheit und Geborgenheit auch Veränderung und Wachstum zum Ziel.

In deutschsprachigen Veröffentlichungen und Bachelorarbeiten zum Thema „Komfortzone" wird zumeist Tom Senninger (2000) und sein Werk „Abenteuer leiten" zitiert, er selbst bezieht sich jedoch auf Luckner und Nadler (1997). Wenn man sich die Originalliteratur zu diesem Modell genau ansieht, fällt auf, dass es sich vor allem mit der Arbeit an der „Kante" beschäftigt. Die Überschrift aus dem entsprechenden Kapitel bedeutet aus dem Englischen übersetzt:

„Arbeit am Rand/an der Grenze – Durchbruch in neue Gebiete" (‚Edgework – Creating Breakthroughs to new territory'). Und Luckner und Nadler (1997, S. 28ff.) verwenden ein sehr amerikanisch geprägtes und doch weitgehend passendes Bild aus den Pionierzeiten, als sich die Menschen in Amerika in den Westen aufmachten, um dort neues Land oder im besten Fall Gold zu finden, und sich zusammen mit dem Gold weitere Schätze auftaten; denn Gold als einzige Belohnung für eine strapaziöse Reise zu benennen, sei, so Luckner und Nadler (ebd. S. 28), zu eingrenzend.

Doch wie die Siedlerinnen und Siedler muss man selbst früher oder später eine Grenze durchbrechen. Im 19. Jahrhundert waren dies Hunger, Durst, andauernde Kämpfe mit den Ureinwohnern und die ständige Konfrontation mit Ängsten. Manche kehrten aus freien Stücken um, andere wurden zur Rückkehr gezwungen, und viele wussten nicht, dass sie manchmal nur wenige Meilen vom Ziel entfernt waren.

Wir stimmen mit den Autoren überein: Ein wesentlicher Teil unserer Arbeit als Erlebnispädagog:innen besteht darin, Menschen kurz vor, während und nach dem Durchbruch zu begleiten. Zusätzlich sehen wir jedoch auch eine Umkehr in bestimmten Situationen als Erfolg an – in Abgrenzung zu deren Bild vom Aufbruch in den Westen, in dem Luckner und Nadler beschreiben, dass die, die umgekehrt seien, nun ihre Chance auf das Gold vertan hätten.

Denn einerseits sind damals tatsächlich viele jenseits des Durchbruchs in den Bergen verhungert oder umgebracht worden. Andererseits hatten auch die, die wieder in die Heimat im Osten zurückgekehrt waren, die Schätze und Erfahrungen der Reise selbst mit zurücknehmen können und oftmals Zufriedenheit und Akzeptanz in den ruhigeren Gefilden gefunden.

Diese kritische Betrachtung des ursprünglichen Modells von Luckner und Nadler wollen wir durch Gedanken ergänzen, die Hartmut Paffrath (2013, S. 62ff.) zusammengestellt hat. Er verweist auf die Werke diverser Autor:innen, die unter anderem wie folgt argumentieren:

- Lerneffekte können durchaus auch innerhalb der Komfortzone erzielt werden. Im sicheren Rahmen (kein Frieren, Hunger, Angst, Ekel etc.) sind positive Lernerfahrungen oftmals leichter zu machen und das Setting provoziert nicht von vornherein Widerstand (ebd., S. 63).
- Die Unabwägbarkeiten der modernen Gesellschaft stellen Sicherheiten in Frage. Für Menschen im „permanenten Überlebenskampf" (Arbeitslosigkeit, Leiharbeit etc.) kann es nur darum gehen, die Panikzone ein wenig sicherer zu gestalten (ebd., S. 64).
- Die Auseinandersetzung mit Neuem kann auch zu einem Paradigmenwechsel führen – die bereits bestehende Komfortzone wird dann nicht ringförmig erweitert, sondern gegebenenfalls komplett aufgelöst (ebd.). Es kann auch sein, dass durch einen Paradigmenwechsel eine bestehende Komfortzone plötzlich zur Lern- oder sogar Panikzone wird.

Im Rahmen eines Sozialen Trainingskurses sind wir mit 8 Jugendlichen in einem 5-tägigen Camp im Hochschwarzwald. Dennis wurde wegen Straftaten im rechtsradikalen Milieu die Teilnahme am Kurs auferlegt. Die Hälfte der Teilnehmenden hat einen Migrationshintergrund.

Im Rahmen des Kurses setzen sich die Teilnehmenden mit sich selbst auseinander. Masken fallen, Gespräche gewinnen an Intensität. Zwischen einem türkischstämmigen Jugendlichen und Dennis entwickelt sich ein besonders enger Kontakt. Trotz der vermeintlichen Differenzen verstehen sie sich von Anfang an hervorragend. Des Öfteren ziehen sie gemeinsam los, um Holz fürs Lagerfeuer zu holen. Was sie genau miteinander besprechen, erschließt sich uns Betreuern nicht. Am Lagerfeuer fällt irgendwann von Mohamed der Satz: „Ihr Nazis seid eigentlich ganz ok, wenn man Euch kennenlernt."

Gegen Ende des Kurses führen wir mit jedem Jugendlichen ein längeres Einzelgespräch. Dennis erzählt mir von seinem Dilemma: „Wie soll ich meinen Kumpels in die Augen sehen, das geht gar nicht, wär ich nur nicht hierher gekommen. Das bringt jetzt alles durcheinander, die verstehen das nie. Aber Mohamed und auch die anderen sind ganz anders als die denken..."

Wenige Wochen später hat sich Dennis von seinem bisherigen Freundeskreis gelöst.

Bei herausfordernden Aktivitäten sind unsere Teilnehmenden mit ähnlichen Fragen und Zweifeln, Ängsten und Bedenken konfrontiert. Physisch manifestieren sich diese Ängste in Form von Herzrasen, Schweiß, beschleunigter Atmung, Körperhaltung und Gesichtsausdruck. Zudem wird oft auf altbewährte Verhaltensmuster zurückgegriffen (von Rückzug und Verschlossenheit bis hin zu übermäßigem Lachen, Reden und manchmal unangemessen erscheinendem Verhalten).

Während einer Reflexion nach einer Tagesveranstaltung zum Thema „City Bound", im Rahmen derer unsere Teilnehmenden mit unterschiedlichen Herausforderungen konfrontiert werden und die Menschen im Umfeld nicht erfahren sollen, dass es sich dabei um eine inszenierte erlebnispädagogische Veranstaltung handelt, wird das Thema „Vermeidungsstrategien" aufgegriffen.

Verschiedene Situationen werden mit dieser „Brille" betrachtet, und es steht bald für alle Teilnehmenden fest, dass jeder an unterschiedlicher Stelle eine persönliche oft durch andere Moralvorstellungen geprägte Grenze hat. So kommt es immer wieder vor, dass einige das Gesamtsetting, nämlich ohne Geld unterwegs zu sein, bereits als „Lüge" und Betrug gegenüber anderen Menschen in echten Notlagen ansehen.

Ähnliche Themen wirbelt das Thema „Stadt aus Sicht eines Menschen mit körperlicher Beeinträchtigung" auf. An diesem Tag entwickelt sich als Fazit, dass es Grenzen der Komfortzone gibt, mit denen man sich zwar konfrontieren kann, es aber nicht notwendigerweise einen Durchbruch geben muss. Manche Grenzen dürfen auch gefestigt werden, und diese geben in einer sich dauernd verändernden Welt und sich ausweitenden Komfortzonen hier und dort auch einen festen Halt zum Anlehnen.

Die Arbeit mit Menschen an deren persönlichen Grenzen bedeutet für diese immer die Entscheidung zu treffen, eine Grenze anzuerkennen oder einen nächsten Schritt zu tätigen.

Es kann vorkommen, dass ein Übergang von einer Zone in die nächste nicht bewusst entschieden werden kann, sondern durch äußere Umstände hervorgerufen wird, wie zum Beispiel bei einem Gewitter im Wald oder auf einer mehrtägigen Expeditionswanderung. Erlebnispädagogische Settings zielen sogar häufig darauf ab, Teilnehmende in deren Lernzonen zu begleiten, in die sie durch äußere Gegebenheiten gelangt sind.

Eine Aufgabe der Erlebnispädagogik ist es, ein bewusstes Auseinandersetzen mit den Lernschritten zu ermöglichen. Hier zeigt sich einer der Unterschiede zwischen erlebnispädagogischen Maßnahmen und dem Besuch eines Freizeitparks. Um in eine Achterbahn einzusteigen, treffe ich einmal eine Entscheidung und bin ab dann in meinen Möglichkeiten extrem eingeschränkt.

In erlebnispädagogischen Settings entscheiden Teilnehmende in der Regel selbst, welche Lernschritte sie gehen und welche Herausforderungen sie annehmen möchten.

Manchmal kommt es vor, dass aus Teilnehmendensicht zwischen der Komfort- und der Panikzone vermeintlich keine Lernzone vorhanden ist. Die Grenze der Komfortzone schließt sozusagen direkt an die Panikzone an, zum Beispiel bei einer Person mit Höhenangst im Hochseilgarten.

Als Erlebnispädagog:innen haben wir die Aufgabe, auf diesen Übergang sozusagen mit einer Lupe zu blicken, und die jeweilige Herausforderung in immer kleinere Schritte zu zerlegen. Auf diese Weise bieten wir differenzierte Entscheidungsmöglichkeiten an. Die Entscheidung, einen dieser Schritte zu gehen oder nicht, bleibt dabei stets in der Verantwortung der Teilnehmenden selbst. Im Mittelpunkt stehen für uns die Auseinandersetzung mit inneren Stimmen, inneren Antreibern sowie mit Vermeidungsstrategien und die Entscheidungsfindung für jeden Einzelnen wie in der Gruppe.

In der Erlebnispädagogik geht es zwar nicht ausschließlich um den Umgang mit großen körperlichen und psychischen Herausforderungen, dennoch zitieren wir hier gerne Tom Senninger, der schreibt, dass „die Abenteuerpädagogik Grenzerfahrungen als Lernchance instrumentalisiert" (Senninger 2000, S. 19).

Senninger (ebd., S. 20f.) benennt fünf Faktoren, die das Lernklima positiv beeinflussen können:

→ *„**Zugehörigkeit:** Die Teilnehmenden müssen sich als Teil der Gruppe fühlen (...). Ein Mindestmaß an gegenseitigem (...) Vertrauen über die Einhaltung von Absprachen und Sicherheitsstandards ist Voraussetzung (...).*

→ ***Akzeptanz:** Teilnehmende wollen sich akzeptiert und respektiert fühlen. Damit wird auch der Respekt vor der anderen Meinung und Individualität verstanden. (...)*

→ ***Verantwortung:** Indem nicht vorgegeben wird, was die Gruppe zu lernen hat, sondern die Einzelnen eigene Ziele selbst definieren, wird die Verantwortung zu lernen an die einzelne Person zurückgegeben. (...)*

→ ***Wertschätzung:** Durch Anerkennung von Beiträgen Einzelner und der Gruppenergebnisse wird die Experimentierfreude gesteigert. (...) Durch angemessenes Feedback und konstruktive Kritik hilft man sich gegenseitig, den Lernerfolg zu überprüfen und neue Ziele zu setzen.*

→ ***Sicherheit:** Sowohl die körperliche als auch die emotionale Sicherheit sind Grundvoraussetzung für die Bereitschaft, etwas Neues zu riskieren (...)."*

Darüber hinaus *„hängt viel vom Konzept und der Persönlichkeit der Leitung ab, wie sehr diese Kriterien für die Gruppe wirksam werden" (ebd., S. 21).*

Welche Beiträge wir als Erlebnispädagog:innen mit unserer Haltung dabei leisten können, wird in Kapitel 7 aufgezeigt.

4.2 Kategorisierungen der erlebnispädagogischen Modelle

Hier sollen jene Modelle beschrieben werden, mit denen erlebnispädagogische Aktivitäten auf unterschiedliche Art und Weise „eingekleidet" werden können bzw. auf deren Grundlage interveniert werden kann mit dem Ziel, den größtmöglichen Transfer der Lernerfahrungen in die Lebenswirklichkeit der Teilnehmenden zu erreichen.

Die bekanntesten Modelle sind das „Outward-Bound-Modell", das allgemein unter „The Mountains Speak for Themselves" bekannt ist, sowie das als „Outward Bound Plus" bezeichnete Modell von Aktion und Reflexion. Diese und weitere Modelle werden in Kapitel 5.4 genauer beschrieben und neu verortet.

Betrachtet man die Literatur zu erlebnispädagogischen Modellen genauer, fällt auf, dass es nur zwei grundlegend unterschiedliche Ansätze einer Einordnung, Benennung und Kategorisierung der unterschiedlichen Modelle gibt: der Ansatz von Priest/Gass (1999) und der Ansatz von Gilsdorf (2004).

4.2.1 Einteilung nach Simon Priest und Michael Gass

Simon Priest und Michael Gass (1999, S. 219) sprechen von einem Modell der „unterstützenden Prozessbegleitung". Sie ordneten verschiedene gängige Modelle unter diesem Oberbegriff ein und entwickelten sie weiter. Dabei gehen sie zunächst von einer Veränderung als Ziel einer jeden Maßnahme aus und unterscheiden zwischen vier verschiedenen Programmtypen (Priest et al. 2000, S. 10ff.):

- Change the way people feel → Freizeit und Erholung
- Change the way people think → Erziehung und Bildung
- Change the way you behave → Training und Weiterbildung
- Change the way you misbehave → Selbsterfahrung und Therapie

Um in diesen Zielkategorien mit den Teilnehmenden zu arbeiten, stehen nun verschiedene Techniken („Facilitation Styles") zur Verfügung, um den Prozess unterstützend zu begleiten (Priest/Gass 2005, S. 189ff.):

1. Handlungslernen pur („The Mountains speak for themselves" oder Outward Bound-Modell).
2. Kommentiertes Handlungslernen (die Trainingsleitung gibt nach der Aktivität ein Feedback).
3. Outward Bound Plus (die Aktivität wird mit den Teilnehmenden reflektiert).
4. Direktives Handlungslernen (sogenanntes „Frontloading", bei dem die Trainingsleitung vor der Aktivität die Lernrichtung vorgibt).
5. Metaphorisches Handlungslernen (das Training wird mit möglichst vielen Analogien zur Alltagswirklichkeit der Teilnehmenden konzipiert und es entstehen Metaphern, die den Transfer erleichtern).
6. Indirekt metaphorisches Handlungslernen (durch Provokationen, Suggestionen oder gezielt eingesetzte paradoxe Interventionen wird das gewünschte Verhalten bei den Teilnehmenden angeregt).

4.2.2 Einteilung nach Rüdiger Gilsdorf

Rüdiger Gilsdorf geht ebenfalls von einer „Konzeption von Veränderung" (2004, S. 103–125) aus und spricht in seiner Dissertation von „Modellen der Leitung und Begleitung", die er in vier Grundmodelle einteilt:

a) Das Aktionsmodell
b) Das Aktions-Reflexions-Modell
c) Das „Framing-Modell"
d) Das „Reflection-in-Action-Modell".

Gilsdorf diskutiert die Vor- und Nachteile bzw. die Unterschiede der Modelle vor dem Hintergrund eines therapeutischen Ansatzes. Dies geht mit einer etwas anderen Sicht auf die Prozesse und die Rolle der Prozessbegleitung (bei Gilsdorf: Therapeutischer Fachkräfte) einher.

Die Modelle haben sich zwar chronologisch entwickelt, doch es wurden jeweils verschiedene Aspekte der Begleitung in den Blick genommen bzw. unterschiedliche Schwerpunkte gesetzt. Zudem unterscheiden sich die Interventionsmöglichkeiten in Bezug auf den zeitlichen Einsatz.

Gilsdorf betont, dass die Modelle gleichwertig nebeneinander stehen und jeweils abhängig von Intention, Rahmen, Zielgruppe etc. angewendet werden.

Interventionen können an verschiedenen Punkten ansetzen:

- an den Rahmenbedingungen,
- an der *Gruppe*,
- an den *Aufgaben*,
- an den *Reflexionen*.

Diese sind immer wechselseitig aufeinander bezogen. Ebenso beeinflusst der *Zeitpunkt* einer Intervention jeweils auf andere Weise den Prozess. Und eben durch diese verschiedenen Zeitpunkte der Intervention (vor, während, oder nach einer Aktivität) unterscheiden sich die vier Grundmodelle.

Das *„Aktionsmodell"* entspricht dem Modell „The Mountains Speak for Themselves". Im Mittelpunkt steht eine meist länger andauernde Naturerfahrung, die an sich schon eine Wirkung entfaltet. Die Prozessbegleitung „orchestriert" den Rahmen und sorgt für Sicherheit. Die Erfahrungen der Teilnehmenden bleiben auf der emotionalen, nonverbalen Ebene. Was auf welche Weise wirkt, bleibt bei jedem Einzelnen subjektiv und persönlich.

Beim *„Aktions-Reflexions-Modell"* wird eine angeleitete Reflexion der Aktivität nachgeschaltet. Dies kann auch in „Wellen" geschehen (vgl. „adventure wave" nach Schoel et al. in Gilsdorf 2004, S. 110): Die Reflexion einer Aktivität kann zugleich wieder ein Briefing, eine Vorbereitung zu einer nächsten Aktivität sein. Erleben wird in Worte gefasst oder auf kreative Art und Weise ausgedrückt.

Die Prozessbegleitung kann sowohl die Handlungen kommentieren – vergleichbar dem Modell „Kommentiertes Handlungslernen" von Priest & Gass (1999, S. 219f.) – als auch Fragen stellen. Die Kunst des Fragen-Stellens wird zum Qualitätsmerkmal einer gut angeleiteten Reflexion. Dazu gehört immer, genügend Offenheit und Flexibilität in der Moderation von Reflexionen zu behalten, um auf neu aufkommende Themen der Teilnehmenden eingehen zu können (vgl. Gilsdorf 2004, S. 109).

Beim *„Framing-Modell"* soll den Teilnehmenden durch weniger Sprache und dafür mehr metaphorische Einrahmung in Form von Bildern und Geschichten ein Fokus auf bestimmte Themen angeboten werden. Schon vor der Aktivität werden Spuren gelegt, um die Wahrnehmung und Aufmerksamkeit der Teilnehmenden auf bestimmte Themen zu lenken.

Dies kann folgendermaßen geschehen:

- als direktes „frontloading": Die Prozessbegleitung weist direkt auf Themen hin, die während der Aktivität eine Rolle spielen werden.
- als „metaphorical framing": Die Prozessbegleitung bringt nach Priest, Gass und Gillis (Priest et al. 2000, S. 70) durch Sprachbilder sowie Geschichten und Anekdoten Themen auf und weist auf Handlungsoptionen während der Aktivität hin. Insbesondere durch eine Herstellung von Isomorphien, also Strukturgleichheiten zwischen der Aktivität und dem Lebens- oder Arbeitsalltag der Teilnehmenden, sollen Lernerfahrungen besser übertragen werden können.
- als „indirect frontloading": Dies ist vergleichbar mit dem Modell „Indirekt metaphorisches Handlungslernen" von Priest & Gass (1999, S. 221). Hier wird mit Hilfe von Suggestionen und Provokationen eine Double-Bind-Situation hergestellt: Die Teilnehmenden zeigen entweder das gewünschte Verhalten oder scheitern mit hoher Wahrscheinlichkeit.

Das *„Reflection-in-Action"* Modell schließlich richtet das Hauptaugenmerk auf eine Intervention während der Aktivität: Es gilt spontan auftretende Themen und Metaphern der Teilnehmenden zu entdecken und damit weiter zu arbeiten. Dies wird von Werner Michl später nach Hovelynck und Schödlbauer (1999a und b) als „Handelndes Reflektieren: Metaphern der Teilnehmenden" bezeichnet (Michl 2015, S. 78ff.). In diesem Modell wird davon ausgegangen, dass jeder Mensch in seinem alltäglichen Leben bestimmten, meist unbewussten Theorien folgt, mit denen er sich die Welt erklärt. Solche Handlungstheorien können durch Metaphern aufgedeckt werden.

Die Mehrzahl der beschriebenen Modelle, sowohl bei Gilsdorf als auch bei Priest/Gass, beinhaltet eine Differenzierung von Aktions- und Reflexionsphasen. Dabei wird von einer Zielorientierung oder sogar Planbarkeit von Transferprozessen ausgegangen. Somit entsteht eine didaktische Komponente.

Vor allem am Aktions-Reflexions-Modell (Outward-Bound-Plus-Modell) wurde kritisiert, „dass es zu einseitig die Reflexionen *nach* dem Erleben akzentuiert, und dass der vielversprechende Prozess des Lernens *in* und *während* des Erlebens davon letztlich weitgehend unberührt bleibt" (Gilsdorf 2004, S. 108). Durch die bereits oben beschriebene „adventure wave" relativiert sich diese Kritik ein wenig.

Das insbesondere von Johan Hovelynck vertretene „Reflection-in-Action"-Modell zielt auf eine „Auflösung der Spaltung zwischen Aktion und Reflexion und somit auf ein ganzheitliches Verständnis von Erfahrung" (Gilsdorf 2004, S. 105). Er stellt obigen Ansätzen ein Verständnis von Lernen und Wachstum gegenüber, „das Aktion und Reflexion als untrennbar miteinander verbunden sieht, als Aspekte reflektierten Handelns oder handelnden Reflektierens" (Hovelynck in Gilsdorf 2004, S. 124).

Hovelynck gibt zu bedenken, „dass wir den Teilnehmern keine *Erfahrungen* bieten können; wir können höchstens *Aktivitäten* anbieten" (ebd., S. 122).

Aus unserer Sicht hat jedes Modell seine Legitimation und alle Modelle können ohne Rangordnung als verschiedene Alternativen nebeneinander existieren. Sie werden abhängig von Auftrag, Zielsetzung und Haltung der Prozessbegleitenden den Interventionen zugrunde gelegt.

4.3 Die Bedeutung von Reflexion

Grundsätzlich sind wir davon überzeugt, dass Reflexionsprozesse bei Menschen im alltäglichen Leben permanent ablaufen und jede Erfahrung unbewusst oder bewusst mit bisherigen Erfahrungen abgeglichen und in den persönlichen Kontext eingeordnet wird.

Im Johari-Fenster, das nachfolgend beschrieben wird, geht es um bewusste Reflexion in Form von Selbstreflexion und Feedback, um eine Weiterentwicklung auf persönlicher Ebene zu unterstützen.

Die Erlebnispädagogik nutzt (bewusste und unbewusste) Reflexionsprozesse, um persönliche Entwicklungsprozesse der Teilnehmenden zu unterstützen. In Kapitel 5.1 werden wir darauf noch genauer eingehen.

4.3.1 Das Johari-Fenster aus erlebnispädagogischer Sicht

Bereits 1955 haben Joseph Luft und Harry Ingham das sogenannte Johari-Fenster entwickelt, mit dessen Hilfe man Beziehungen im Hinblick auf bewusste Wahrnehmung darstellen kann (Luft 1993, S. 28ff.).

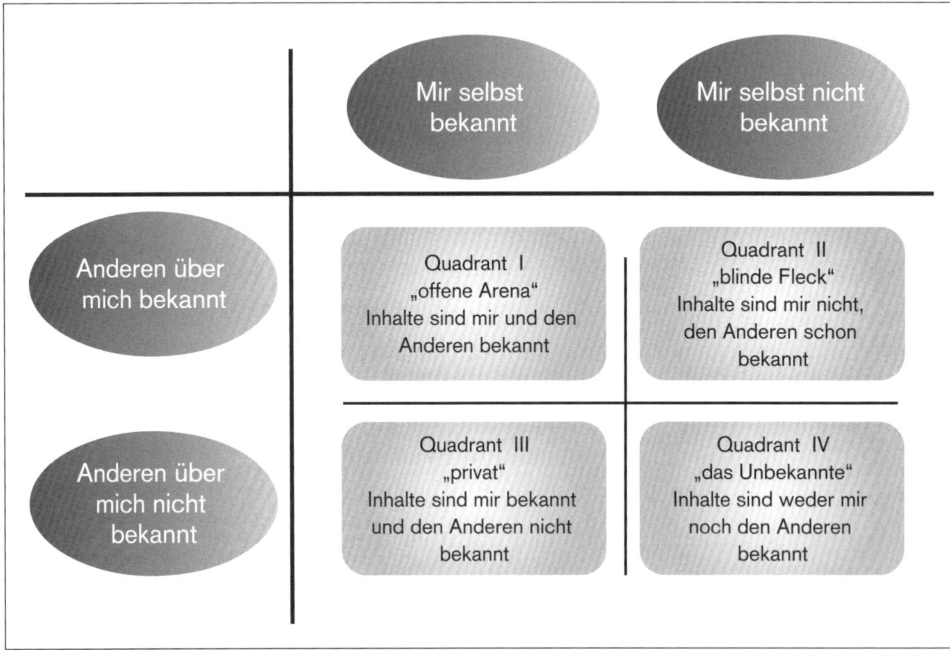

Abb. 4-6: Johari-Fenster nach Ingham und Luft (1963)

Quadrant I

Diesem Quadranten wird alles zugeordnet, was ich über mich selbst weiß und was auch die anderen über mich wissen. Begegnen sich Menschen zum ersten Mal, ist dieser Quadrant naturgemäß ziemlich klein. Mit jedem besseren Kennenlernen vergrößert er sich automatisch. Im Gegensatz dazu verringern sich die Quadranten II und III. Das Vertrauen untereinander wächst, also teile ich mehr von mir mit. Die anderen beginnen sich im Gegenzug ein Bild von mir zu machen. Wenn sich Menschen zum ersten Mal begegnen und sich dabei kennenlernen, werden damit Inhalte der Quadranten II und III in den Quadranten I transferiert. Dieser Prozess kommt nach einer gewissen Zeit meist zu einem Stillstand. Die wesentlichen Informationen sind ausgetauscht und mehr müssen wir voneinander für den Kontext, in dem wir uns befinden, nicht wissen.

> Oft enden Reflexionseinheiten in der Erlebnispädagogik genau hier. Wenn wir von Jugendgruppen nach einer Teamaufgabe Antworten bekommen wie: „Wir müssen uns besser absprechen, wir sollten mehr als Team zusammenarbeiten, wir sollten uns mehr vertrauen, ...", haben wir deutliche Indizien dafür, dass wir uns in Quadrant I bewegen.
>
> Jugendliche geben uns die Antworten, von denen sie glauben, dass wir sie hören wollen, eine wirkliche Reflexion hat dabei noch nicht stattgefunden. Wir bewegen uns auf sicherem Terrain, hier werden keine neuen Erkenntnisse gewonnen. Wir sprechen gerne von „Sozialarbeit-Brause", die von den Jugendlichen verteilt wird.

Quadrant II

Quadrant II beinhaltet alles, was andere über mich wissen, wahrnehmen, also was anderen von mir bekannt ist, mir selbst aber nicht. Eigenarten, die mir nicht mehr auffallen, wie z.B. die Hände in den Hosentaschen bei einem Vortrag, nervöses Zucken mit den Augen in angespannten Situationen oder ein Tonfall in der Sprache, der nicht zu dem Gesprochenen passt. Auch die für mich selbst oft schwer zu beantwortende Frage: „Wie wirke ich auf andere?" findet im Quadranten II seinen Platz. Natürlich hängt dies mit dem subjektiven Aufmerksamkeitsfokus der anderen zusammen.

Um Zugang zu diesem Quadranten zu erhalten, bin ich auf das Feedback der anderen angewiesen. Mir selbst ist dieser Zugang verwehrt. Oliver König und Karl Schattenhofer drücken dies so aus: „Feedback ist eine Mitteilung an eine Person, die diese darüber informiert, wie ihre Verhaltensweisen von anderen wahrgenommen, verstanden und erlebt werden. Es bietet die (einzige) Möglichkeit, die Selbstwahrnehmung systematisch mit der Fremdwahrnehmung zu vergleichen und die Wirkung eigener Verhaltensweisen kennen zu lernen, die einem vorher nicht bewusst waren" (König/Schattenhofer 2015, S. 85).

Indem mir andere meine Eigenarten mitteilen und wie ich auf sie wirke, wie mein Verhalten ankommt, was durch meine Aussagen ausgelöst wird usw., geben sie mir die Chance, mir dessen bewusst zu werden. Mir wird ein Spiegel vorgehalten. Beim Betrachten dieses Spiegels gewinne ich Erkenntnisse über mich selbst.

Erst diese Erkenntnisse wiederum geben mir die Möglichkeit, mein Handeln bewusst zu steuern, Neues auszuprobieren oder bewusst an Altem festzuhalten, weil ich durch Bestätigung an Sicherheit gewonnen habe. Der Möglichkeitsraum meines bewussten Handelns wird damit erweitert.

Mein 13-jähriger Sohn beklagt sich bei mir über seine Mutter.
Dabei entwickelt sich folgender Dialog:

Kind: *„Ich mag das gar nicht, wenn sie mich immer in den Arm nimmt und dabei ‚mein Kleiner' sagt!"*

Ich: *„Echt?"*

Kind: *„Ja, und dann küsst sie mich immer und das mag ich auch nicht."*

Ich: *„Weiß denn die Mama, dass Du das nicht magst?"*

Kind: *„Ich glaube schon, aber sie macht es trotzdem."*

Ich: *„Woher weiß die Mama denn, dass Du das nicht magst? Hast Du es ihr gesagt?"*

Kind: *„Nein, ich möchte ihr das nicht sagen."*

Ich: *„Du musst der Mama das sagen, damit sie überhaupt auf deinen Wunsch eingehen kann. Solange sie nicht weiß, dass dich das stört, gibt es für sie keinen Grund, etwas zu verändern."*

Durch Feedback bekomme ich die Chance, mein Verhalten zu überprüfen.

Quadrant III

Im Quadranten III befindet sich alles, was mir über mich selbst bewusst ist, was ich aber den anderen nicht oder noch nicht preisgeben will: Die Masken, die ich trage, hinter denen ich mich verstecke, was ich darstellen will, wie ich mich gebe, um etwas zu erreichen, aber auch die intimen privaten Bereiche, für die ich gute Gründe habe, sie nicht mit anderen zu teilen. Hierher gehört auch alles, was ich bewusst zurückhalte, um nicht zu viel Raum einzunehmen, und was ich noch nicht geteilt habe, aus welchen Gründen auch immer. Uns erscheint hier wichtig zu betonen, dass es nicht darum geht, immer allen alles über mich mitzuteilen. In diesen Quadranten fällt auch das, was Menschen geheimnisvoll und interessant macht, hier sind alle noch nicht erzählten Geschichten beheimatet, aber auch viele persönliche Unsicherheiten.

Steigt das Vertrauen in die anderen, werde ich zunehmend mehr von dem preisgeben, was ich bisher im Quadranten III zurückgehalten habe. Hier findet auch die persönliche subjektive Überprüfung dessen statt, was mir die anderen in einem Feedback mitteilen. Ich fange an, das Feedback in meinen Kontext zu integrieren. Kann ich das Feedback annehmen? Wie gehe ich damit um? Will ich etwas an meinem Verhalten ändern?

Zugang zu diesem Quadranten, oder besser eine Auseinandersetzung mit den Inhalten, findet durch Selbstreflexion statt. Hierbei werden auch eigene Glaubenssätze auf ihre Gültigkeit bzw. Tauglichkeit hinsichtlich der momentanen Situation überprüft. Dazu benötige ich Zeiten der Ruhe, der Innenschau, des Innehaltens und des Perspektivwechsels. Ich werde mir dessen bewusst, was diese Erfahrung für mich bedeutet. Daraus resultiert erneut eine Erkenntnis, die mich in meinem weiteren Handeln leitet.

Im Rahmen eines sozialen Trainingskurses sitzt ein Jugendlicher in der Sonne und macht sich während eines 24-stündigen Solos Gedanken über seine Straftaten. Christian war bereits ein Jahr inhaftiert und hat über 90 Straftaten begangen, für die er verurteilt wurde. Nach dem Solo erzählt er von seinen Erfahrungen: „Irgendwann habe ich angefangen, meine Straftaten chronologisch zu ordnen, ich habe versucht, alle in der richtigen Reihenfolge aufzuschreiben. Es ist mir nicht ganz gelungen, aber es hatte für mich etwas von Aufräumen. Dabei ist mir aufgefallen, dass ich eigentlich nie etwas wirklich Schlimmes getan habe, ich habe nur nicht die entsprechende Konsequenz angetreten, bin zu Gerichtsterminen nicht erschienen, habe die Sozialstunden nicht abgeleistet usw. Dafür war ich ein Jahr im Knast, fürs Nicht-zu-dem-Stehen, was ich getan habe, eigentlich ganz schön doof."

Quadrant IV

Der Quadrant IV beinhaltet alle Möglichkeiten, die mir das Leben bietet, zu denen ich bisher aber noch keinen Zugang gefunden habe. Zu vielen dieser Möglichkeiten werde ich vermutlich auch nie Zugang finden und sie mit ins Grab nehmen. Den Quadranten IV habe ich betreten, wenn ich mich selbst und die anderen überrasche mit dem, was ich tue, oder mit einem Gedanken, der mir plötzlich kommt. Etwas, was ich mir selbst nicht und die anderen mir ebenfalls nicht zugetraut hätten. Es geht um Momente, in denen ich über mich hinauswachse, aus welchem Grund auch immer.

Dabei stellen wir Ereignisräume zur Verfügung, die für die Teilnehmenden subjektiv herausfordernd sind, egal ob es sich dabei um einen Natursport handelt oder zum Beispiel um City Bound. In dem Moment, in dem sich die Teilnehmenden darauf einlassen, ist ihnen nicht klar, was dieses Erlebnis für Erfahrungen mit sich bringt. Sie wissen nicht, welche Themen sie mit diesem Erlebnis verknüpfen oder was dieses Erlebnis für Auswirkungen hat.

Da Erleben sehr subjektiv ist, wissen auch wir als Erlebnispädagog:innen nicht, was unser Angebot bei den einzelnen Teilnehmenden für Erfahrungen ermöglicht. Wir öffnen unseren Teilnehmenden einen Erfahrungsraum, der in dem Moment durch denjenigen, der ihn betritt, gestaltet wird, indem er betreten wird. Das dabei körperlich Erlebte wird dann über den Quadranten II oder direkt im Quadranten III bewusst auf den persönlichen Kontext bezogen. Genau genommen beinhaltet Quadrant IV ausschließlich Potentiale. Durch das Betreten des Quadranten IV werden die darin gemachten Erfahrungen direkt in Quadrant III oder II transferiert. Manchmal bleibt dabei ein Potential als Ahnung einer Möglichkeit im Raum.

Durch eine Haltung echten Zutrauens unterstützen wir unsere Teilnehmenden darin, sich aufzumachen, den persönlichen Quadranten IV zu erforschen. Die Möglichkeit zu „Quadrant IV-Erfahrungen" bietet sich vor allem beim Betreten neuer Erfahrungsräume. „Wann haben Sie zum letzten Mal etwas zum ersten Mal gemacht?" wird zu einer möglichen Leitfrage.

Während eines Weiterbildungskurses wird das Lernprojekt „Flugzeugabsturz" durchgeführt. (Zentrales Element der Übung sind verschiedene Handicaps, die den Teilnehmenden zugeteilt werden: nicht sehen können, nicht hören können, bestimmte Körperteile nicht bewegen können, nicht sprechen können etc. Die Teilnehmenden werden im Gelände oder Gebäude verteilt und die Aufgabe ist, sich an einem bestimmten Punkt zu sammeln.)

Zwei Teilnehmerinnen sind in der Reflexion sehr bewegt über das, was die Übung bei ihnen ausgelöst hat:

→ *Die eine Teilnehmerin durfte in der Übung nicht selbst gehen und wurde aus dem ersten Stock sehr behutsam die Treppe heruntergetragen. Das löste ein starkes Bild bei ihr aus in Bezug auf ihre eigenen bisherigen Glaubenssätze: „Ich bin sonst immer diejenige, die allen hilft, und gestehe mir nicht zu, auch selbst Hilfe anzunehmen." Sie hatte erfahren, dass sie sich auch tragen lassen darf.*

→ *Die andere Teilnehmerin war durch ihre Rolle eine Zeit lang in einer Beobachterposition und bekam völlig unvorhergesehen das Bild vom „Leid der Welt" und von den Menschen, die mit verschiedenen Handicaps herumirren und versuchen, einen Weg zu finden. Sie wurde regelrecht überwältigt von dieser Metapher und nahm sich eine Auszeit, um ihre Gedanken wieder zu sortieren.*

Als Erlebnispädagog:innen bieten wir unseren Teilnehmenden immer wieder Möglichkeiten, sich genau in diese Welt der vier Quadranten zu begeben. Sich auf Neues, Unbekanntes einzulassen, um dann in einem weiteren Schritt das körperlich Erfahrene über Selbstreflexion und Feedback zu begreifen, bewusst zu machen und schließlich daraus Erkenntnisse abzuleiten.

Reflexion in der Erlebnispädagogik bedeutet in diesem Sinne, den Raum zu öffnen, um affektive und kognitive Anteile einer Aktion bewusst zu machen, diese miteinander in Verbindung zu bringen und sie durch Feedback und Innenschau auf die Bedeutung für den persönlichen Kontext hin zu überprüfen.

4.3.2 Reflexion in der Erlebnispädagogik

„Reflexion bedeutet (...) das bewusste Nachdenken über die Erfahrungen (Vergangenheit) und Erwartungen (Zukunft) bezüglich eines bestimmten Themas" (Friebe 2010, S. 21).

Erst das Nachdenken über eine Erfahrung macht es uns möglich, aus einer Erfahrung eine Erkenntnis zu gewinnen. Sicher gibt es auch Ereignisse, die direkt im Unbewussten wirken und Einfluss auf unser Alltagsleben haben. Bewusstes Lernen findet jedoch zwangsläufig immer im Bewusstsein statt. Einen Zugang zum Bewusstsein erhalte ich durch Reflexion dessen, was gerade passiert ist. Reflexion in diesem Sinne bedeutet, das Erlebte in Bezug zum eigenen Kontext zu setzen, mit diesem abzugleichen und daraus Schlussfolgerungen zu ziehen. Damit wird Reflexion zu einem essentiellen Bestandteil eines Lernprozesses, vor allem eines erlebnispädagogischen Lernprozesses. Gerade in der Erlebnispädagogik bauen wir darauf, dass aus Erlebnissen Erfahrungen und daraus Erkenntnisse werden, wie in der E-Kette bereits dargestellt.

Stellen Sie sich folgende Situation vor: Sie stehen in einer erlebnispädagogischen Veranstaltung auf dem Felskopf und haben jetzt die Möglichkeit, sich eine 20 m hohe senkrechte Felswand abzuseilen. Ihnen wurde erklärt, wie alles funktioniert, und mit großer Ruhe erwartet Sie eine Erlebnispädagogin und bindet mit sicherer Hand alle Seile an Ihren Klettergurt. Er signalisiert, dass er bereit ist ... nur Sie sind es noch nicht.

Im Kopf könnte die nachfolgende innere Auseinandersetzung stattfinden. Zugleich meldet sich Ihr Körper mit allen nur denkbaren Reaktionen:

„Warum mache ich das ...? Was, das dünne Seil soll halten? ... Ja, ich weiß, es hält 2000 kg, und dann ist da ja noch ein zweites Seil ... aber der Baum, der sieht dünn aus ... lebt der überhaupt noch? Ja, er hat grüne Blätter, aber wer weiß ..."

Meine Beine zittern ein wenig – die Hände sind feucht, und aus irgendeinem Grund auch die Fußsohlen ... Meine Stimme klingt deutlich anders als sonst und ich ringe nach Worten ...

„Das ist doch idiotisch ... aber irgendwie will ich ja ... der Abgrund zieht förmlich an mir ... Jetzt noch ein kleines Stück weiter ... Geschafft!!!!
Ich hänge waagerecht über dem Abgrund und es ist doch gar nicht so ..."

Der Puls beschleunigt nochmals, meine Atmung wird unkontrolliert ... Noch ein kleines Stück ... Ich spüre, dass mich das Seil hält ... Erleichterung – ein Lächeln bahnt sich seinen Weg. Adrenalin und Glückshormone schießen zugleich durch die Glieder... Mit jedem kleinen Sprung fährt mehr Leichtigkeit in meinen Körper hinein ... Ich spüre schließlich festen Boden unter den Füßen.

„...Wow ... Ich will nochmal ...!"

So könnte ein Dialog zwischen Kopf und Körper aussehen. Oder in zahlreichen anderen Variationen, jedoch stets im Dialog.

4.4 Grundannahmen systemisch-konstruktivistischen Denkens

Zu Beginn des 20. Jahrhunderts befassten sich die Pioniere der Systemtheorie wie Norbert Wiener und Ludwig von Bertalanffy mit Problemen, die für die zeitgemäße Wissenschaft als uninteressant weil zu komplex galten. Dabei ging es zunächst um die Steuerung technischer Apparate oder die Biophysik biologischer Systeme.

Dabei standen vor allem die Probleme der Zirkularität und der Selbstbezüglichkeit im Mittelpunkt des Interesses. Es entwickelte sich die Disziplin der Kybernetik. Ein einfaches kybernetisches Modell ist z.B. ein Kühlschrank. Die Kühlung schaltet sich automatisch ein, wenn das Thermometer ein Ansteigen der Temperatur über einen bestimmten Wert meldet und schaltet sich danach automatisch wieder ab, wenn dieser Wert erreicht ist. Somit regelt das Gerät die Temperatur automatisch, in dem es den Ist-Wert immer wieder mit dem Soll-Wert vergleicht. Gleiches gilt beispielsweise für ein Thermostat an der Heizung.

Ein weiteres Kernmerkmal „der frühen Systemtheorie war das interdisziplinäre Räubern in fremden Wissenschaftsdomänen. Deutlich kann man dies am Beispiel Gregory Batesons sehen. Als Anthropologe durchstreifte er im Laufe seines äußerst fruchtbaren wissenschaftlichen Schaffens Gebiete wie Medizin, Psychologie, Biologie, Ökologie, Philosophie und Religion. Als wissenschaftliches enfant terrible hatte er den Mut, etwa in der Formulierung seiner Double-Bind Theorie, Erkenntnisse verhaltensbiologischer, psychiatrischer und logischer Forschung miteinander zu verbinden." (Hänsel, M. 2013, S.21)

Dies trifft auch auf andere Pioniere der Systemtheorie wie Heinz von Förster oder Ludwig von Bertalanffy zu, die sich als Physiker oder Biologen ebenso mit Philosophie und den ethischen Auswirkungen ihrer Forschungen beschäftigten. Heinz von Förster und Norbert Wiener führten, als Alternative zur modernen Wissenschaft, die „Systemics" als Theorie des Zusammendenkens, der Synthese und der Integration ein. Dabei postulierten sie bewusst ein Integrieren verschiedener Wissenschaftsdisziplinen.

Für die Beratung von Menschen führte dies schließlich zu einer tiefgreifenden Veränderung: weg vom Rat der Expert:innen, der weiß, was in dieser oder jener Situation das Beste ist, hin zu einer Prozessbegleitung, die sich an den Zielen des Kundensystems orientiert.

„Dabei bürdet die Systemtheorie ihren Anwendern oft den Umgang mit einer hohen Komplexität auf, die sie selbst versucht zu erfassen, zu beschreiben und für die sie versucht uns handlungsfähig zu machen. Die Herausforderung dabei ist, wie man eine in der Praxis nötige Komplexitätsreduktion ohne verzerrende Vereinfachung leisten kann." (Hänsel, M. 2013, S. 22).

Um einen besseren Überblick über „systemisches Denken" zu erhalten, schlägt Markus Hänsel vor, die Inhalte des systemischen Beratungsansatzes aus verschiedenen Perspektiven zu betrachten.

1. Theoretische Grundlagen
2. Grundannahmen und Haltungen in der Praxis der Beratung
3. Methoden, Handlungskonzepte und Interventionsstrategien

4.4.1 Theoretische Grundlagen

Franzisco Varela und Humberto Maturana, zwei chilenische Biologen, haben sich ausführlich mit der Frage beschäftigt, was Leben an sich bedeutet. Dabei prägten sie als entscheidendes Kriterium für Leben den Begriff der „Autopoiese". Autopoiese bedeutet die Hervorbringung von etwas als Werk seiner selbst. Ein lebendes System wird also immer wieder neu aus dem Netzwerk der Elemente, aus denen es besteht, selbst produziert. Lebende Systeme werden in diesem Zusammenhang als operational geschlossen bezeichnet (Maturana, Varela 2012).

Nach Maturana und Varela kann ein lebendes System und damit natürlich auch der Mensch nur durch Perturbation zum Lernen aus sich selbst heraus angeregt werden. Perturbation (lat. *perturbare* „durcheinanderwirbeln", „beunruhigen", „verwirren") bezeichnet dabei eine Zustandsveränderung in der Struktur eines Systems, die von dessen Umfeld ausgelöst wurde. In diesem Sinne sind lebende Systeme strukturell offen (ebd., 2012). Auf Perturbationen sind lebende Systeme sogar angewiesen, um sich überhaupt zu entwickeln. Welche Veränderung nun aber eine bestimmte Perturbation auslöst, ist wiederum höchst individuell, da sich lebende Systeme ja autopoietisch organisieren.

Hier entsteht nun scheinbar ein Widerspruch. Als Erlebnispädagog:innen haben wir es in unserer täglichen Arbeit mit lebenden Systemen zu tun – egal ob es sich dabei um eine Einzelperson oder um eine Gruppe von Menschen handelt. Wie sollen wir zielgerichtet die Entwicklung von Menschen, also Systemen fördern, wenn wir nicht wissen, was wir innerhalb des jeweiligen Systems durch unsere Angebote auslösen? Oder anders formuliert: „Aus systemischer Sicht stellt der Versuch, beraterisch beeinflussen, also intervenieren zu wollen, eine Paradoxie dar: Man wirkt auf Menschen ein, die sich eigentlich nur selbst verändern können" (Barthelmess 2016, S. 62).

Maturana und Varela gehen davon aus, „(...) dass alles Erkennen ein Tun des Erkennenden ist und dass jedes Erkennen von der Struktur des Erkennenden abhängt" (Maturana/Varela 2012, S. 40). Diese Ergebnisse unterstützen die Theorie des Konstruktivismus.

Im Zentrum der konstruktivistischen Idee steht die Aussage, dass „sich jedes Klientensystem seine eigene Wirklichkeit und damit auch seine eigenen Probleme und Lösungen konstruiert" (Barthelmess 2016, S. 32). Der Gedanke dahinter ist der, dass Menschen nicht wie triviale Maschinen funktionieren, bei denen klar vorherbestimmt werden kann, welcher Input zu welchem Output führt. Mit anderen Worten, jeder Mensch ist anders und reagiert anders, je nach seinem inneren Zustand.

Konstruktivistinnen und Konstruktivisten gehen demnach unter anderem von folgenden Prämissen aus:

- Ein Mensch ist nicht so oder so, sondern verhält sich so oder so in diesem Kontext.
- Aus „richtig" oder „falsch" wird „wirksam" oder „nicht wirksam".
- Jeder Mensch konstruiert seine eigene Wirklichkeit und hat aus seiner Sicht der Dinge heraus Recht.
- Jedes Verhalten ist an sich sinnvoll, ihm liegt eine subjektiv positive Absicht zugrunde.
- Es gibt keine allgemeingültige Wahrheit an sich, sondern subjektive Wirklichkeiten.

Christine und Hansjörg Lindenthaler (2012, S. 23) führen diese Gedanken weiter: „Und so wie wir in den Wald hineinrufen, so kommt es auch zurück: Unsere Umwelt reagiert entsprechend der Wahrnehmung, die sie von uns hat. Die Wahrnehmung, die die Umwelt von uns hat, erzeugen wir aber selbst mit, durch unsere Handlungen aufgrund unserer internen Bewertungen und Strukturen. Dies ist aber kein Teufelskreis, sondern ein hoch kreativer Zirkel, da wir selbst entscheiden, wie wir unsere inneren Prozesse gestalten und lenken, jede Sekunde neu ..."

Oder, mit den Worten von Gandhi: „Wir müssen die Veränderung sein, die wir in der Welt sehen wollen."

4.4.2 Grundannahmen und Haltungen in der Praxis der Beratung

Auf diesen und weiteren theoretischen Grundlagen, wie beispielsweise der Theorie sozialer Systeme (Luhmann) oder der Kognitionstheorie, lassen sich nun konkrete Haltungen des Beraters für die Praxis ableiten:

Systemisches Denken geht demnach unter anderem von folgenden Prämissen aus:

- Ein Mensch ist nicht so oder so, sondern verhält sich so oder so in diesem Kontext.
- Jeder Mensch konstruiert seine eigene Wirklichkeit und hat aus seiner Sicht der Dinge heraus Recht.
- Jedes Verhalten ist an sich sinnvoll, ihm liegt eine subjektiv positive Absicht zugrunde.
- Es gibt keine allgemeingültige Wahrheit an sich, sondern subjektive Wirklichkeiten.

Für die konkrete Haltung in der Praxis der Beratung bedeutet dies:

Anstelle von **einzelnen Individuen** betrachten wir	die **Beziehung** der Menschen zueinander, das System und die Strukturen innerhalb des Systems.
Aus der Frage nach der Ursache für ein bestimmtes Verhalten, also der Frage nach dem **„warum"**,	wird der Fokus auf die Funktion des Verhaltens gelegt, also die Frage nach dem **„wozu"**.
Aus der Zuschreibung eines bestimmten Symptoms zu einer Person, der oder die **„ist"**,	wird der Fokus auf das Verhalten in Abhängigkeit vom Kontext gelegt: **„verhält sich in diesem Kontext, ..."**
Es wird nicht nach kausalen Zusammenhängen, im Sinne eines **„Ursache-Wirkungs-Modells"** gesucht,	sondern scheinbare Kausalketten werden als **voneinander abhängige** Bedingungen gesehen.
Aus vermeintlich distanzierten **objektiven Sichtweisen** des Betrachters	wird eine individuelle **subjektive Sichtweise** des Betrachters.
Ein bestimmtes Verhalten oder ein Symptom wird nicht **„abtrainiert"** oder **„weggemacht"**,	sondern neue Verhaltensmöglichkeiten werden **„entwickelt"** oder neue Zugänge **„erschlossen"**.
Eine **„entweder – oder"** Situation wird	um die Optionen **„sowohl-als-auch"** und **„weder-noch"** ergänzt.
Aus etwas ist **„richtig"** oder **„falsch"** wird	etwas ist für die gegebene Situation **„wirksam"** oder **„nicht wirksam"**.

4.4.3 Methoden, Handlungskonzepten und Interventionsstrategien

Aus diesen Grundannahmen und Haltungen für die Praxis lassen sich nun konkrete Methoden ableiten, wie zum Beispiel:

- Hypothesenbildung
- Auftragsklärung und Ankoppelung
- Fragetechniken, wie: *Lösungsfragen · Zirkuläre Fragen · Zukunftsfragen · Unterschiedsfragen*
- Bedeutungsgebung/Reframing
- Musterunterbrechung
- Systemsimulationsverfahren

Vereinzelt greifen wir diese Methoden im weiteren Verlauf des Buches auf und bringen sie in einen Zusammenhang zur erlebnispädagogischen Arbeit.

In der systemischen Erlebnispädagogik geht es vor allem um die Haltung der Erlebnispädagog:innen. Gerade in den Phasen der bewussten Reflexion, im Begleiten der Menschen, die dabei sind, Erfahrungen zu machen, finden systemische Methoden und Interventionsstrategien ihren Platz. Werfen wir deshalb zunächst einen Blick auf die Notwendigkeit der Reflexion aus systemischer und konstruktivistischer Sicht.

4.4.4 Der systemische Blick auf die Möglichkeiten in der Reflexion

Wir wollen zu Beginn den Blick auf Systemzusammenhänge im Allgemeinen am Beispiel der Diagnose „Krankheit" wenden, um anschließend eine Brücke zur Erlebnispädagogik und zu den aus dieser Sichtweise resultierenden Reflexionsmöglichkeiten zu schlagen.

Die systemische Denkweise betrachtet „Krankheit" nicht eindimensional, sondern aus unterschiedlichen Blickwinkeln heraus. Niklas Luhmann unterscheidet Systeme in biologische Systeme, soziale Systeme und psychische Systeme (Berghaus 2003, S. 33). Da der Mensch nicht als Systemeinheit, sondern als Konglomerat der genannten Systeme betrachtet wird, ergeben sich folglich auch unterschiedliche Perspektiven auf die Diagnose „Krankheit".

Krankheit auf biologischer Ebene (gelebtes Leben): „der Mensch ist krank". Viele Krankheiten lassen sich „messen": eine erhöhte Körpertemperatur, ein gebrochenes Bein, eine Wunde. Was eine Krankheit dem Lehrbuch nach ist, lässt sich für einen kundigen Menschen schnell bestimmen.

Krankheit auf psychischer Ebene (erlebtes Leben): „der Mensch fühlt sich krank". Hieraus kann sich nun ein erster Unterschied ergeben: Ein Mensch mit erhöhter Temperatur kann sich krank fühlen oder auch nicht. Derselbe Zustand kann demnach unterschiedlich erlebt werden – und das kann zu Irritationen des Umfeldes führen: „dass der mit dieser Diagnose noch so fröhlich und unbekümmert durch die Gegend läuft ...!"

Ergänzt werden diese beiden Ebenen nun durch eine dritte:

Krankheit auf sozialer Ebene (erzähltes Leben): „der Mensch zeigt sich krank". Auf dieser Ebene entscheidet sich der Mensch nun in einem autonomen Akt, was von dem, wie er sich fühlt, er anderen berichtet.

Verbinden wir nun diese drei Ebenen, ergeben sich daraus sehr vielfältige Kombinationen:

- Ein Mensch kann (aus medizinischer Sicht) krank sein, sich aber gar nicht krank fühlen und berichtet aus diesem Grund anderen auch nicht davon.
- Ein Mensch kann (aus medizinischer Sicht) gesund sein, fühlt sich aber krank und kann von diesen Gefühlen anderen berichten oder auch nicht. Beide Wege werden Auswirkungen auf das soziale Umfeld haben.
- Und auch dieses Phänomen können wir beobachten: Ein Mensch ist (aus medizinischer Sicht) krank, es gibt sogar eine Diagnose, er fühlt sich auch krank und entscheidet sich dennoch dafür, anderen nichts davon zu berichten.

Weitere Kombinationen sind vorstellbar und führen uns vor Augen, dass die Diagnose „Krankheit" offensichtlich viele Ebenen hat, die – miteinander verbunden – zu einer Eigendynamik in einem System führen.

Übertragen wir diese Gedanken nun auf ein Team, welches ein Training gebucht hat, könnten wir die Systemzusammenhänge wie folgt übersetzen:

Das „Team-Problem" auf biologischer Ebene (gelebtes Leben): „Das System, also das Team ist dysfunktional" (dysfunktional: einer Funktion/Wirkung abträglich). Auf einer „rein rechnerischen Ebene" erfüllt das System seine erwartete und definierte Wirkung nicht. Ein Team, welches nicht die Ziele erreicht, derentwegen es ins Leben gerufen wurde, verfehlt aus unternehmerischer Sicht seine Wirkung. Es kann seinen Beitrag zum Ganzen nicht erbringen, nicht erwirtschaften. Auf dieser Ebene lassen sich Ziele mit Zahlen wie Umsatzzahlen, Neukunden, erfolgreiche Vertragsabschlüsse etc. in Verbindung bringen und sind somit messbar.

Das „Team-Problem" auf psychischer Ebene (gefühltes Leben): „Das System fühlt sich nicht wirksam." Ob und wie wirksam sich ein System (Team, Gruppe, ...) fühlt, wird durch das jeweilige System auf vielen Ebenen bewertet, und die Erfüllung von messbaren Zielen ist nur eine davon. Daneben spielen der gefühlte Zusammenhalt, die erlebte Kommunikation, das Wohlbefinden Einzelner innerhalb des Teams und weitere Faktoren auf der Sach- und vor allem Beziehungsebene eine Rolle bei der Frage, wie wohl und letztendlich wirksam sich ein System fühlt und bewertet.

Das „Team-Problem" auf sozialer Ebene (erzähltes Leben): „Das System berichtet oder berichtet nicht über seinen gefühlten und erlebten Zustand." Ungeachtet des gefühlten Zustandes eines Teams ist es immer noch eine (aktive) Entscheidung, wie ein System nach außen berichtet, was im Inneren geschieht. Ein Team kann sehr unter der aktuellen Situation leiden, sich jedoch gegen einen Hilferuf nach außen entscheiden. Gründe hierfür gibt es genügend: Angst vor Herabstufung, ein ausgeprägter Wunsch, alles selbst hinzubekommen, die Sorge, Ressourcen entzogen zu bekommen, etc.

Analog zu dem Beispiel „Krankheit" ergeben sich aus der Kombination dieser drei Ebenen vielfältige Möglichkeiten, beispielsweise:

- Die Variante, dass ein Team, welches „katastrophale" Zahlen erwirtschaftet, sich aber „pudelwohl" fühlt und davon erzählt, ist eine davon.
- Eine andere Variante: Ein Team ist Marktführer, fühlt aber auf Teamebene keinen wirklichen Zusammenhalt und beschließt, davon zu berichten.
- Eine Abteilung eines Unternehmens, welche schlechte Zahlen erwirtschaftet, über wenig Teamzusammenhalt verfügt und dennoch nichts davon berichtet, ist eine weitere.

Diagnosen, Empfindungen und das, was davon mitgeteilt wird, sind also sehr subjektiv. In der Erlebnispädagogik wird nun versucht, durch Erlebnisse und Kommunikation Licht in diese Zusammenhänge zu bringen.

Durch Reflexion werden in unterschiedlichster Art und Weise Gefühls- und Erlebenswelten der einzelnen Systemmitglieder für die jeweilig anderen geöffnet. Ich lasse die anderen des Teams (der Gruppe, der Familie – und manchmal auch nur mich selbst) an dem teilhaben, wie es mir mit der Aktivität ging, wie es mir gerade geht und was mich auf der Gefühlsebene bewegt oder bewegt hat. Die Idee einer Reflexion ist es in diesem Sinne, Zugang zu meiner Gefühlswelt und der der anderen zu bekommen und dies (mit-)zu teilen.

4.4.5 Der konstruktivistische Blick auf Reflexion

Und das mit dem (Mit-)Teilen ist gar nicht so einfach. Konrad Lorenz, ein österreichischer Zoologe, Verhaltensforscher und Nobelpreisträger, wird folgende Aussage zugeschrieben[5]:

„Gedacht ist noch nicht gesagt,
gesagt ist noch nicht gehört,
gehört ist noch nicht verstanden,
verstanden ist noch nicht einverstanden,
einverstanden ist noch nicht angewendet,
und angewendet ist noch nicht beibehalten."

5 Die genaue Quelle ist unklar. „Konrad Lorenz hat diesen Spruch zwar oft in Vorträgen zitiert, aber immer wieder darauf hingewiesen, dass er nicht von ihm stammt, sondern von Hubert Graf von Walderdorff. In gedruckten Schriften von Konrad Lorenz haben wir den Spruch nicht gefunden. Ob Hubert Graf von Walderdorff den Spruch formalisiert hat, ist ungewiss" (Schleidt, 2016).

Beispielsweise beobachten wir häufig das Phänomen, dass Person A das Gefühl hat, nicht verstanden zu werden, also immer aufs Neue versucht zu erklären. Person B tut sich jedoch lediglich damit schwer, das Gesagte zu akzeptieren. So stecken die Teammitglieder schnell in einem scheinbar unlösbaren Konflikt.

Hinzu kommt, dass aus unserer Sicht auch das, was im Sender vorgeht, zuerst einen längeren Prozess durchläuft, bevor es mitgeteilt wird und mein Gegenüber sich damit auseinandersetzen und in der Folge darauf reagieren kann.

Wir schlagen also vor, die Kommunikationskette anzupassen, um einen umfassenderen Blick entwickeln zu können und zusätzliche Abstufungs- und somit Begleitungsmöglichkeiten für die Reflexionsarbeit zu erhalten.

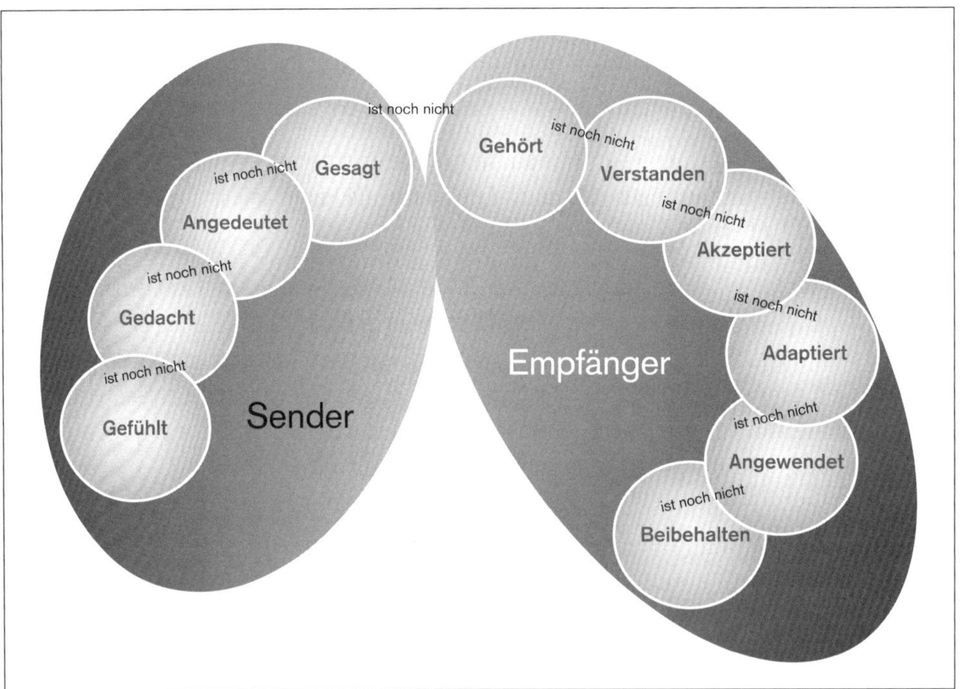

Abb. 4-7: Die erweiterte Kommunikationskette

Diese Schritte werden nun isoliert betrachtet. Die Reflexionsgedanken zu den jeweiligen Schritten dienen einerseits der Selbstreflexion und können andererseits den Erlebnispädagog:innen als mögliche Fragen an die Teilnehmenden dienen.

Auf der Seite des Senders stellt sich der innere Vorgang wie folgt dar:

Gefühlt ist noch nicht gedacht.
Reflexionsgedanken: Ist das ein Gefühl, das mich gerade leitet? Worauf begründe ich dieses Gefühl? Was genau löst dieses Gefühl bei mir aus? Welche Gefühlsausdrücke nehmen die anderen wahr? Welche Körperreaktionen zeige ich?

Gedacht ist noch nicht angedeutet
Reflexionsgedanken: Wie wurde das Gedachte bisher kommuniziert? Was hat mich daran gehindert, es zu kommunizieren? Was brauche ich, um hier einen Schritt weiterzukommen?

Angedeutet ist noch nicht gesagt
Reflexionsgedanken: Wie genau könnte ich das, was ich bereits angedeutet habe, auch konkreter formulieren? Wie sage ich es meinem Gegenüber? Welche Worte wähle ich? Welchen Zeitpunkt? Ist mir das, was ich „wirklich" sagen will auch selber greifbar?

Gesagt ist noch nicht gehört
Hier findet der Übergang von Sender zu Empfänger statt. Und dass etwas Gesagtes nicht gehört wird, kann ganz unterschiedliche Ursachen haben.

Reflexionsgedanken: Habe ich tatsächlich auf physikalischer Ebene nichts gehört? Habe ich nichts gehört, weil ich mit anderen Gedanken beschäftigt war? Weil es mir egal ist, was xy sagt? Weil ich eh schon glaube zu wissen, was yz sagen will? Weil ich weiß, dass die Aussagen nicht zu meinem Weltbild passen?

Gehört ist noch nicht verstanden
Reflexionsgedanken: Sprechen wir die gleiche „Sprache" – auf Dialektebene, auf Fachsprachenebene? Habe ich die Situation anders wahrgenommen? Kann ich die Gedanken des anderen nachvollziehen und inhaltlich verstehen? Kann das Gehörte an meiner subjektiven Lebenswelt andocken?

Verstanden ist noch nicht akzeptiert
Reflexionsgedanken: Von wem lasse ich mir etwas sagen, von wem nicht? Sind wir in der Lage, unterschiedliche Wirklichkeiten zu akzeptieren? Welches Weltbild liegt meinen Wahrnehmungen zugrunde? Mit welchen Augen sehe ich in die Welt? Mit welchen Augen mein Gegenüber? Was fällt mir schwer zu akzeptieren: den Inhalt, die Person, die Situation oder die Umstände, unter denen mir gerade etwas gesagt wird? Welche Antreiber habe ich noch: Karriere, Bezahlung, Harmonie im Team, ...?

Akzeptiert ist noch nicht adaptiert
Reflexionsgedanken: Welche Schritte werden nun genau von mir erwartet? Was will ich konkret tun? Wie kann ich das Gewollte umsetzen? Welche Unterstützung benötige ich, welche Vorkehrungen muss ich treffen? Wen muss ich informieren? Bin ich überhaupt in der Lage, das „Gewollte" umzusetzen oder das „nicht Gewollte" abzulehnen? Physisch? Psychisch? Wann wäre ein guter Zeitpunkt? Welche Voraussetzungen muss ich schaffen?

Adaptiert ist noch nicht angewendet
Reflexionsgedanken: Wie überwinde ich den „inneren Schweinehund"? Traue ich mir das überhaupt zu? Welche Erwartungen habe ich an mich selbst? Was, glaube ich, erwarten die anderen von mir?

Angewendet ist noch nicht beibehalten
Reflexionsgedanken: Was muss ich tun, um nicht in gewohnte Routine zurückzufallen?

4.5 Zusammenfassung

Unsere Ausgangsfrage war: Welche theoretischen Fundamente liegen der Erlebnispädagogik zugrunde?

Erlebnispädagogik versteht sich als eine theoretisch fundierte handlungsorientierte Methode zur Begleitung von Lernprozessen. Erlebnispädagog:innen nutzen beispielsweise Natursportarten oder Problemlöseaufgaben als Erfahrungsraum. Bei der Bewältigung dieser Aufgaben entwickeln die Teilnehmenden Strategien oder Sichtweisen, die sie auf die entsprechenden Lebenssituationen übertragen. Erst dieser Übertrag macht erlebnisorientiertes Arbeiten zu Erlebnispädagogik. Die Zielsetzung ist also immer ein Lernen über die Aktivität hinaus, eine Veränderung auf den Ebenen Fühlen, Denken und Handeln.

Verschiedene Autor:innen haben sich mit der Frage beschäftigt, wie der Transfer des Erlernten in den Alltag am besten gewährleistet werden kann. Dabei geht es unter anderem um das passende Maß an Reflexion, Unterstützungsmöglichkeiten in der Alltagssituation und die Überlegung, dass zum Lernen immer ein gewisser Grad an Herausforderung gegeben sein muss.

Aufbauend auf grundlegenden Theorien verfügen Erlebnispädagog:innen über verschiedene Ansätze, die ein konkretes Vorgehen beschreiben. Der historisch gesehen erste Ansatz der Erlebnispädagogik ist das Modell „Handlungslernen pur". Bei dieser Herangehensweise geht man von einer Selbstwirksamkeit des Erlebnisses aus. Zwischen 1950 und 1970 gewann die Reflexion des Erlebten als entscheidendes Kriterium für einen erfolgreichen Lernprozess immer mehr an Bedeutung (Michl 2015, S. 75f.).

Die Modelle beschäftigen sich demnach mit der Frage, wie und wann Erlebnispädagog:innen in die Prozesse des Lernens eingreifen, um diese zu optimieren. Simon Priest und Michael Gass haben ebenso wie Rüdiger Gilsdorf diese Modelle unterschiedlich kategorisiert (siehe Kapitel 4.2).

Aus systemischer Sicht ist dieses „Optimieren" – also das zielgerichtete Beeinflussen – jedoch sehr schwierig.

Wir gehen davon aus, dass Erleben subjektiv ist und jeder sich seine eigene Wirklichkeit konstruiert. In Phasen der Reflexion bringen die Teilnehmenden kognitive und affektive Anteile miteinander in Kontakt. Das Nachdenken und Mitteilen dessen, was während der Aktivität bei jedem Einzelnen passiert ist, also der Abgleich zwischen Eigen- und Fremdwahrnehmung, werden zu einem entscheidenden Kriterium für den Erfolg von Reflexionen und damit von erlebnispädagogischen Maßnahmen. Dieser Abgleich findet einerseits durch Feedback (ich melde zurück, was ich bei anderen wahrgenommen habe, bzw. mir wird rückgemeldet, wie ich erlebt werde) und durch Selbstreflexion (ich nehme Gedanken und Gefühle bei mir selbst wahr und teile diese mit, zudem verbinde ich das Erlebte und das Feedback mit meinem persönlichen Kontext) statt.

Aus systemischer Sicht sind menschliche Reaktionen nicht eindimensional, sondern sehr vielschichtig, da sie unter anderem von den inneren Zuständen des Einzelnen abhängen (*traurig-glücklich; nervös-gelassen; müde-ausgeschlafen, ...*). Hieraus und aus einer Erweiterung des kommunikationstheoretischen Sender-Empfänger Modells (Röhner/Schütz 2016, S. 21ff.) ergibt sich eine Vielzahl an Ansatzpunkten für Reflexionen.

In Kapitel 5 wollen wir uns ausführlich mit der Frage beschäftigen, wie Erlebnispädagog:innen denken, die Prozesse der Teilnehmenden beeinflussen zu können.

Teil 2:

Den Blick ändern

5. Eine neue Perspektive

5. Eine neue Perspektive

Immer dann, wenn Menschen zielgerichtet handeln, liegt diesem Handeln eine Theorie zugrunde. Oft ist uns diese gar nicht bewusst, wir handeln einfach. Und doch haben wir eine Theorie im Hinterkopf, die uns genau dieses Handeln für den momentanen Kontext im Sinne des Ziels, das wir erreichen wollen, als sinnvoll erscheinen lässt. Alltagstheorien übernehmen wir dabei oft von den Eltern oder anderen erwachsenen Bezugspersonen.

Als ich vor 30 Jahren in der Fabrik, in der mein Großvater arbeitete, meinen ersten Ferienjob hatte, gab mir mein Großvater folgende Worte mit: „Immer wenn du nichts zu tun hast, nimm einen Besen in die Hand!"

Für mich stand damals hinter dieser Aussage die Theorie: „Es gibt immer was zu tun, und sei es, die Werkstatt zu fegen." Erst Jahre später interpretierte ich die Aussage neu, nämlich in dem Sinne, dass ich mit einem Besen in der Hand immer den Anschein erwecken würde, etwas zu tun zu haben. Welche Theorie auch immer mein Großvater für sich dieser Aussage zu Grunde gelegt hat, werden wir nie erfahren, das ist aber auch egal. Entscheidend ist, dass hinter dieser Aussage eine „Alltagstheorie" steckt, die diese Aussage in einen größeren Zusammenhang bringt und unser Handeln leitet.

Menschen können also getrost als theoriegeleitete Wesen bezeichnet werden. Damit kommen wir zur Leitfrage für dieses Kapitel: Welche theoretischen Denkmuster, welche Theorie liegt der Erlebnispädagogik zugrunde?

Innerhalb der beiden Ansätze zur Kategorisierung erlebnispädagogischer Modelle (Priest/ Gass und Gilsdorf, siehe Kapitel 4.2.) finden wir unterschiedliche Anwendungen von Begriffen und Einteilungen in Denkmodelle, Ansätze, Wirkmodelle, Grundmodelle, Lernmodelle. Alle diese Begriffe beziehen sich auf Modelle, an denen sich Erlebnispädagog:innen orientieren, wenn sie Lernprozesse begleiten. Aus diesem Grund schlagen wir vor, von **Modellen der Prozessbegleitung** zu sprechen. Für die Teilnehmenden spielt es letztendlich jedoch keine Rolle, in welchem Modell wir gemeinsam unterwegs sind.

Modelle der Prozessbegleitung in dem hier gebrauchten Sinn beschreiben also die unterschiedlichen theoretischen Ansätze, aufgrund derer Erlebnispädagog:innen versuchen, zielgerichtet mit einer bestimmten Methode in den Prozess einzugreifen. Also alle beschriebenen Denkgebäude, mit deren Hilfe Erlebnispädagog:innen annehmen, den Lernprozess bei den Teilnehmenden fördern zu können (von „The Mountains Speak for Themselves" bis zum „Kommentierten Handlungslernen").

Es werden zunächst zwei übergeordnete Kategorien eingeführt. Später erfolgt eine genauere Betrachtung der einzelnen Modelle der Prozessbegleitung.

Die Person der Erlebnispädagog:innen spielt in der aktuellen Literatur dabei meist eine untergeordnete Rolle. Aus systemischer Sicht ist die Prozessbegleitung jedoch ein wichtiger Teil des Systems, der weder wegzudenken noch wegzudiskutieren ist. Wir als Erlebnispädagog:innen beeinflussen in hohem Maße den Lernprozess der Teilnehmenden. Wir sollten also anfangen zu beobachten, wie wir den Prozess, den wir beeinflussen wollen, dadurch beeinflussen, dass wir ihn beobachten. Man spricht hier auch von Kybernetik 2ter Ordnung (Beobachtende beim Beobachten beobachten).

Daraus folgend stellen wir eine neue Perspektive der Einordnung der verschiedenen Modelle der Prozessbegleitung vor, nämlich eine Orientierung am subjektiven Grad der Einflussnahme der Erlebnispädagog:innen auf den Prozess.

Dadurch rückt die Persont der Erlebnispädagog*innen mit in den Fokus einer Beschreibung dessen, was Erlebnispädagogik als solches ausmacht. Vielleicht sogar zu einem entscheidenden Teil, da ich als Erlebnispädagog:in zwar verschiedene Methoden anwenden kann, mich selbst jedoch immer als derjenige, der ich nun einmal bin, in den Prozess mit einbringe.

Für uns ist es wichtig zu betonen, dass Erlebnispädagog:innen den Prozess bereits durch die Auswahl des Settings beeinflussen, ebenso durch ihr Auftreten, ihr Äußeres und vor allem ihre Haltung. So wie man gemäß Paul Watzlawicks Aussage „nicht nicht kommunizieren kann" (Watzlawick 2007, S. 50ff.), kann man genauso „nicht nicht beeinflussen".

Im Sinne des systemtheoretischen Denkens stellt sich die Frage, inwiefern dieser Einfluss, der zweifelsohne zu jeder Zeit stattfindet, überhaupt zielgerichtet sein kann. Dabei spielt es keine Rolle, ob die Beeinflussung durch eine geplante Intervention oder eben das Verzichten auf eine solche erfolgt.

Aus dem systemischen Blickwinkel können wir zwar sehr wohl zielgerichtet beeinflussen, allerdings immer nur aus *unserer Sicht* der Dinge. Inwieweit dieses Ziel auch das Ziel der Teilnehmenden ist und inwieweit wir als Erlebnispädagog:innen durch unsere Interventionen dieses Ziel auch erreichen, ist eine ganz andere Frage. Was dies genau für uns als Erlebnispädagog:innen bedeutet, betrachten wir in Kapitel 8.

5.1 Eine neue Ordnung der Modelle der Prozessbegleitung

Geschichtlich war Erlebnispädagogik zunächst ein vor allem durch das „Tun" geprägter pädagogischer Ansatz. Man ging von einer direkten Auswirkung der Natur, der Aktivität, des Erlebnisses auf das Verhalten des Menschen in später folgenden Alltagssituationen aus. Es war die Zeit der Bergtouren und Segeltörns. Die Naturerfahrung bildete den Dreh- und Angelpunkt, Erlebnispädagog:innen führten Menschen „hinaus" und gingen davon aus, dass das dort Erlebte und Erfahrene so nachhaltigen Eindruck hinterlässt, dass es zu einer Verhaltensänderung im Alltag kommt. Die Verhaltensänderungen würden sich automatisch einstellen.

Erst später wurde der Fokus auf die Reflexion der Erlebnisse gelegt, um bewusst aus den Erfahrungen Erkenntnisse für den Alltag zu entwickeln. Somit entstand das Modell „Outward Bound Plus". Bis heute spielen beide Ansätze eine Rolle.

Wir unterscheiden jetzt aus Sicht der Prozessbegleitung zunächst nur zwei Kategorien:

- Eine Aktivität, die nicht angeleitet reflektiert wird
- Eine Aktivität, die angeleitet reflektiert wird.

Die erste Kategorie entspricht im Wesentlichen dem erlebnispädagogischen Urmodell von „The Mountains Speak for Themselves", wobei an späterer Stelle noch ausführlich darauf eingegangen wird, dass die Berge in einem erlebnispädagogischen Setting nie alleine für sich selbst sprechen können. Darüber hinaus umfasst es streng genommen auch das archetypische Modell von Stephen Bacon.

Die zweite Kategorie beinhaltet alle anderen von diversen Autor:innen erwähnten Ansätze, da sie *immer* eine durch die Erlebnispädagog:innen begleitete Reflexion beinhalten. Outward Bound Plus als bisher eigenes Modell der Prozessbegleitung wird also ab jetzt zu einer übergeordneten Kategorie. Lernen findet nicht ausschließlich unbewusst statt, sondern wird durch Reflexion, wie auch immer diese im Einzelnen aussehen mag, im Bewusstsein bearbeitet. Wenn man diese Kategorie näher betrachtet, kann man drei Untergruppen unterscheiden, die sich allerdings lediglich auf den Zeitpunkt der Intervention der Prozessbegleitung beziehen:

- Reflexion bereits vor der Aktivität,
- Reflexion während der Aktivität,
- Reflexion nach der Aktivität.

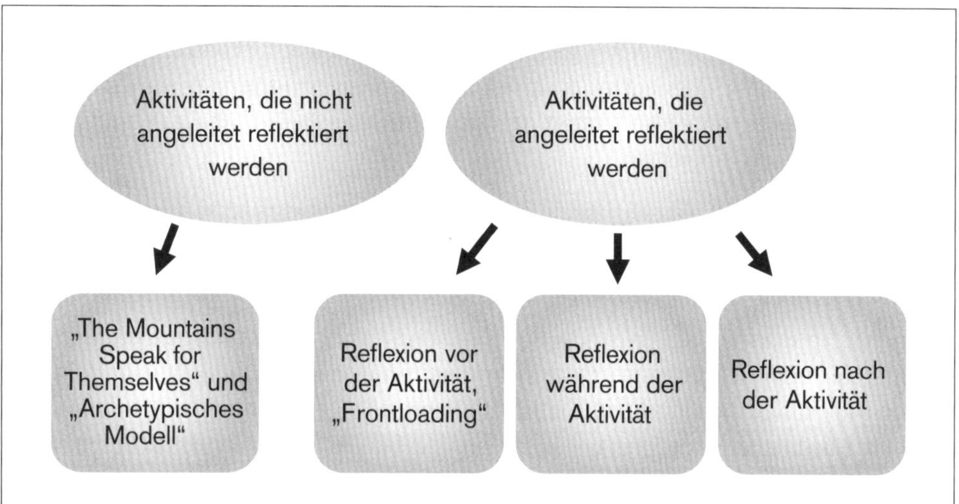

Abb. 5-1: Kategorien von Reflexionen aus Sicht der Prozessbegleitung

Es bleibt allein unsere Entscheidung als Erlebnispädagog:innen, wann wir wie intervenieren oder eben nicht intervenieren, um den Prozess in Gang zu halten. Bereits hier wird die subjektive Färbung der gesamten Maßnahme oder Veranstaltung deutlich.

Als Erlebnispädagog:innen haben wir die Aufgabe, die Lernsettings zu gestalten.
Es wäre ein „Sich-aus-der-Verantwortung-Stehlen", wenn wir uns selbst als Person außen vor lassen würden. Jede Rolle wird von einer Person ausgefüllt. Die Aussage, die Persönlichkeit spiele dabei keine Rolle, ist zu kurz gedacht!

5.2 Der Einfluss der Prozessbegleitung

Was veranlasst uns als Erlebnispädagog:innen, uns von einem bestimmten Modell der Prozessbegleitung leiten zu lassen? Auf welche Weise beeinflussen wir das System und wann und wodurch denken wir zu wissen, was wirksam und was nicht wirksam ist?

Erlebnispädagog:innen bringen sich bewusst oder unbewusst zu jedem Zeitpunkt des Prozesses ein. Selbst wenn sie behaupten, die „Berge für sich selbst sprechen zu lassen", ist diese Sprache stets durch ihre Persönlichkeit geprägt. Die erste Intervention ist immer unsere eigene Anwesenheit.

Aus der eigenen Schulzeit kennen wir vermutlich alle die Erfahrung, dass wir in einem ungeliebten Fach plötzlich bessere Noten geschrieben haben, weil uns die Lehrperson motivieren und begeistern konnte. Oder auch umgekehrt, dass wir in einem Fach, in dem wir sonst eigentlich ganz gut und motiviert waren, anfingen, uns zu langweilen, da die uns mit ihrer Art zu lehren nicht (mehr) erreichte.

Der darin enthaltene Aspekt der Haltung der Erlebnispädagog:innen ist in keiner der genannten Theorien zu finden. Diese Haltung zeigt sich sowohl im Umgang mit den Teilnehmenden und der Umwelt, aber auch im Umgang mit den Materialien und dem Umfeld und beeinflusst den Prozess.

Es geht zum Beispiel um Schwimmwesten, die in ausreichender Zahl, Qualität und Größe vorhanden sind, das Ernstnehmen der Emotionen einzelner Teilnehmenden, den Menschen, der am Lager einen Kaffee angeboten bekommt, oder der um die Genehmigung zur Durchfahrt seines Hofes gefragt wird, die Hütte, die sauberer verlassen wird als vorgefunden, den Frosch, der über die Straße getragen wird, den fremden Müll, der selbstverständlich mit abtransportiert wird, die Verpflegung, die regional und biologisch eingekauft wird, usw.

Mehrere Autoren verweisen zwar auf die Bedeutung der Haltung der Prozessbegleitung in Bezug auf eine tragfähige Beziehung zu den Teilnehmenden (Gilsdorf/Kistner 2013), die Notwendigkeit der Persönlichkeitsbildung der Instruktoren (Bacon, 2003) oder einer positiven Grundhaltung (Friebe, 2010), gehen jedoch auf diese Aspekte nur bedingt näher ein.

Schon *vor* dem Beginn der eigentlichen Aktivität, noch bevor die Teilnehmenden mit einem Ereignis konfrontiert werden, befinden wir uns bereits in der Verantwortung. Wir beschäftigen uns – abgekoppelt von den Fragen, was Erlebnispädagog:innen technisch können und ob das Material und der entsprechende Ort zur Verfügung stehen – unter anderem mit folgenden Themen und erörtern diese auch für uns:

- Wie sehen die Alltagsstrukturen aus, in denen die Teilnehmenden normalerweise agieren?
- Welches Ereignis (im Folgenden „Aktivität") ist bewältigbar und zugleich herausfordernd für die Gruppe, gemessen beispielsweise an Gruppenphase, Alter und Hintergrund der Teilnehmenden?
- Wie soll die Aktivität anmoderiert werden? Welche sprachlichen Bilder und Hilfestellungen sollen zum Einsatz kommen?
- Welches Modell der Prozessbegleitung ist am „passendsten"?
- Wie viel Ernstcharakter hat die gewählte Aufgabe (fiktiver „Krokodilteich" oder echte Flussfahrt)?

Daraus wird ein entsprechendes Design für die Veranstaltung entwickelt.

Während der Aktivität nehmen wir ebenso stets Einfluss auf die einzelnen Gruppenmitglieder, unter anderem durch

- Mimik und Gestik
- Bewusstes eigenes Herausziehen, damit die Gruppe unbeobachtet kommunizieren kann („Während ihr hier den Bau des Floßes plant, richte ich schon mal ...")
- Veränderungen der Rahmenbedingungen („Ich hatte vergessen zu sagen, dass ihr jeweils das Floß für die andere Gruppe baut ...")
- Unterbrechung der Aktivität für eine Zwischenreflexion („Was passiert hier gerade?").

Nach der Aktivität beeinflussen wir das System durch unterschiedlichste Herangehensweisen wie

- die gewählte Reflexionsmethode
- Pausen und Ortswechsel
- den zur Verfügung gestellten Zeitrahmen für die Reflexionseinheit
- bewusstes Nachfragen bei „passenden" Äußerungen einzelner Teilnehmenden während der Reflexion
- spontanes Aufgreifen von Bemerkungen aus der Teilnehmenden-Runde, die den Prozess möglicherweise voranbringen.

Über den gesamten Prozess hinweg beeinflussen wir diesen durch die Beziehung, die wir zu unseren Teilnehmenden bis dahin aufgebaut haben. Nur wenn der Boden für eine Auseinandersetzung auf einer tieferen Ebene bereitet ist, werden die Teilnehmenden diesen auch betreten. Ansonsten bleibt es ein Kratzen an der Oberfläche.

Zusammengefasst lässt sich daher Folgendes festhalten: Solange wir als erlebnispädagogische Prozessbegleitende ein Bestandteil erlebnispädagogischer Settings sind, beeinflussen wir aus systemischer Sicht immer den Prozess. Die verschiedenen Modelle der Prozessbegleitung können nach dem Grad der Einflussnahme, den die Prozessbegleitung vermeintlich auf den Prozess und damit auf den Teilnehmenden nimmt, unterschieden werden.

Die Ansätze werden nun neu geordnet, was im folgenden Kapitel dargestellt wird.

5.3 Das Kontinuum der subjektiven Einflussnahme

Jedes Modell der Prozessbegleitung bringt ein unterschiedlich hohes Potential vermeintlicher Einflussnahme mit sich. „Vermeintlich" deshalb, da wir aus systemischer Sicht als Erlebnispädagog:innen subjektiv entscheiden, wie und wodurch wir gemäß einer bestimmten Intention, die wir haben, intervenieren. Was bei den Teilnehmenden ankommt, entscheiden nur diese für sich selbst.

Für uns als Erlebnispädagog:innen ist es notwendig, uns der Tatsache bewusst zu sein, dass wir, egal wie wir handeln, die Prozesse beeinflussen, und zwar immer durch unsere Sicht der Dinge. Es geht hierbei nicht um eine Wertung, sondern um ein Bewusstwerden des eigenen Einflusses, damit eine Einteilung als Orientierungshilfe möglich wird. Des Weiteren geht es darum, die subjektive Färbung des Prozesses durch die Brille der Erlebnispädagog:innen zu verdeutlichen.

Die Modelle der Prozessbegleitung werden nun auf einem „Kontinuum der subjektiven Einflussnahme" von „wenig subjektiver Einflussnahme" bis „viel subjektiver Einflussnahme" angeordnet. Dabei geht es um die Intensität der Einflussnahme bezogen auf die Intention der Prozessbegleitenden für den Prozess. Welche Intervention in welchem Maße die Teilnehmenden erreicht und für diese subjektiv als wirksam und eindrücklich wahrgenommen wird, ist in diesem Modell nicht enthalten.

Dabei kann (fast) jede Intervention vor, während und nach der Aktivität stattfinden. Der in der Literatur häufig auftretende Begriff „Frontloading" wird damit zu einer Zeitpunktbeschreibung einer Intervention und kommt daher im Modell nicht vor.

Der klassische Ansatz, eine Aktivität am Ende zu reflektieren, wird in unserem Bild aufgeteilt in eine „offene" und eine „fokussierte" Dialogreflexion.

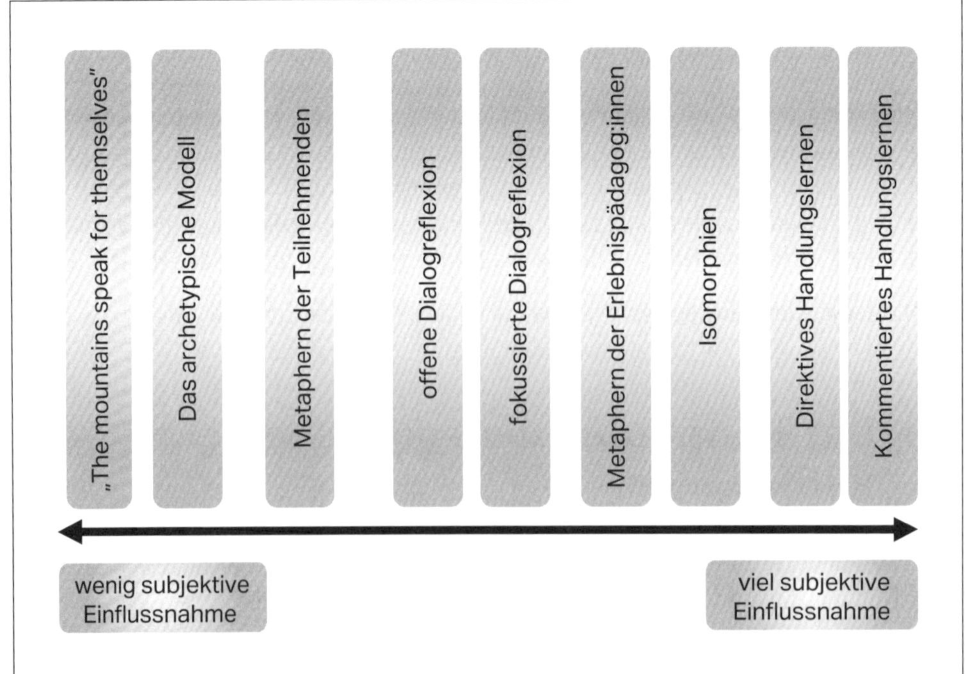

Abb. 5-2: Das Kontinuum der subjektiven Einflussnahme

Lässt sich die Prozessbegleitung von Modellen leiten, die auf dem Kontinuum weiter rechts angesiedelt sind, versucht sie, den Prozess durch seine subjektive Sicht der Dinge mehr zu beeinflussen als bei Modellen, die weiter links anzusiedeln sind. Oder mit anderen Worten: Je weiter links im Kontinuum, desto größer die Offenheit für die Themen der Teilnehmenden.

Aus systemischer Sicht erscheint es uns nochmals wichtig zu betonen, dass es sich nicht um eine Wertung handelt im Sinne von „weniger subjektiver Einfluss ist besser als viel subjektiver Einfluss", sondern um ein Bewusstwerden von Zusammenhängen. Je nach Situation wird eine erfahrene Prozessbegleitung mal mehr und mal weniger versuchen, Einfluss zu nehmen.

5.4 Beschreibung der Modelle der Prozessbegleitung

Jedes dieser Modelle der Prozessbegleitung kann mit einer Vielzahl von Methoden gefüllt werden, auf die wir an dieser Stelle nicht weiter eingehen möchten[6]. Je nach gewähltem Modell steigt oder fällt der Grad der vermeintlichen Einflussnahme.

Zum besseren Verständnis werden nun die bekannten, teilweise neu benannten Modelle der Prozessbegleitung in der Reihenfolge von „wenig Einfluss" bis „viel Einfluss" einzeln vorgestellt. In der Praxis vermischen sich die unterschiedlichen Modelle jedoch häufig. Am Ende dieses Kapitels beschreiben wir erneut beispielhaft an der Methode „Klettern" die unterschiedlichen Modelle.

5.4.1 „The Mountains Speak for Themselves"

Dieses Modell der Prozessbegleitung der „Berge, die für sich selbst sprechen" ist sozusagen die ursprünglichste Form der Erlebnispädagogik.

6 Eine ausführliche Beschreibung der Methoden oder Aktivitäten befindet sich zum Beispiel in den Publikationen von Jörg Friebe (2010, 2016), Mart Rutkowski (2010), Annette Reiners (2007, 2013), Rüdiger Gilsdorf und Günter Kistner (1995, 2003, 2013), Bernd Heckmair (2000), Christoph Sonntag (2010a und 2010b) oder Tom Senninger (2000), um nur einige zu nennen.

Vor längerer Zeit leiteten wir eine Teambildungsmaßnahme für ca. 50 Mitarbeitende eines größeren deutschen Unternehmens. In einem Gespräch über 20 Jahre später erinnert sich der damalige Abteilungsleiter: „Damals waren diese Veranstaltungen noch anders: Wir wurden zu Zwölft am Bahnhof abgeholt, zwei von uns bekamen 100 DM in die Hand gedrückt, sie sollten alles einkaufen, was wir für die 5 Tage brauchen würden – ein Nachkaufen sei nicht möglich, hieß es. Dann ging es ins Wildniscamp, wo wir uns mit Bogenschießen, Pflanzenkunde und Feuermachen auf Steinzeitart beschäftigen sollten. Die meisten von uns hatten noch nie unter freiem Himmel geschlafen und es hat geregnet, im Oktober auf 1000 Meter. Die Aktivitäten waren sicher herausfordernd, lehrreich und auch der Spaß kam nicht zu kurz. Entscheidender war jedoch, was durch das alltägliche Lagerleben mit der Gruppe passiert ist. Wir haben uns gegenseitig am Feuer gewärmt, uns mit Kleidung ausgeholfen, weil wir teilweise bis auf die Unterhosen durchnässt waren, und das knappe Essen rationiert. Bei all dem ist eines passiert: Wir sind als Team zusammengewachsen."

Man geht bei diesem Ansatz von einer Selbstwirksamkeit der Naturerfahrung oder des Ereignisses an sich aus (Zuffelato/Kreszmeier 2007, S. 131). Eine Bergwanderung bei Sonnenaufgang, eine Kanutour im Nebel des beginnenden Tages, eine bewältigte Kletterwand und ähnliche Ereignisse wirken alleine schon durch ihren ureigenen Erlebniswert, und dies zunächst vor allem, da diese Naturerfahrung auf der Gefühlsebene Einfluss nimmt.

Kurt Hahn als „Urvater der Erlebnispädagogik" nutzte dieses Modell der Prozessbegleitung in seiner Erlebnistherapie in Form von Expeditionen. Wie bereits zuvor erwähnt, war es die Zeit der Segeltörns und der Bergtouren. Jugendliche wurden auf eine Expedition geschickt und die dort gemachten Erfahrungen sollten die Persönlichkeit so entscheidend prägen, dass es zu einer Verhaltensänderung im Alltag kommt, ohne diese z.B. durch Reflexionen bewusst zu machen.

Hierzu braucht es starke, eindrückliche, herausfordernde und nicht alltägliche Ereignisse. Erlebnispädagog*innen sorgen dabei vor allem für einen sicheren Rahmen.

Nahezu poetisch und ergreifend drückt es John Murray (1992) aus:

> *Those who have packed far up into grizzly country know that the presence of even one grizzly on the land elevates the mountains, deepens the canyons, chills the winds, brightens the stars, darkens the forest, and quickens the pulse of all who enter it.*

Karl F. Meier-Gantenbein (2000) umreißt auch deutlich Grenzen dieses Modells.

„In unserem Camp (mitten in der kanadischen Wildnis, Anmerkung der Verfasser) lagen die schmutzigen Essgeschirre selbst dann noch über Nacht wild verstreut herum, nachdem wir bereits neugierige Schwarzbären zu Besuch gehabt hatten. Vielleicht hätte sich etwas verändert, wenn es zu einem ernsten Zwischenfall während eines solchen Besuchs gekommen wäre. Aber das kann mit der erzieherischen Wirkung der Natur in der erlebnispädagogischen Methode ja nicht gemeint sein. (...) Wenn aber unsere Bedingungen noch nicht authentisch genug waren, wenn immer noch das Gefühl da sein konnte, dass wir, also die Pädagogen, es im Notfall schon wieder richten würden, dann wäre eine wirklich authentische Situation aus meiner Sicht nicht mehr verantwortbar" (Gantenbein 2000, S. 10).

Und weiter: „Die Nachlässigkeit der Bären, erziehend einzugreifen, war im geschilderten Fall einerseits Glück, andererseits enthielt dieses Verhalten ebenfalls eine Lernbotschaft: Abfall im Camp stört allenfalls das ästhetische Empfinden der anwesenden Pädagogen. Das letztgenannte Beispiel zeigt auch auf, dass die angesprochene Wirkungsweise des Prinzips der „selbstredenden Berge" leicht in eine ziemlich zynische Richtung kippen kann. Welcher Pädagoge möchte schon in Kauf nehmen, es im Hinblick auf eine grundlegende und wichtige Erfahrung auf ernste Unfälle ankommen zu lassen. Greift er aber im Vorfeld ein, hat er erzieherisch gewirkt, nicht die Natur" (ebd., S. 33).

Einfluss der Erlebnispädagog:innen

Obwohl jedes Ereignis an sich unbestreitbar eine Wirkung entfaltet, nehmen Erlebnispädagog:innen dennoch auch hier Einfluss. Sie werden sozusagen zu „Dolmetschern der Sprache der Berge", abhängig von ihrer Persönlichkeit und ihren Interessen. In diesem Sinne beeinflussen Erlebnispädagog*innen die Interpretation der Sprache der Berge. Die „Berge sprechen" also zu einem nicht unerheblichen Teil auch durch die Prozessbegleitung, die mit ihrer Haltung und Persönlichkeit sowie ihrer Modellfunktion eine wichtige „Übersetzerin" ist.

Beispiel: Während eines Familiencamps sitzen wir am späten Abend mit einer kleinen Gruppe am Waldrand und beobachten die Sterne. Dabei erklären wir unter anderem, dass wir, wenn wir die Sterne ansehen, in die Vergangenheit blicken. Ein Teilnehmer, der bereits zum zweiten Mal an diesem Kurs teilnimmt, sagt: „Und wieder macht ihr den Kurs zu etwas ganz Besonderem!"

5.4.2 Das archetypische Modell

Stephen Bacon (2003) geht von einer Wirkung des Ereignisses an sich unter Einbeziehung der Archetypen aus, die nach C.G. Jung in einem kollektiven Unbewussten verankert sind. Archetypen zeigen sich beispielsweise in Träumen und Mythen, aber auch in der Natur (der Berggipfel, die Quelle, der einsame Pfad, die dunkle Höhle) sowie in besonderen Figuren (der Held, der Weise, der Zauberer, die Hexe usw.).

Wir zitieren aus einem Projektbericht im Rahmen einer unserer Weiterbildungen:

> *„Nun ist die Gruppe wieder auf sich gestellt, bis sie auf die Hexe trifft. Diese führt die Gruppe ein Stück kommentarlos mitten durch den Wald. Inzwischen scheint die Hexe aber so viel Vertrauen zu genießen, dass sich nicht mal jemand wundert, wenn es ohne Weg und Steg mitten durch den Wald geht. Alle laufen brav hinterher.*
>
> *Danach übernimmt Merlin die Führung bis zum „verschwundenen Weg", der zum Stein führt. Während die Gruppe von Merlin an den Treffpunkt geführt wird, baut die Hexe die Seile ab und flitzt unbemerkt zur nächsten Aufgabe.*
>
> *Am Sumpf, der die Gruppe noch von der sicheren Waldseite trennt, wartet sie schon und leitet die Sumpfdurchquerung an. Abschließend erhält die Gruppe das letzte Kartenstück und kommt so bis zum Platz, an dem sie für den Waldelbenkönig die Übergabe des Steins in Form eines Land-Arts, das die Stationen ihrer Reise enthält, vorbereitet."*

Als Verhaltenstherapeut plant Stephen Bacon Lernsettings, bei denen ein Lernen durch die sich in diesem Kontext zeigenden Archetypen unterstützt wird. Der Lernprozess findet dabei direkt im Unterbewusstsein statt und bedarf keiner zusätzlichen Reflexion.

Einfluss der Erlebnispädagog:innen

Der Einfluss der Erlebnispädagog:innen auf den Prozess zeigt sich ähnlich wie beim Modell der Prozessbegleitung „The Mountains Speak for Themselves" vor allem in der Vorbereitung und damit auch der Wahl des zur Verfügung gestellten Ereignisses sowie in der Gewährleistung des sicheren Rahmens. Das genaue Thema wird hierbei in der Auftragsklärung besprochen. Je nach gewähltem Archetypus stellen sich Erlebnispädagog*innen als Projektionsfläche zur Verfügung und beeinflussen auf diese Weise den Prozess.

5.4.3 Metaphern der Teilnehmenden

Der Ansatz „Metaphern der Teilnehmenden" oder des „handelnden Reflektierens" (Michl 2015) geht zurück auf das von Johan Hovelynck, ein Psychologe und Erlebnispädagoge bei Outward Bound Belgien, in den 1990er Jahren als „reflection in action" bezeichnete Modell. Der Ausdruck „reflection in action" kann auch als die Unterbrechung einer Aktivität durch eine Reflexionseinheit missverstanden werden. Aus diesem Grund sprechen wir im Folgenden von „Metaphern der Teilnehmenden".

Hovelynck versteht „Erfahrungslernen als einen Prozess, bei dem die Teilnehmenden ihre eigene Handlungstheorie erkennen und, wenn sie das wollen, neue und zusätzliche Handlungsoptionen entwickeln können" (Hovelynck 1999b).

Vor einigen Jahren waren wir auf einer zweitägigen erlebnispädagogischen Klassenfahrt mit einer achten Klasse. Bei der Reflexion einer Teamaufgabe, am Vormittag des zweiten Tages, sollten die Jugendlichen den Satz: „Ich habe erlebt, ..." zu Ende führen. Auf die Aussage:

„Ich habe erlebt, wie wichtig es ist, dass wir nicht durcheinander reden und einander zuhören" fragen wir nach:

„Wie ist es sonst, hört ihr da einander auch zu?" Und da ist sie, die Steilvorlage: „Meinen Sie, wie es bis jetzt, hier am Landschulheim war, oder wie es in der Schule ist?"

Als Erlebnispädagog:innen hören wir hier unterschiedliche Handlungsmuster zwischen der Aktivität und dem Alltag der Klasse. Die Schülerin erlebt eine Situation, bei der sich die Klasse gegenteilig zu ihren alltäglichen Umgangsformen verhält. Daraus generiert sie den Wunsch nach Veränderung.

Wir könnten jetzt einfach darüber hinweggehen, ihre Frage kurz beantworten und weiter sammeln. Was bliebe, wäre ein gelungener erlebnisorientierter Tag für die Klasse und sicher wären sowohl die Jugendlichen als auch die Lehrkräfte mit dem Ergebnis zufrieden.

Wir können die Steilvorlage aber auch aufnehmen: „Was ist der Unterschied, und wie sehen die anderen das?"

Es herrscht wieder Schweigen. Zaghaft melden sich die ersten und meinen, es gäbe schon etwas zu verändern, sie seien schon oft ziemlich chaotisch in ihrem Verhalten, auch den Lehrkräften gegenüber. „Mit den Lehrern ist es aber auch nicht einfach", ruft ein Junge dazwischen. Wir nehmen den Ball auf, moderieren die Diskussion und verschieben schließlich das Thema auf den Nachmittag.

In der Mittagspause besprechen wir mit den Lehrerinnen, die bei der Reflexion am Vormittag anwesend waren, unser weiteres Vorgehen. Mit Zustimmung der Klassenlehrerin stellen wir unser Programm für den Nachmittag um. Wir treffen uns mit der Klasse im Seminarraum, ohne die Lehrkräfte und stellen einen Raum zur Diskussion zur Verfügung. Nach kurzem anfänglichem Zögern geht es los.

Jetzt wird über die Lehkräfte geschimpft, darüber, dass der Klasse nichts zugetraut werde, über Frontalunterricht und wenig „ernst genommen fühlen". Viel entscheidender ist jedoch, dass plötzlich auch eigene Anteile zur Sprache kommen: „So wie wir uns benehmen, müssen wir uns nicht wundern!" Wir erleben eine hochkonzentrierte achte Klasse, unser Input wird immer weniger und beschränkt sich schließlich auf die Moderation der Diskussion. Es wird diskutiert, auf hohem Niveau, immer die eigenen Anteile mit auf dem Schirm. Ein Wille zur Veränderung wird spür- und greifbar und am Ende werden klare und konkrete Vorsätze gefasst.

Was haben wir erlebt? Eine achte Klasse, 65 Minuten konzentriert am Diskutieren, ohne besondere Methode, einfach im Meinungsaustausch, alle mit dabei, mit klaren Ergebnissen. Auch für uns wird dies zu einer Sternstunde der Erlebnispädagogik. Schön, dass wir dabei sein durften.

Es wird davon ausgegangen, dass vor allem während der Aktivität, aber beispielsweise auch während einer Dialogreflexion (siehe unten) die Teilnehmenden mit persönlichen Metaphern konfrontiert werden. *„Das ist wie, ...", „Das erinnert mich an, ...", „das ist genau anders als ..."* sind beispielhafte Signalworte, die auf eine gerade entstandene Metapher bei den Teilnehmenden hindeuten. Der Transfer in den Alltag wird dadurch erleichtert, dass die Metaphern ja bei den Teilnehmenden entstanden sind und somit automatisch eine große Nähe zu deren Alltag aufweisen. Es wird zur Aufgabe der Erlebnispädagog:innen, diese Metaphern aufzugreifen, die „Steilvorlagen zu verwandeln" (nur um eine Metapher zu bemühen). Die Prozessbegleitung ist mit Beobachtungsgabe gefragt und in der Fähigkeit, hinzuhören.

Johan Hovelynck selbst wählt folgende Worte: „Eine Methode, die den Trainern zur Verfügung steht (...), besteht darin, die Unterbrechungen, die diese Momente selbst schon darstellen, nochmals zu akzentuieren" (Hovelynck 1999a, S. 43). Bei diesem Modell sind, im Gegensatz zum reinen Aktions-Reflexions-Modell, sowohl die Aktivität als auch die Nachbesprechung reflektiertes Handeln (ebd., S. 48). „Das Modell des reflektierenden Handelns kann als radikaler Versuch aufgefasst werden, Aktivität und Reflexion wieder zusammen zu bringen und zwar sowohl zeitlich als auch örtlich" (ebd., S. 48).

Aus Sicht der Erlebnispädagog:innen sind nach Walter Fürst (2009, S. 106f.) demnach folgende Schritte notwendig:

1. Das Erkennen von Momenten, die sich manchmal unvermutet und überraschend zeigen. An die Oberfläche können dabei Bedürfnisse, Befürchtungen, Selbstbeurteilungen und alte Muster kommen. Aufmerksames Zuhören und eine genaue Wahrnehmung eigener Muster beim Beobachten sind wichtige Voraussetzungen dafür.
2. Unterbrechung: Durch eine passende Intervention kann ein bestimmter Augenblick akzentuiert werden. Dies können passende unterbrechende Fragen (die grundlegendste Frage lautet „Was passiert eigentlich gerade?") und manchmal Witze und schlichte Pausen sein.
3. Die Teilnehmenden bei der Innenschau begleiten. Dies kann durch Gespräche, tiefergehende Fragen („Was ist anders als sonst?") und Fokussierung auf Gefühle geschehen. Wichtig ist das, was in diesem Moment passiert.
4. Neue Möglichkeiten erforschen: Wenn jemand von sich aus eigene bisherige handlungsleitende Überzeugungen reflektiert, ist dies der passende Moment, gemeinsam Handlungsalternativen zu erarbeiten.

Und bevor wir diesen Teil mit einem Beispiel beleben, lassen wir nochmals Johan Hovelynck (1999b, S. 197) zu Wort kommen:
„Entscheidend ist der Gedanke, dass neue Metaphern entstehen, während wir in einer Erfahrung versunken sind, dass sie sich aus einem vagen Gefühl von einer bedeutungsvollen Ähnlichkeit entwickeln, dass der Vergleich artikuliert werden kann und dass dieser Prozess zu neuen Handlungsmöglichkeiten führt."

Sebastian auf dem Pflock

Im Rahmen eines sozialen Trainingskurses steht ein Jugendlicher mit rechtsradikalem Hintergrund auf einem abgesägten Baumstumpf vor einer Schlucht. Es geht darum, den Absprung in etwas Neues zu wagen, in die Schlucht zu springen und an einer Seilkatze rutschend auf der anderen Seite in Empfang genommen zu werden. Auf der gegenüberliegenden Seite stehen ein Jugendlicher mit griechischen und einer mit türkischen Wurzeln und unterstützen Sebastian in seinem Vorhaben. Allein diese Situation ist grotesk und für mich zutiefst bewegend.

Vorurteile fallen, wenn Menschen sich kennenlernen, das Fremde verliert seine Angst. Noch nach Jahren habe ich unsere kurze Unterhaltung Wort für Wort im Kopf. Sebastian steht in sich gekehrt mehrere Minuten, bis ich zu ihm hingehe und ihn anspreche:

***Ich:** „Sebastian, was ist los?"*

***Sebastian:** „Ich weiß nicht, ich will springen. Aber traue mich nicht."*

***Ich:** „Du musst nicht springen, Du kannst auch wieder absteigen."*

***Sebastian:** „Ich will aber."*

***Ich:** „Wenn Du willst, dann spring."*

> *Sebastian steht weiter 10 min regungslos auf dem Pflock.*
> *Alle anderen Teilnehmenden sind mucksmäuschenstill.*

***Ich:** „Sebastian, kennst Du solche Situationen?"*

***Sebastian:** „Das ist wie in meinen Schlägereien." (Metaphern der Teilnehmenden)*

***Ich:** „Was ist wie in Deinen Schlägereien?"*

***Sebastian:** „Da weiß ich auch nie, ob ich mitmachen soll oder weggehen."*

***Ich:** „Und wie entscheidest Du dann?"*

***Sebastian:** „Irgendwann bekomme ich eine aufs Maul und dann schlage ich zurück. Kannst Du mich nicht schubsen?"*

***Ich:** „Nein, ich werde dich bestimmt nicht schubsen, Du wirst entscheiden, Sebastian, und es ist egal wie, beides ist in Ordnung, Du kannst springen oder wieder heruntersteigen, aber Du wirst entscheiden, vielleicht geht es manchmal genau darum, eine Entscheidung zu treffen."*

Sebastian stand noch länger auf dem Baumstumpf, bis er entschieden hat, und ich werde nicht berichten, wie. Es ging nicht mehr darum, ob er springt oder nicht, es ging darum, dass er eine Entscheidung trifft und dann zu dieser Entscheidung steht.

Einfluss der Erlebnispädagog:innen

Bei diesem Modell der Prozessbegleitung verliert die Vorbereitung an Bedeutung. Es wird davon ausgegangen, dass sich die zentralen Themen während der Aktivität in Form von Bildern bei den Teilnehmenden zeigen. Dabei bleibt es der subjektiven Sicht des Erlebnispädagog:innen vorbehalten, nach welchen entstandenen Metaphern er die Gruppe zum Weiterarbeiten anregt, wie viel Zeit und Raum er dafür zur Verfügung stellt und welcher Methoden er sich bedient.

Außerdem sorgt er durch die Beziehung, die er zur Gruppe hat oder nicht hat, für die Bereitschaft oder eben mangelnde Bereitschaft, relevante, vielleicht persönliche Themen und Bilder zu äußern. Es stellt sich die Frage, ob es gelungen ist, einen tragfähigen Boden für intensive persönliche Auseinandersetzung zu bereiten.

Eine Grundvoraussetzung hierfür ist aus Teilnehmendensicht ein vorhandenes Vertrauen in die Prozessbegleitung und die Gruppe, mit den entsprechenden Äußerungen wertschätzend umzugehen. In dem Moment, in dem eine Teilnehmerin oder ein Teilnehmer andere an ihren Empfindungen, an Emotionen und an Bildern teilhaben lassen, öffnen sie sich und geben damit den Anstoß für eine Auseinandersetzung auf einer tieferen Ebene. Sie machen sich gleichzeitig angreifbar und gehen damit ein gewisses Risiko ein. Es gehört zu den Aufgaben des Erlebnispädagogen, diesen tragenden Boden zu bereiten.

5.4.4 Offene Dialogreflexion

Die Teilnehmenden haben heute die Gelegenheit gehabt, voll ausgerüstet und abgesichert im Wildwasser zu schwimmen. Für die meisten war es das erste Mal und viele hatten im Vorfeld Ängste geäußert, andere waren ganz „heiß" auf diese Erfahrung gewesen.

Nachdem alle wieder trocken sind, sitzen wir gemeinsam am Lagerfeuer.

Wir fragen: „Wie ist es euch ergangen?"

Oft werden im Anschluss an eine Aktivität die Erlebnisse reflektiert. Uns steht dabei eine Vielzahl von Methoden zur Verfügung. Auf die Veröffentlichungen von Jörg Friebe (2010 und 2016) und Mart Rutkowski (2007), wurde in diesem Zusammenhang bereits verwiesen.

Methoden bauen hierbei die Brücke zwischen dem Erlebten und dem Bewusstsein, zwischen Bauch und Kopf, zwischen Emotion und Kognition. Darum geht es ja: sich der Erfahrungen und deren Bedeutung für den Alltag bewusst zu werden. Gerade Jugendliche haben mit der Frage: „Wie ist es euch dabei ergangen?" häufig enorme Schwierigkeiten und neigen dazu, das zu sagen, was sie glauben, das gehört werden will. Wie bereits erwähnt, bauen Erlebnispädagog:innen methodische Brücken.

Bei der offenen Dialogreflexion wählen wir Methoden oder Fragen aus, die thematisch sehr weit, sehr offen gefasst sind, wie beispielsweise:

- *„Wie habt ihr euch erlebt?"*
- *Tauscht euch auf einem Spaziergang zu zweit über die Teamaufgabe aus."*
- *Oder systemisch zirkulär: „Stellt euch vor, ein Mensch, der euch nicht kennt, hätte euch beobachtet, was hätte dieser wohl wahrgenommen und was nicht?"*

Wir beziehen uns mit der Bezeichnung „Dialogreflexion" sowohl auf einen inneren Dialog einer Person als auch auf den Dialog in der Gruppe.

Die Übergänge von einem Ansatz zum anderen sind hier fließend. Sollte sich während einer Dialogreflexion plötzlich eine Metapher bei den Teilnehmenden in den Vordergrund drängen, spricht natürlich nichts dagegen, mit dieser weiterzuarbeiten. Ganz im Gegenteil, dieses Wechseln zwischen den Ansätzen ist – immer aus der bereits beschriebenen subjektiven Sicht der Erlebnispädagog:innen – eine wichtige Methode, um Prozesse in Gang zu halten.

Einfluss der Erlebnispädagog:innen

Wie bei den anderen genannten Modellen der Prozessbegleitung beeinflussen wir die Teilnehmenden durch die Wahl des Settings der Aufgabe, durch die Beziehung, also den bereiteten Boden und anderes mehr.

Hier kommt ein Beeinflussen durch die Art der Fragen, die Wahl der Einstiegsmethode in die Reflexion und der Moderation des Dialogs hinzu.

Auch die Atmosphäre, in der die Reflexion stattfinden soll, die Wahl des Zeitpunkts und der Zeitrahmen, der eingeräumt wird, sowie das Beachten des aktuellen „Zustands" der Teilnehmenden spielen eine Rolle.

Sind die Teilnehmenden müde oder voller Energie, hungrig oder satt, gerade noch frierend und nass oder trocken und umgezogen? Starten wir eine Reflexionseinheit noch eine halbe Stunde, bevor das Training zu Ende ist, oder nehmen wir uns unter Umständen den ganzen Nachmittag Zeit? Findet die Reflexion bei Kälte draußen im Stehen statt oder im Seminarraum?

5.4.5 Fokussierte Dialogreflexion

Die fokussierte Dialogreflexion ist der offenen Dialogreflexion sehr ähnlich, jedoch wird durch die Frage der Prozessbegleitung bereits eine Richtung vorgegeben. Auch dies kann im inneren Dialog und im Dialog mit den anderen Teilnehmenden stattfinden. Die Fragen, die Erlebnispädagog*innen stellen, bzw. die verwendeten Methoden sind bereits auf ein bestimmtes Thema fokussiert. Auch hier stehen uns unterschiedliche Reflexionsmethoden zur Verfügung.

*Nach verschiedenen Vertrauensübungen schicken Erlebnispädagog*innen die Teilnehmenden auf einen Zweierspaziergang mit den Fragen:*
- *Was brauche ich, um anderen zu vertrauen?*
- *Was kann ich geben, dass andere mir vertrauen?*
- *Wie spüre ich mein eigenes Selbstvertrauen?*

Greifen wir die Beispiele aus dem Kapitel „Offene Dialogreflexion" nochmals auf und formulieren wir sie diesmal als fokussierte Dialogreflexion:
- „Wie habt ihr euch in Bezug auf eure Rollen erlebt?"
- „Tauscht euch auf einem Spaziergang über die Kommunikation im Team während dieser Aufgabe aus."
- „Stellt euch vor, Vorgesetzte hätten euch beobachtet, was haben sie über die Fehlerkultur in eurem Team beobachten können?"

Einfluss der Erlebnispädagog:innen
Zusätzlich zu den beschriebenen Faktoren des Einflusses bei der offenen Dialogreflexion, geben Erlebnispädagog:innen hier auch noch die Richtung der Reflexion, das Thema, das bewusst werden soll, genauer vor. In entsprechendem Maße steigt natürlich der Einfluss.

5.4.6 Metaphern der Erlebnispädagog:innen – Geschichten, Anekdoten und Suggestionen

Erlebnispädagog:innen kreieren immer wieder verschiedenste Arten von Bildern, um Teilnehmende in eine Thematik einzuführen, sie einzuladen, sich auf neue herausfordernde Situationen einzulassen, Handlungsalternativen aufzuzeigen oder den Transfer in Alltagssituationen zu fördern.

Diese Metaphern können sowohl den Einstieg in eine Aktivität erleichtern als auch Teilnehmende bestärken, sich mit ihren Grenzen auseinanderzusetzen und vielleicht auch „Nein" zu sagen.

Metaphern können bereits in Settings auftreten („Gemeinsam in einem Boot"), wie dies z.B. auch im archetypischen Modell genutzt wird, oder durch Geschichten, Anekdoten oder Suggestionen übermittelt werden.

Auch in der Struktur der Aufgabe kann bereits ein Bild enthalten sein. Dies ist weiter unten im Modell der Prozessbegleitung der Isomorphien beschrieben. Selbst der Name einer Aktivität („Vertrauensübungen", „Pampers Pole" oder „Mutsprung") kann dies bewirken.

Zudem spielen sprachliche Metaphern („verirrt im Sumpf", „wir müssen alle an einem Strang ziehen") eine nicht zu unterschätzende Rolle und können Bilder von wünschenswertem oder abschreckendem Verhalten transportieren.

„Vor zwei Wochen hatte ich die gleiche Aufgabe einer Gruppe von Mitarbeitenden einer anderen Firma gestellt und die haben alle wild drauflos geredet und während der ganzen Aufgabe zu keiner Gesprächskultur gefunden. Am Ende sind sie dann kläglich gescheitert."

Den Teilnehmenden wird suggeriert, dass es, um erfolgreich zu sein, einer geordneten Gesprächsführung bedarf. Nun haben sie zwei Möglichkeiten: Entweder sie lassen sich aussprechen, entscheiden sich für eine Moderation, hören einander zu usw., mit anderen Worten, sie achten bewusst auf ihre Gesprächskultur, oder sie tun dies nicht, sprechen durcheinander und machen damit alles genau so wie die imaginäre Gruppe von vor zwei Wochen.

In der Literatur (Bacon 2003, S. 68) wird zwischen direkter und ablenkender Suggestion unterschieden.
Durch eine direkte Suggestion, meist vor, aber auch während und nach der Aufgabe wird die Gruppe auf eine bestimmte Spur gesetzt.
Durch eine ablenkende Suggestion, ebenfalls meist vor der Aufgabe, aber auch vor der Reflexion denkbar, werden die Teilnehmenden von der Prozessbegleitung vom eigentlichen Thema der Aufgabe abgelenkt, um beispielsweise Widerstände und Ängste zu überwinden.

Auch hier ein Beispiel:

> Die Teilnehmenden bekommen die Möglichkeit, sich nach einer Reihe von Vorübungen von einem Podest auf einer Leiter rückwärts fallen zu lassen, um dann von den anderen Teilnehmenden aufgefangen zu werden.
>
> *„Wir machen jetzt ein paar Vorübungen, an deren Ende die große Herausforderung steht, einmal so ähnlich wie Rockstars beim ‚Stage Diving' von einer Bühne zu springen und dann aufgefangen zu werden. Natürlich nur, wer möchte. Dazu brauchen wir aber ein paar Vorübungen. Stellt euch doch bitte mal in einem Kreis auf und sucht euch einen sicheren Stand."*
>
> Im Anschluss daran folgt eine Reihe von Vertrauensübungen, bei denen es im Endeffekt um die Fragen geht: Was brauche ich, um Vertrauen zu können, und was brauchen andere von mir, damit sie mir vertrauen können? Diese Fragen wurden jedoch nicht gestellt. Die Schulklasse macht Erfahrungen, auf die sie sich vielleicht sonst nicht hätte einlassen können.

Das folgende Beispiel einer Erfahrung aus einem Weiterbildungskurs soll den Teilnehmenden einerseits helfen, Ängste abzubauen, und enthält andererseits eine mögliche Handlungsalternative:

> *Beim Schwimmen im Wildwasser habe ich schon viele Teilnehmende erlebt, bei denen sich die anfängliche Scheu in große Begeisterung gewandelt hat. Auch bei euch wird sich die Angst, die momentan in euren Gesichtern geschrieben steht, bald in Lachen verwandeln. Es ist aber auch kein Problem, sich das alles erst einmal von außen anzusehen oder Fotos zu machen. Letztes Jahr waren viele Teilnehmende sehr angetan von den Bildern, die ein junger Mann während des Schwimmens aufgenommen hat, der nicht teilnehmen wollte.*

Durch die emotionale Nähe und den Vorbildcharakter haben persönliche Geschichten der Erlebnispädagog:innen vermutlich eine leicht stärkere Wirkung auf die Teilnehmenden als Geschichten über andere Teilnehmende. Auch hier ist die Grenze zu Suggestionen fließend.

Die Teilnehmenden fragen vor einer Kanutour durch stark bewegtes Wasser, was denn sei, wenn bei einer Kenterung das Paddel verloren gehe. Nach der Beteuerung, dass sich die Teilnehmenden keine Sorgen um die Paddel machen brauchten, erzählt eine Erlebnispädagogin von ihren eigenen Kenter-Erfahrungen und der persönlichen plötzlichen Verwunderung, das Paddel im Wasser einfach in der Hand gehabt zu haben.

Einfluss der Erlebnispädagog*innen

Bei der Arbeit mit den Metaphern der Erlebnispädagog:innen liegt dessen Einfluss natürlich erneut in der Wahl des Settings und der Aktivität an sich. Zusätzlich antipizieren Erlebnispädagog:innen mögliche Themen der Teilnehmenden:

- auf der Grundlage eigener Erfahrungen
- aufgrund von Beobachtungen der aktuellen Teilnehmenden in anderen Situationen
- durch Erfahrungen mit anderen Teilnehmenden in ähnlichen Kontexten
- aus Vorabsprachen mit den Teilnehmenden und Auftraggebenden
- aus konkreten Fragen der Teilnehmenden.

Die eigene Sicht der Dinge, die eigene „Brille" der Erlebnispädagog:innen, seine Haltung, mit der er Situationen und Menschen begegnet, und seine persönlichen Lebens- und Arbeitserfahrungen beeinflussen den Einsatz seiner Metaphern und damit den Prozess.

5.4.7 Isomorphien

Nach Priest und Gass (1999) gelingt den Teilnehmenden ein Übertrag des Gelernten in den beruflichen Alltag leichter, wenn zwischen dem Alltag und der Aufgabe eine möglichst große Isomorphie herrscht. Isomorphie bedeutet „Strukturgleichheit". In der Erlebnispädagogik bezieht sich Isomorphie auf ein möglichst genaues Abbild des Alltages der Teilnehmenden in der Struktur der Aufgabe. Ein hoher Wiedererkennungswert soll die sogenannte Transferschwelle möglichst niedrig halten.

Im Vorfeld wird das Arbeitsfeld der Teilnehmenden genau analysiert und die Aufgaben werden sozusagen maßgeschneidert (Michl 2015, S. 76).

Ein großes Pharmaunternehmen hat uns gebucht, um die Kommunikation zwischen zwei Forschungsabteilungen und die dabei auftretenden Schwierigkeiten unter die Lupe zu nehmen. Folgende Informationen erhalten wir im Vorfeld:

- Eine Abteilung sitzt in Basel, die andere in der Nähe von New York.
- Beide arbeiten an Teilprojekten eines Großprojektes.
- Die Leitungen der beiden Abteilungen treffen sich nur einmal im Jahr persönlich.
- Der restliche Informationsaustausch erfolgt über Telefonkonferenzen.
- Das Projekt hat eine strenge zeitliche Begrenzung, die Ergebnisse werden dringend in anderen Abteilungen benötigt.
- Ständige Personalfluktuation innerhalb des Unternehmens behindert das Fortschreiten zusätzlich.

Wir bereiten folgendes Szenario vor. Als Ort wählen wir eine Wiese (im Park des Hotels). Die Übung „Blindes Quadrat" (bei der die Teilnehmenden ein ca. 40 m langes Seil blind zu einem möglichst exakten Quadrat auslegen sollen) wird mit folgenden Regeln modifiziert:

- Jede Abteilung muss unabhängig voneinander ca. 50 m voneinander entfernt ein „perfektes" Quadrat legen.
- Wenn die Figuren beendet sind, müssen die beiden Quadrate so zusammengeführt werden, dass sich genau 25 % der Fläche überlappen.
- Zur Planung darf sich je ein Vertreter der beiden Gruppen zweimal für insgesamt 10 Minuten mit dem anderen treffen.
- Jede weitere Kommunikation darf nur schriftlich erfolgen und wird durch Boten überbracht.

Soweit der Versuch, eine Isomorphie im Vorfeld herzustellen. Bereits geplante und somit auch im Vorfeld durchdachte zusätzliche Interventionen finden während der Interaktionsaufgabe statt: Immer wieder werden willkürlich Personen unter fadenscheinigen, aber „dringenden" Gründen aus den Teams abgezogen. Diese Störungen werden mit den Worten „das kennen wir ja schon gut ..." hingenommen.

Isomorphien sind ebenfalls eine Form von Metaphern. Man findet sie in der Literatur unter anderem unter der Überschrift „metaphorisches Grundmodell" (Bacon 2003 und Michl 2015, S. 70).

Archetypen und Isomorphien wurden von Stephen Bacon in besonderer Weise als metaphorische Herangehensweisen hervorgehoben, weshalb diesen beiden Formen hier jeweils ein eigener Abschnitt gewidmet wurde.

Auch unterscheidet sich der Grad der Einflussnahme der Erlebnispädagog:innen und steigt aus unserer Sicht von Metaphern im Allgemeinen über Geschichten und Suggestionen zu Isomorphien – wenn man die einzelnen Formen isoliert betrachtet.

Während Metaphern in Form von Geschichten und Suggestionen sowohl vorbereitet als auch spontan eingesetzt werden, gehen der Arbeit mit Isomorphien immer eine intensive Vorbereitung und Analyse voraus.

Simon Priest und Michael Gass (1999) haben Stephen Bacons Ansätze noch weiter entwickelt und vertieft; die tiefenpsychologischen Aspekte nach C.G. Jung und damit die Arbeit mit Archetypen spielt bei ihnen keine Rolle (Michl 2015, S. 71 ff.).

Vielmehr wird die „natursportliche Situation zu einer maßgenauen Metapher, einer Abbildung des beruflichen bzw. persönlichen Alltags, die schon die neuen notwendigen Lösungswege impliziert" (ebd., S. 76).

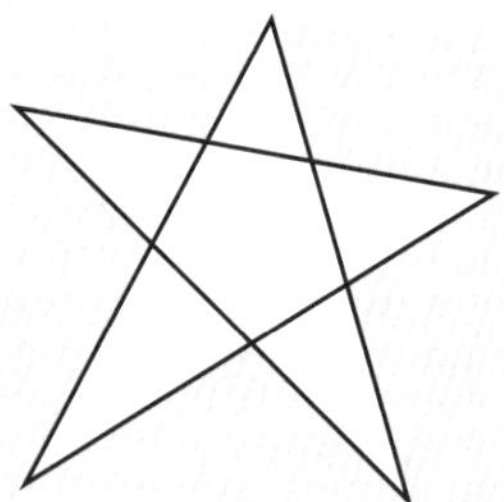

Eine Gruppe bekommt ein Seil, das an den Enden mit einem Knoten verbunden ist. Die Gruppe erhält die Aufgabe, eine vorgegebene Figur mit dem Seil nachzulegen. Dazu wird den Teilnehmenden ein Bild eines Pentagramms zur Verfügung gestellt. Es wird betont, dass nur folgende beiden Regeln zu beachten sind:

1) Jeder Teilnehmende muss die ganze Zeit über das Seil berühren.
2) Das Seil muss vollständig zur Lösung der Aufgabe verwendet werden, d.h., die Figur darf nicht in „klein" gelegt werden.

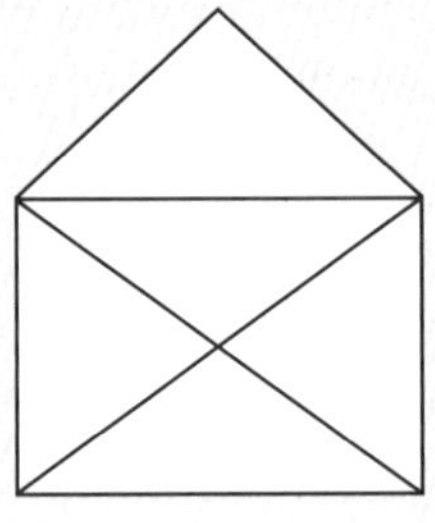

Die meisten Gruppen lösen diese erste Aufgabe binnen weniger Minuten. Anschließend wird der Schwierigkeitsgrad der Aufgabe erhöht. Der Gruppe wird ein weiteres Bild vorgelegt, das sogenannte „Haus vom Nikolaus", die Regeln bleiben unverändert. Dabei werden diese bewusst nicht nochmals wiederholt.

Zunächst scheitern die Gruppen meist an dieser Aufgabe. Irgendwann kommt ein Mitglied der Gruppe auf den Gedanken, dass der Knoten geöffnet werden muss, um die Aufgabe zu lösen. Meist entsteht jetzt eine Diskussion darüber, ob dies erlaubt sei oder nicht. Jedoch ist die Aufgabe nur mit einem geöffneten Seil lösbar. Und es war nicht Bestandteil der Regeln, dass man den Knoten nicht lösen darf. Diese Regel wird jedoch von den Teilnehmenden oft hinzugefügt und manchmal wird die Prozessbegleitung sogar „zitiert" nach dem Motto: „Doch, es wurde gesagt, dass man den Knoten nicht öffnen darf!"

So besteht hinterher die Möglichkeit, über „Vorannahmen" zu reflektieren. „An welcher Stelle in ihrem Berufsleben gehen Sie davon aus, dass bestimmte Dinge nicht erlaubt sind, ohne dies je zu hinterfragen?" wäre eine mögliche Reflexionsfrage; „Welche Regeln machen Sie sich selbst?" eine andere; „Woran erinnert Sie Ihr Verhalten gerade?" eine dritte.

Die Lösung für das Alltagsthema ist in der Aufgabe schon mit integriert, es geht in diesem Fall darum, über den Tellerrand zu denken.

Einfluss der Erlebnispädagog:innen

Der Haupteinfluss der Erlebnispädagog:innen bei diesem Modell der Prozessbegleitung liegt im Arrangement des Settings und der Anpassung der Aufgabe an die Alltagsstrukturen der Teilnehmenden.

Diese bekommt er in Vorgesprächen oder Vorerfahrungen mit den Teilnehmenden und deren Vorgesetzten vermittelt und entwickelt daraus ein Trainingssetting. Natürlich spielt dabei auch das, was er selbst an Themen und Zielen aus der Situation der Teilnehmenden verstanden hat oder selbst für die Teilnehmenden als Lernerfahrungen für sinnvoll erachtet, in die Gestaltung des Lernfeldes hinein.

Erlebnispädagog*innen haben in diesem Ansatz das Ziel, von vornherein den Fokus der Teilnehmenden zu lenken und die Wahrscheinlichkeit zu erhöhen, dass vorher festgelegte Themen aufkommen. Was für die Teilnehmenden dann tatsächlich bedeutsam wird, kann er letztendlich nicht beeinflussen.

5.4.8 Direktives Handlungslernen

Bei diesem Modell der Prozessbegleitung wird meistens vor der Aufgabe, in seltenen Fällen auch später, der zu erwartende Lernschritt bereits vorweggenommen. Die Teilnehmenden werden darüber informiert, was sie in der nächsten Aufgabe erwarten wird und mit welchen Themen sie konfrontiert werden.

Als Beispiel ein kurzer Auszug aus einem Briefing vor einer City Bound-Veranstaltung:

> *(...) „Ihr werdet in der folgenden Aufgabe unter anderem mit euren Vermeidungsstrategien konfrontiert werden und habt die Möglichkeit, euch selbst zu beobachten, wie ihr mit Herausforderungen umgeht. Vermeidungsstrategien sind subjektive Lösungen, um Handlungen bewusst oder unbewusst zu vermeiden, sich der Aufgabe nicht zu stellen. Ihr kennt das alle aus eurem täglichen Leben. Es geht zum Beispiel darum, unangenehme Anrufe auf die lange Bank zu schieben, anderen galant den Vortritt zu lassen oder noch schnell eine Toilette aufzusuchen, in der Hoffnung, dass sich das Thema dann von alleine gelöst hat. Vermeidungsstrategien sind sehr individuell. Heute habt ihr die Gelegenheit, euch der eigenen bewusst zu werden und zu überlegen, wie ihr damit umgehen wollt. So könnt ihr persönliche Grenzen erkennen, überwinden oder bestätigen und, wenn ihr wollt, an Handlungsalternativen arbeiten."*

Die Intention dabei ist es, Teilnehmende bereits im Vorfeld der Aktivität für bestimmte Themen zu sensibilisieren, eine Auseinandersetzung mit diesen Themen zu fördern und schon zu Beginn die Möglichkeit in den Blick zu nehmen, neue hilfreiche Handlungsalternativen zu entwickeln. Der Themenfokus wird dabei von den Erlebnispädagog:innen festgelegt.

Wir wenden direktives Handlungslernen in einer „enger" und einer „weiter" gefassten Form an.

In der „enger gefassten“ Form wird ein bestimmtes Thema fokussiert. Im diesem Sinne kann direktives Handlungslernen beispielsweise bei der Anmoderation des Hochseilelementes Pampers Pole angewendet werden:

Schon im Vorfeld des Hochseiltages bekommen die Teilnehmenden eine Frage mit auf den Weg, zum Beispiel:

- *Was bedeutet für mich gerade, den „nächsten entscheidenden Schritt“ zu wagen?*
- *Was bedeutet für mich gerade „loslassen“?*
- *Was bedeutet für mich gerade „den Absprung wagen“?*

Vor der Aktivität selbst schicken wir sie dann zu zweit in ein „Geh-Sprǎch“, um sich nochmals über diese Frage und deren Antwort auszutauschen – im Zusammenhang mit der Aktivität an sich: wie weit möchte ich heute gehen und was brauche ich?

In der „weiter gefassten“ Form stellen wir den Teilnehmenden eine größere Auswahl von Themen zur Verfügung. Zum Beispiel kann man während des zuvor genannten Beispiels eines Briefings zum Thema „City Bound“ neben den bereits erwähnten „Vermeidungsstrategien“ zusätzlich Themen wie Teamarbeit, Durchhaltevermögen, Entscheidungen treffen, Kreativität, Komfortzone, Kommunikation, Rollenverteilung, Zeitmanagement, Spaß, Umgang mit Frustration und viele andere anbieten.

Einfluss der Erlebnispädagog:innen

Der Einfluss der Erlebnispädagog:innen misst sich auch hier wieder daran, wie dieser zu den Themen kommt: Bestimmt er sie selbst? Wenn ja, auf welcher Grundlage? Inwieweit wurden die Teilnehmenden bei der Auswahl der Themen beteiligt? Hat ein Vorgespräch stattgefunden? Wenn ja, mit wem? Und welche Schlüssen ziehen wir als Erlebnispädagog*innen daraus?

Wie bereits in anderen Modellen der Prozessbegleitung beschrieben, versucht die Prozessbegleitung den Blick der Teilnehmenden einzuengen und auf bestimmte Themen hin zu leiten.

Aus systemischer Sicht bleibt es jedoch ein „Bei-Steuern“: ein zielgerichtetes Steuern der Lernerfahrungen ist trotz erheblicher Einflussmöglichkeiten wie in diesem Modell nicht möglich.

5.4.9 Kommentiertes Handlungslernen

Meist nach der Aktivität – es ist auch während der Aktivität denkbar – geben Erlebnispädagog*innen bei diesem Ansatz der Gruppe ein Feedback, schildert seine persönlichen Eindrücke.

Oft werden wir um dieses Feedback auch gebeten:
„Sind denn 17,3 Sekunden eine gute Zeit, ...?"
„Sag mal, wie hast Du uns denn erlebt?"

„Ich habe euch gerade in der Planungsphase im Vergleich zu anderen Gruppen als eher chaotisch empfunden. Ich glaube, mit einer Moderation durch einen Moderator, den ihr vorher bestimmt, hätten klarere Absprachen getroffen werden können, was den Prozess insgesamt beschleunigt hätte."

Erlebnispädagog*innen geben eine subjektive Sicht der Dinge wieder.
Natürlich spielt es dabei eine große Rolle, wie Erlebnispädagog*innen kommentieren, welche Worte sie wählen und wie viel Wertschätzung und Akzeptanz darin liegen und bei den Teilnehmenden ankommen.

Einfluss der Erlebnispädagog*innen
Erlebnispädagog*innen wollen hier einen hohen Einfluss auf den Lernprozess nehmen:
Die Teilnehmenden sollen direkt auf die relevanten Themen gestoßen werden.

Der Grad der Einflussnahme, wie er von den Teilnehmenden erlebt und ernst genommen wird, wird maßgeblich durch die Art der Beziehung zwischen Teilnehmenden und Prozessbegleitung bestimmt.

Von wem kann ich Kritik an und ernst nehmen? Können diese Erlebnispädagog*innen überhaupt etwas von uns und unserer Art zu denken, zu kommunizieren, zu arbeiten ... verstehen? Bedeutet mir als Teilnehmenden die Meinung der Erlebnispädagog*innen etwas, weil ich ihn beispielsweise auch in anderen Situationen als kompetent und hilfreich erlebt habe?

5.5 Das Kontinuum am konkreten Beispiel

Wie eingangs erwähnt, lassen sich die einzelnen Modelle in der Praxis nicht scharf voneinander abgrenzen. So kommt es beispielsweise vor, dass bei den Teilnehmenden während der Aktivität Konflikte auftreten, die eine fokussierte Dialogreflexion nötig erscheinen lassen, wo ursprünglich geplant war, die Berge für sich selbst sprechen zu lassen. Oder umgekehrt wird beispielsweise eine City Bound-Veranstaltung direktiv anmoderiert und mit den Metaphern der Teilnehmenden reflektiert.

Erfahrene Erlebnispädagog:innen springen also zwischen den Modellen der Prozessbegleitung und ihren Methoden hin und her. Meist lassen sie sich dabei von ihrer Intuition leiten, was wiederum den Einfluss der Prozessbegleitung auf den Prozess durch Handeln, Nicht-Handeln oder Auswählen bestimmter Methoden verdeutlicht.

Um das Ganze nochmals an einem Beispiel zu veranschaulichen, stellen wir uns vor, mit einer Gruppe klettern zu gehen. Wie könnte sich das in den einzelnen Modellen der Prozessbegleitung darstellen? Dabei betrachten wir nun erneut zum besseren Verständnis die Modelle isoliert, auch wenn uns bewusst ist, dass sich ein Wechseln zwischen den Modellen kaum vermeiden lässt, ja, ganz im Gegenteil, im Sinne der Prozessorientierung sogar gewünscht ist.

Es folgt also eine Auflistung der Modelle der Prozessbegleitung, sortiert von scheinbar wenig zu scheinbar viel Einfluss.

Dazu jeweils eine kurze Beschreibung, wie der Erlebnispädagog:innen innerhalb dieses Ansatzes intervenieren könnte.

Modell der Prozessbegleitung	Konkretisiert
The Mountains Speak for Themselves	Erlebnispädagog:innen entscheiden irgendwann, mit dieser Gruppe klettern gehen zu wollen, also Klettern als sinnvolle Methode für ein pädagogisches Ziel einzusetzen. Sie sorgen für einen sicheren Ablauf auf psychischer und physischer bzw. fachsportlicher Ebene und beobachten den Prozess, intervenieren aber nicht weiter.
Arbeit mit Archetypen	Erlebnispädagog:innen haben die Aktivität „Klettern" ausgewählt für eine Firma, die ein anstrengendes Jahr vor sich hat und an ihren Visionen arbeiten möchte. Das Klettergebiet bietet einen großen Weitblick, wenn die Kletterer oben angekommen sind. „Der hohe Berg" als Archetypus für „am Gipfel ankommen" und „in die Ferne, in die Zukunft blicken" bietet sich hier an. Auch hier sorgen Erlebnispädagog:innen nur für die psychische und physische Sicherheit bzw. fachsportliche Kompetenz. Sie gehen dabei von einer Selbstwirksamkeit des Archetypus aus.
Metaphern der Teilnehmenden	Erlebnispädagog:innen greifen während oder nach der Aktivität die Aussagen der Teilnehmenden auf, wie z.B. „Hier kann ich mich endlich auch mal hängen lassen."
Offene Dialogreflexion	Erlebnispädagog:innen stellen im Anschluss an das Klettern die Frage: „Welche Erfahrungen habt ihr heute beim Klettern gemacht?" Und vertieft den Dialog mit weiteren Fragen, je nachdem, welche Antworten von der Gruppe gegeben werden. Diese Antworten werden entweder im Zweiergespräch oder mit der Gruppe aufgenommen. „Was für ein Gefühl ist das genau, wenn Du dich hängen lassen kannst? Wann spielt es für Dich eine Rolle, dich hängen lassen zu können?"
Fokussierte Dialogreflexion	Erlebnispädagog:innen stellen im Anschluss an das Klettern die Frage: „Was hat dazu beigetragen, dass ihr vertrauen konntet?" Er setzt also den Themenfokus auf Vertrauen.

Modell der Prozessbegleitung	Konkretisiert
Metaphern der Erlebnispädagog:innen (Suggestionen, Geschichten und Anekdoten)	Erlebnispädagog:innen sagen zum Thema Klettern, z.B. bei der Einführung: „Wir können uns nicht vorstellen, dass es möglich ist zu klettern, ohne dabei mit dem Thema Durchhaltevermögen konfrontiert zu werden." Eine Erlebnispädagogin erzählt: „Als ich das erste Mal klettern war, hatte ich große Probleme damit, mich oben ins Seil zu setzen; ich habe dabei gemerkt, dass es mir generell sehr schwer fällt, loszulassen." Die Aktivität Klettern an sich birgt Bilder beispielsweise von Höhe, Anstrengung, Vertrauen, Überwindung, Ausblick ...
Isomorphien	Klettern wird bewusst als Methode gewählt für eine Zielgruppe, die im Berufsalltag in Zweierteams unterwegs ist; z.B. Streifenpolizisten. So entsteht eine strukturelle Ähnlichkeit zur erlebnispädagogischen Aktivität. Auch Streifenpolizisten sind beispielsweise aufeinander angewiesen, müssen sich aufeinander verlassen und brauchen deshalb gegenseitiges Vertrauen.
Direktives Handlungslernen	Erlebnispädagog:innen kündigen vor dem Klettern an: „Heute werdet ihr mit den Themen Durchhaltevermögen, Vertrauen und ‚innerer Schweinehund' konfrontiert werden."
Kommentiertes Handlungslernen	Erlebnispädagog:innen geben den Teilnehmenden nach dem Klettern ein Feedback: „Heute habt ihr gelernt, wie wichtig es ist, sich aufeinander zu verlassen."

5.6 Zusammenfassung

Unsere Ausgangsfrage war: „Mit welcher Herangehensweise denken wir als Erlebnispädagog:innen, den Prozess der Teilnehmenden auf eine bestimmte Weise zu beeinflussen?"

Als Erlebnispädagog:innen sind wir, zumindest während der Maßnahme, solange wir anwesend sind, Teil des Systems. Als Teil des Systems beeinflussen wir dieses, ob wir wollen oder nicht. Zudem ist uns die Erfahrung, wie etwas ohne unsere Anwesenheit ablaufen würde, nicht möglich. Dieser Einfluss ist nicht wegzudiskutieren und im Sinne einer zielorientierten Maßnahme sinnvoll.

Uns stehen verschiedene Herangehensweisen zur Verfügung, die wir als Modelle der Prozessbegleitung bezeichnet haben. Je nach Modell beeinflussen wir den Prozess mehr oder weniger stark. Grundsätzlich unterscheiden wir dabei zwei Arten von möglichen Modellen der Prozessbegleitung. Entweder es findet eine bewusste, angeleitete Reflexion statt oder nicht.

Von „wenig Einfluss" bis „viel Einfluss" angeordnet ergibt sich das neu entwickelte „Kontinuum der Einflussnahme". In der Praxis ist ein isoliertes Vorgehen nach einem bestimmten Modell der Prozessbegleitung meist nicht möglich und auch nicht gewollt. Erfahrene Erlebnispädagog:innen springen während des Prozesses zwischen den Modellen hin und her. Dabei verfolgen sie ein bestimmtes Ziel, mit dem wir uns in Kapitel 6 beschäftigen wollen.

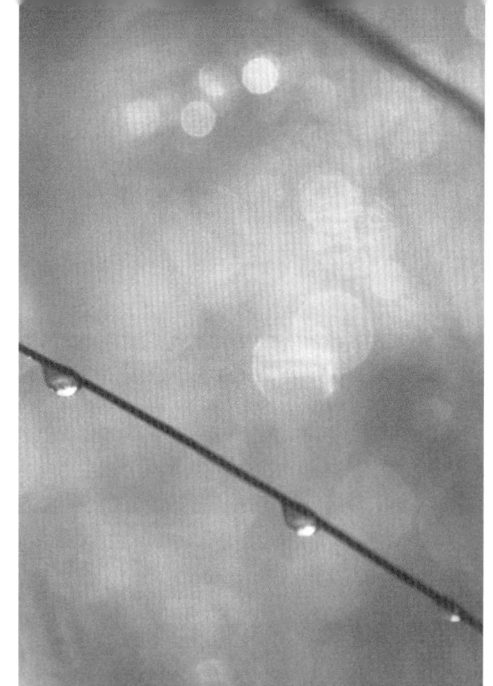

6. Die erweiterte E-Kette

6. Die erweiterte E-Kette

Im Kapitel „Grundlagen" wurde in der von Werner Michl entwickelten E-Kette bereits dargestellt, wie aus „Ereignissen" „Erkenntnisse" werden können.

Wir bauen bei der „erweiterten E-Kette" nun darauf auf und entwickeln diese weiter (siehe Kapitel 6.2). In der bisherigen Darstellung endet die E-Kette bei der Erkenntnis. Dabei wird nicht weiter diskutiert, was mit dieser Erkenntnis hinterher geschieht. Aus unserer Sicht gehen die Ziele erlebnispädagogischer Maßnahmen jedoch über die Erkenntnis hinaus. Am Ende der E-Kette sehen wir eine Entwicklung, wobei Entwicklung hier vor allem in Bezug auf eine „Weiter-Entwicklung" der Persönlichkeit steht.

Selbstverständlich ist diese Erkenntnis nicht neu. Beispielsweise integriert der bereits 1984 von David Kolb (1984) veröffentlichte „Erfahrungsbasierte Lernzyklus" („Experiential Learning Cycle") den Begriff des „Aktiven Experimentierens mit dem neu erworbenen Wissen". Wir werden bei unserer Darstellung jedoch noch weitere wichtige Schritte unternehmen.

Als Erlebnispädagog:innen gehen wir mit einem Ziel auf der pädagogischen Ebene in eine Maßnahme. Es geht dabei immer um Arbeiten an der eigenen Person, an den eigenen Möglichkeiten und Fähigkeiten auf der zwischenmenschlichen Ebene. Natürlich verbessert sich bei Jugendlichen, die beispielsweise im Rahmen einer erlebnispädagogischen Maßnahme klettern, auch deren sportliche Fertigkeit in eben dieser gewählten Natursportart. Und Teilnehmende einer längeren Wanderung im Rahmen einer Alpenüberquerung entwickeln in diesem Zusammenhang auch eine gesteigerte Kondition. Dies ist jedoch nicht das Entwicklungsziel einer erlebnispädagogischen Maßnahme.

Bei Aktivitäten im pädagogischen Bereich und speziell im erlebnispädagogischen Bereich geht es um Entwicklungen auf persönlicher und zwischenmenschlicher Ebene.

6.1 Was bedeutet Entwicklung?

Was genau bedeutet nun Entwicklung? Jens Schreyer (2017, S. 113) beschreibt Persönlichkeitsentwicklung als „Veränderung persönlicher Einstellungen, Denk- und Wahrnehmungsmuster sowie die Klärung von Zielen, Werten und Rollenverständnissen innerhalb einer Person".

Entwicklung in unserem Sinn bedeutet, etwas neu Gelerntes, Erworbenes oder Gewonnenes so in die eigene Persönlichkeit integriert zu haben, dass dieses Neue zum selbstverständlichen Teil der Person wird.

Wenn es einer Person gelingt, „dass das Neue seine Bedrohlichkeit verliert und in die nun erweiterte Vorstellung integriert werden kann (...), ist sie zu einer neuen Erkenntnis gelangt, die die bisherigen Vorstellungen und Überzeugungen erweitert oder überformt. Die betreffende Person hat sich dann weiterentwickelt, hat den Möglichkeitsraum für ihr Denken, Fühlen und Handeln erweitert" (Hüther 2015, S. 43). Als Erlebnispädagog:innen setzen wir genau hier an.

Es geht also um die Integration einer neuen Erkenntnis oder Kompetenz. Das bedeutet, sie wird zu einem selbstverständlichen Teil meiner selbst. Solange ich bewusst auf diese neue Kompetenz zugreife, sprechen wir noch von einer Erprobung des Neuen – ein weiteres „E" in der erweiterten E-Kette, das der Entwicklung vorgeschaltet ist.

6.1.1 Kompetenzstufenmodell

In der Literatur[7] wird oft das vierstufige Kompetenzstufenmodell verwendet und zitiert. Es stellt anschaulich dar, in welchen Stufen Entwicklung verläuft und wann man von Entwicklung im eigentlichen Sinne sprechen kann.

Unbewusste Inkompetenz
In dieser Stufe gilt: Ich weiß nicht (mir ist nicht bewusst), dass ich etwas nicht weiß oder nicht kann. Konkret am Beispiel der Fertigkeit „Autofahren" übersetzen wir dies so: *„Ich weiß nicht, dass es Autos gibt, also weiß ich auch nicht, dass ich nicht Auto fahren kann."*

Bewusste Inkompetenz
In der nächsten Stufe sind wir bereits ein Stück weitergekommen. Ich weiß (mir ist bewusst), dass ich etwas nicht weiß oder nicht kann. Oder wieder übersetzt:
„Ich weiß, dass es Autos gibt und weiß auch, dass ich diese nicht fahren kann."

Bewusste Kompetenz
In der ersten Stufe der Kompetenzen hat man nun folgendes Level erreicht:
Ich weiß (mir ist bewusst), dass ich etwas weiß oder kann. Und wieder übersetzt:
„Ich habe den Führerschein und weiß, dass ich Auto fahren kann und was ich dabei im Einzelnen tun muss. Um die Fähigkeit abzurufen, ist jedoch noch ein hohes Maß an Konzentration erforderlich. Es ist noch kein Automatismus."

In der erweiterten E-Kette bezeichnen wir diese Phase als „Erprobung".

7 Die Urheberschaft dieses Modells erscheint uns unklar, denn die Quellen, die wir durchforstet haben, widersprechen sich. Aus einer längeren Abhandlung der unabhängigen Website www.businessballs.com (Chapmann 1999 – 2016) werden unterschiedliche Autor:innen aus den Jahren 1969 bis 1974 genannt.

Unbewusste Kompetenz

Irgendwann hat man dann eine sehr hohe Stufe erreicht: Ich weiß nicht (es ist mir nicht bewusst), dass ich etwas weiß oder kann. Und beim Autofahren bedeutet dies dann: *„Mir ist zwar immer noch bewusst, dass ich Auto fahren kann, aber die einzelnen Abläufe erfolgen automatisch, ohne dass jeder einzelne Schritt vorher bewusst überlegt werden muss. Blinker setzen, Spiegel schauen, Lenkrad einschlagen, Kupplung treten, schalten."*

In dem Moment, in dem die Kompetenz ins Unbewusste gelangt, sprechen wir von Entwicklung: Das Neue ist integriert, es ist Teil meiner Persönlichkeit geworden, egal ob es sich dabei um Kenntnisse, Fertigkeiten oder Kompetenzen handelt.

Um diese Begriffe voneinander abzugrenzen, halten wir uns an die Definitionen des Europäischen Qualifikationsrahmens (EQR) (Handbuch zum Deutschen Qualifikationsrahmen – DQR 2013, S. 13):

Kenntnisse	Fertigkeiten	Kompetenzen
Kenntnisse bezeichnen die Gesamtheit der Fakten, Grundsätze, Theorien und Praxis in einem Arbeits- oder Lernbereich. Im EQR werden Kenntnisse als Theorie- und/oder Faktenwissen beschrieben. Die Fähigkeit, Kenntnisse anzuwenden und Know-how einzusetzen, um Aufgaben auszuführen und Probleme zu lösen.	Im EQR werden Fertigkeiten als kognitive Fertigkeiten (logisches, intuitives und kreatives Denken) und praktische Fertigkeiten (Geschicklichkeit und Verwendung von Methoden, Materialien, Werkzeugen und Instrumenten) beschrieben.	Die nachgewiesene Fähigkeit, Kenntnisse, Fertigkeiten sowie persönliche, soziale und methodische Fähigkeiten in Arbeits- oder Lernsituationen und für die berufliche und/oder persönliche Entwicklung zu nutzen. Im EQR wird Kompetenz im Sinne der Übernahme von Verantwortung und Selbstständigkeit beschrieben.

Lernziele formalisieren präzise Aussagen darüber, welche Handlungsfähigkeit die Lernenden nach Absolvierung einer Lerneinheit erworben haben sollen (Fellermayr 2009, S. 6).

Grundlegende Arbeiten zu der Frage, auf welche Art die oben genannten Lernziele erreicht werden können, stammen ursprünglich von Bloom (1976) und in einer differenzierteren, zweidimensionalen Fassung von Anderson & Krathwohl (2001).

Aus unserer Sicht werden diese Faktoren auch im Hinblick auf Entwicklung auf persönlicher Ebene gut in einem Text der Universität Kassel zusammengefasst. Es geht darin um die Rahmenvorgaben für Schlüsselkompetenzen in Bachelor- und Masterstudiengängen:

> „Ein Individuum ist dann kompetent, wenn es fähig ist, etwas Bestimmtes zu tun. Kompetenzen werden verstanden als Eigenschaften oder Fähigkeiten, welche es ermöglichen, bestimmte Anforderungen in komplexen Situationen und in unterschiedlichen sozialen Rollen erfolgreich zu bewältigen. Darunter fallen einerseits Fähigkeiten in Form von Wissen über bestimmte Sachverhalte oder über bestimmte Prozesse. Andererseits gehören dazu aber auch Einstellungen, Motivationen, Wertvorstellungen, Verhaltensweisen oder selbstbezogene Kognitionen wie das Kennen der eigenen Stärken und Schwächen, die Einschätzung der eigenen Fähigkeit, eine eigene Position zu vertreten oder das eigene Lernen zu strukturieren und zu planen. Bildungsziele sind die Berufsbefähigung (employability), die Befähigung zur bürgerschaftlichen Teilhabe (democratic citizenship) und die Persönlichkeitsentwicklung der Studierenden" (Universität Kassel, 2016).

Für Menschen, die in der Ausbildung tätig sind, es sich also zum Beruf gemacht haben, andere durch die Kompetenzstufen zu begleiten, reicht eine unbewusste Kompetenz nicht aus. Das Modell wird nun erweitert durch die

Bewusste unbewusste Kompetenz
Hier ist folgender Level erreicht: Ich kann oder weiß etwas, ohne darüber nachdenken zu müssen. Dies ist mir bewusst und ich weiß zudem, wie ich andere darin unterstützen kann, diese Fertigkeit oder dieses Wissen zu erlangen.

Für eine Lehrperson im Bereich des Autofahrens bedeutet dies dann: *„Fahrlehrer:innen besitzen die unbewusste Kompetenz des Autofahrens, sie besitzt aber auch die bewusste Kompetenz. Sie kann es nicht nur, sie weiß auch, wie es geht, und kann es auch noch vermitteln und in einzelne Schritte zerlegen."*

Diese Stufe der Kompetenz wird von diversen Autor:innen unterschiedlich benannt. So erscheinen in der Studienzusammenfassung (Chapmann 1999 – 2016) Begriffe wie „Reflektive Kompetenz" oder „Aufgeklärte Kompetenz".

Übertragen wir das Modell auf ein eher erlebnispädagogisches Thema. Wir haben die Fertigkeit des Feuermachens mit dem Drillbogen gewählt:

Unbewusste Inkompetenz: Ich mache Feuer immer mit dem Feuerzeug/Streichholz und habe keine Ahnung davon, dass und wie das noch anders funktionieren könnte.

Bewusste Inkompetenz: Ich höre davon, dass man Feuer auch bohren kann, kann mir aber nicht vorstellen, wie das funktioniert, und habe das noch nie ausprobiert.

Bewusste Kompetenz: Ich lerne, wie Feuerbohren funktioniert, probiere es aus, muss viel üben, scheitere immer mal wieder, aber ich erlebe, dass es funktioniert.

Unbewusste Kompetenz: Ich kann Feuerbohren und muss nicht mehr darüber nachdenken.

Bewusste unbewusste Kompetenz: Ich kann Feuerbohren und währenddessen z.B. erklären, was ich tue, ich habe ein Gespür dafür, ob die einzelnen Faktoren stimmen und wie ich am effektivsten zum Ziel komme. Darüber hinaus erkenne ich bei anderen, welche Handlungen noch korrigiert werden müssen.

Solange es um Fertigkeiten und Fähigkeiten geht, erscheint uns dieses Modell sehr leicht greifbar, spannender wird es bei den Eigenschaften, die die Persönlichkeit eines Menschen ausmachen.

Wenn wir in diesem Zusammenhang von Entwicklung sprechen, geht es meist um eine Entwicklung der Persönlichkeit und damit natürlich auch um die Fragen: „Wer bin ich? Wie bin ich? Wie wirke ich?"

Wir behaupten, dass gerade Erlebnispädagog:innen hier eine besondere Verantwortung innehaben, weil sie Menschen mit Grenzerfahrungen konfrontieren, die von starken Emotionen begleitet sind. Und dies beinhaltet auch zahlreiche Chancen. Lassen wir eine Teilnehmerin eine Woche nach einem Ausbildungsblock zu Wort kommen:

„So viele ‚Themen', die für mich schon lange im Prozess waren, sind für mich endlich geklärt. All die Andersartigkeit in mir, mit der ich so viele Jahre ständig angeeckt bin, hat endlich ihren Platz gefunden. Und damit kam etwas ganz Großes und lang Ersehntes in mein Leben – Frieden!

Ich hab begriffen, dass es nicht mehr nötig ist, sich an das in meinem Umfeld als typisch verstandene Frauenbild anzupassen, und ich merke jetzt schon einen Unterschied zu meinem vorherigen Verhalten gegenüber meinen Mitmenschen. Ich bin authentischer, souveräner, persönlicher, klarer, stärker und einfacher. Ich kann mich als Frau endlich annehmen, mit all dem, was ich erlebt hab und was daraus geworden ist."

Erneut wird deutlich, dass Erlebnispädagogik nicht mit reinem Natursport gleichzusetzen ist und auch nicht bei der Erkenntnis endet. Es geht um eine Entwicklung; der Natursport oder welche Aktivität auch immer ist nur der Zugang. Es ist die Aufgabe von Erlebnispädagog:innen, den Boden zu bereiten, der es Menschen ermöglicht, sich mit sich selbst zu konfrontieren und mit sich in Kontakt zu kommen. Dies geschieht einerseits durch die angebotene Aktivität und andererseits, noch viel entscheidender, durch die Art und Weise, wie die Aktivität begleitet wird.

Wir konfrontieren Menschen mit neuen Erfahrungsräumen. Oft sind die möglichen Erfahrungen, die darin gemacht werden können, hoch emotional besetzt. Nach Gerald Hüther (2015) erlebt eine Person eine neue Erfahrung, die nicht so recht zu den bisherigen Vorstellungen und Überzeugungen passt, als unangenehmes Gefühl. Unangenehme Gefühle sind auf Dauer schwer ertragbar und lösen damit Stressreaktionen aus. Die Erkenntnis, die aus dieser Erfahrung gewonnen wird, wird nun entweder abgewehrt, verdrängt und bekämpft oder durch Modifikation der eigenen Vorstellungen in diese integriert. Je stärker dieser Lernprozess mit positiven Gefühlen einhergeht, desto leichter fällt der Schritt, die Erfahrungen zu integrieren und nicht abzuwehren (Hüther 2015, S. 40ff.).

Spätestens hier werden wir wieder auf die Person der Erlebnispädagog:innen zurückgeworfen. Als Erlebnispädagog:innen begleiten wir Menschen: bei der Entwicklung von neuem Verhalten, bei der Überprüfung des eigenen Selbstbildes, bei den großen Fragen im Leben. Wir tun das, indem wir Menschen bewusst an Grenzen führen, an die Schwelle zwischen Komfortzone und Lernzone. Dort werden Emotionen ausgelöst und wir begleiten den Lernprozess, der dadurch in Gang kommt.

Damit wird ein besonderes Augenmerk auf die Fähigkeiten der Erlebnispädagog:innen in der Begleitung von Menschen in herausfordernden Situationen gelegt. Wie authentisch sinnd wir in dem, was iwir als Erlebnispädagog:innen tuen? Wie achtsam gehen wir mit unseren Mitmenschen und uns selbst um? Welches Menschenbild leben wir vor?? Eine Reihe von Fragen, denen wir uns als Erlebnispädagog:innen und erst recht als Lehrtrainerin oder Lehrtrainer in der Weiterbildung von Erlebnispädagog:innen stellen muss.

6.1.2 Hindernisse und Widerstände – die Theorie U

Entwicklung ist also gekennzeichnet durch die Integration von Neuem. Dies geschieht im Laufe eines Prozesses mit Höhen, Tiefen und Rückschlägen und nicht „auf Knopfdruck". Zudem beeinflusst die Weiterentwicklung einer Eigenschaft stets die Ausprägung anderer mit ihr in Beziehung stehender Eigenschaften. So macht es beispielsweise durchaus Sinn, nicht nur zu lernen, anderen Menschen zu vertrauen, sondern eine gewisse „gesunde" Vorsicht zu behalten. Im Modell des Werte- und Entwicklungsquadrats (siehe den Exkurs in Kapitel 7.1.3.) wird dies nochmals verdeutlicht.

Die Konfrontation mit Neuem ist bereits im Komfortzonenmodell beschrieben. Dort wurden beide Seiten beleuchtet: das Aufregende, Herausfordernde, Motivierende am Neuen wie auch die Aspekte der Bedrohung und der Unsicherheit.

Was hindert uns aus Teilnehmendensicht, des Öfteren die Lernzone zu betreten, was lässt die Komfortzone so bequem, aber auch so unbeweglich erscheinen? Welche Schwellen muss ich überwinden, um Neues entstehen zu lassen? Dabei geht es uns um Neues im Sinne einer Entwicklung bzw. einer Weiterentwicklung der Persönlichkeit und nicht um das Aneignen von Wissen, zum Beispiel über Funktion und Bedienung von Karabinern.

Claus Otto Scharmer beschreibt in seiner „Theorie U" (Scharmer 2009) aus Sicht eines Professors am Massachusetts Institute of Technology (MIT), der sich über Jahre mit der Frage, wie das Neue in die Welt kommt, beschäftigt hat, ein Modell über die Strukturen von tiefgreifendem Wandel. Dieses Modell bezieht sich auf Firmen, Teams und Arbeitsgruppen und wird später auf die persönliche Entwicklung übertragen. Um eine wirkliche Veränderung vorzunehmen, müssen wir Zugang zu den tiefer liegenden Ebenen des Bewusstseins bekommen. Scharmer geht von „Inneren Stimmen des Widerstandes" aus, die überwunden werden müssen, um das „Neue" überhaupt zuzulassen. Diese sind:

Stimme des Urteilens (Voice of judgement)
Normalerweise befinden wir uns in einem Zustand, den Otto Scharmer als Phase des „Downloading" (Runterladen) bezeichnet. Während wir anderen zuhören, sind wir überwiegend mit unseren Antworten beschäftigt. Als klassisches Beispiel dient ihm dabei die politische Debatte. Den Protagonisten geht es dabei nicht um ein echtes Zuhören als Vorstufe des Verstehens, sondern um ein Formulieren der eigenen Gegenposition. In diesen Phasen ist das Zentrum der Aufmerksamkeit bei uns selbst und nicht beim Anderen. Neues wird zu schnell abgewehrt und abgewertet *(Stimme des Urteilens)*. Oft urteilen wir dabei negativ über das zu Erwartende, meist schon, bevor wir uns überhaupt auf das Gesagte oder Gehörte einlassen. Das intellektuelle Denken wird blockiert. Um dieser inneren Stimme zu begegnen, ist es entscheidend, nicht zu urteilen, sondern offen für Neues zu werden und inne zu halten. Dies bezeichnet Scharmer als **Öffnung des Denkens (open your mind)**.

Stimme des Zynismus (Voice of cynism)
Die zweite Phase auf dem Weg zu tiefgreifender Veränderung wird als „Seeing" *(Hinsehen)* bezeichnet.

Oft fällt es uns schwer, Gefühle zuzulassen oder diese zu äußern. Wir spielen mit der Gefahr, uns angreifbar zu machen. In solchen Situationen neigen Menschen dazu, sich durch emotionale Handlungen von der aktuellen Situation zu distanzieren. Neues wird lächerlich gemacht, Menschen distanzieren sich innerlich durch Zynismus von emotionaler Nähe.

Zu einer wirklichen Auseinandersetzung mit mir selbst gehört jedoch genau das: Emotionen als solche wahrzunehmen und mich mit diesen zu konfrontieren. Ziel ist es, Emotionen zu haben, und nicht, von den Emotionen gefangen zu sein. Um dahin zu gelangen, ist es entscheidend, sich um zu wenden und zu lernen, mit dem Herzen zu hören, was als **Öffnung des Fühlens (open your heart)** bezeichnet wird.

Stimme der Angst (Voice of fear)
Als Letztes gilt es die Stimme der Angst wahrzunehmen. Otto Scharmer bezeichnet diese Phase als „Sensing" *(Hinspüren)*. Es geht darum, Grenzen zu erkennen, auch diese anzuerkennen und mich selbst dabei zu beobachten, wie ich mich in solchen Situationen verhalte. In dem Moment, in dem ich versuche, loszulassen, mich nicht von Ängsten gefangen nehmen lasse, entwickelt sich die Chance, dass „Neues" entsteht. Dies wird **Öffnung des Willens (open your will)** genannt.

Diese einzelnen Schritte sollte man sich nicht als einzeln abzuarbeitende Stufen vorstellen, sondern als überlappende Zustände in dem Prozess, sich der Entstehung des Neuem nicht in den Weg zu stellen.

In erlebnispädagogischen Settings begleiten wir Menschen genau bei diesen Schritten. Dabei spielt es keine Rolle, ob dies in einem kurzen Moment – während der Besteigung eines freistehenden 15 m hohen Mastes, an der Abseilkante, im Wildwasser, an der Kletterwand – oder während einer längeren Solozeit stattfindet. Wir begleiten Menschen auf dem Weg der persönlichen Entwicklung, indem wir sie zu stark emotionsgeladenen, herausfordernden Aktivitäten einladen. Ob und inwieweit sich die Teilnehmenden darauf einlassen, hängt in hohem Maße mit der oben bereits erwähnten Haltung der Prozessbegleitung zusammen. Natürlich entscheidet dabei jeder selbst, wie weit er gehen will, aber auch dies ist Teil des Prozesses einer tiefgründigen Auseinandersetzung mit sich selbst.

Es kann auch durchaus vorkommen, dass Menschen Neues zu schnell annehmen und nicht überprüfen, was sie sich zur Wahrheit werden lassen. Wenn Menschen mit eigenen Emotionen konfrontiert sind, eröffnet sich ein sensibler Raum, dessen Betreten von Erlebnispädagog:innen begleitet wird. Die Teilnehmenden werden in diesen Räumen auch leichter manipulierbar. Im gleichen Maß steigt die Verantwortung für die Erlebnispädagog:innen.

Wie gerade diese Phase in der Erlebnispädagogik ausgenutzt werden kann, beschreibt auf erschreckend eindrückliche Weise Hans Peter Royer (2008, S.16f.) in seinem Werk „Nur wer loslässt wird gehalten" aus Sicht der christuszentrierten Erlebnispädagogik. Dabei werden Menschen in hochemotionale angstbesetzte Zustände gebracht und der Weg zu Christus wird als einziger möglicher Ausweg dargestellt.

Biete ich den Raum, in dem diese Auseinandersetzung stattfinden kann? Kann ich den Rahmen halten? Diese Fähigkeiten erwirbt man nicht und hat sie dann ein für alle Mal, diese Fähigkeiten bedürfen einer permanenten Auseinandersetzung und eines achtsamen Umgangs mit sich selbst, den eigenen Motiven, Antreibern und blinden Flecken. Diese Fähigkeiten müssen gepflegt werden, und dies ist Aufgabe aller Erlebnispädagog:innen. Der Anspruch Lehrtrainer:innen steigt in entsprechendem Maße.

6.2 Das Modell der erweiterten E-Kette

Werfen wir nun einen Blick auf die „erweiterte E-Kette". Zunächst fügen wir dabei der klassischen E-Kette, bestehend aus den Begriffen *Ereignis, Erlebnis, Erfahrung, Erkenntnis,* zwei weitere „E" hinzu, die für die Begriffe *Erprobung* und *Entwicklung* stehen.

Die beiden zusätzlichen „E" können bereits innerhalb eines Trainings relevant werden, wenn Teilnehmende neue Erkenntnisse beispielhaft bei einer weiteren Teamaufgabe erproben.

Nach der Rückkehr in den Alltag außerhalb des erlebnispädagogischen Settings müssen sich neu erhaltene Erkenntnisse zunächst bewähren und zudem „back home" Bestand haben. Hier spielen viele Faktoren eine Rolle, und wir denken, dass wir auch dann noch einen Einfluss auf den Fortbestand der Erkenntnisse haben, wenn sich unsere Kunden und Klient:innen längst jenseits direkter Zugriffsmöglichkeiten befinden. Die aufgebaute Beziehung kommt hier nachhaltig zum Tragen. Dabei spielt vor allem eine Rolle, wie die Teilnehmenden das Seminar oder die Maßnahme in Erinnerung behalten. Unterstützen können wir diese Erinnerung natürlich methodisch: beispielsweise durch kleine Hausaufgaben, „Briefe an sich selbst", Anker wie Bilder oder Gegenstände, die während der gemeinsamen Tage eine Rolle gespielt haben. Dazu gehören auch Visualisierungen, Protokolle, schriftliche Vereinbarungen und anderes mehr. Überwiegend hängt die Qualität der Erinnerung, die Frage ob diese positiv oder negativ besetzt ist, jedoch mit der Beziehung zusammen, die zwischen den Teilnehmenden und uns Erlebnispädagog:innen während der Maßnahme entstanden ist. Ich nehme nur von Menschen etwas an, die mir etwas zu sagen haben, die mich ernst nehmen, die meine Bedürfnisse erkennen. Nur da gelingt es mir, mich einzulassen, und daran erinnere ich mich auch gerne, mit positiven Gefühlen besetzt.

(...) Menschen, die uns prägen ... bleiben mir immer im Kopf und im Herzen. Es ist, als würden sie manchmal zu mir sprechen. Als hätte ich auf einmal einen kleinen Roland auf der linken, eine kleine Rafaela auf der rechten Schulter. Und so erinnere ich mich zurück, an intensive Erlebnisse, die ganze Ketten und Zahnräder in Bewegung brachten. Und es dreht und dreht immer weiter und man hofft bzw. ich hoffe, dass ich selber zur Kette werde und dadurch ebenfalls präge ...

(Brief eines Teilnehmers
9 Monate nach Abschluss einer Weiterbildung)

Erst wenn die *Erprobungs*phase erfolgreich abgeschlossen ist, hat man das langfristige Ziel, nämlich *Entwicklung*, erreicht.

Und so ergibt sich nun dieses Bild, durch das wir veranschaulichen wollen, wie sich die „E" zusammenfügen.

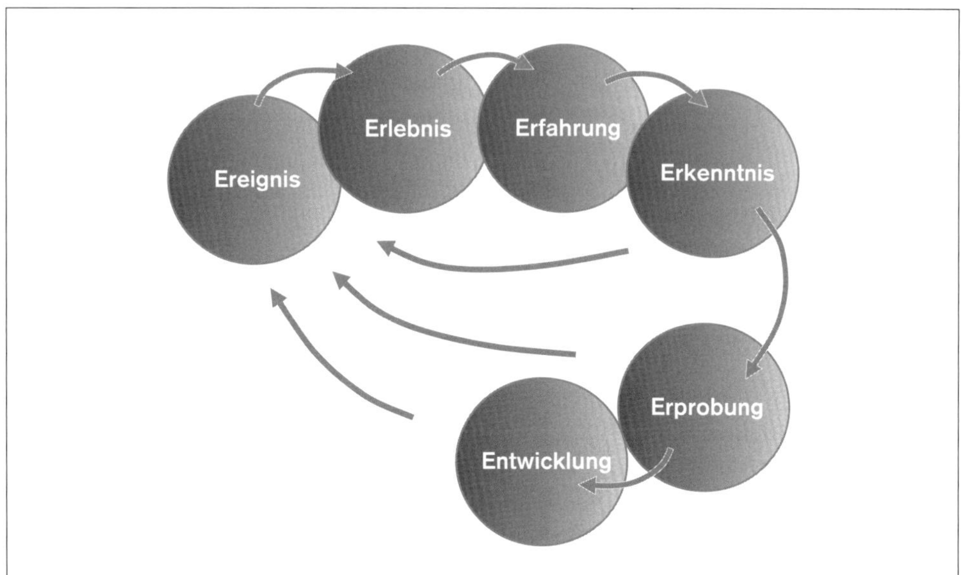

Abb. 6-2: Die erweiterte E-Kette

Ziel eines erfahrungsorientierten Seminars oder Trainings oder einer erlebnispädagogischen Maßnahme ist es, einen Zyklus der E-Kette in Gang zu bringen, um eine Entwicklung bei den Teilnehmenden zu unterstützen. Nach einer gewonnenen Erkenntnis, und dabei spielt es keine Rolle, ob diese schon während des Seminars (der Veranstaltung oder der Maßnahme) stattfindet oder erst hinterher, kommt es zu einer Erprobung der aus der Erkenntnis gewonnenen veränderten Sichtweise oder Handlung.

In diesem Moment findet ein neues Ereignis statt, was wiederum eine „E-Kette in Gang bringt". Irgendwann wird dieses neue Verhalten, die neue Denkweise oder was sich auch durch die Erkenntnis verändert haben mag so in die Persönlichkeit integriert, dass der Vorgang nicht mehr bewusst ist. Entwicklung hat stattgefunden.

Dabei lassen wir bewusst zwischen Erkenntnis und Erprobung eine Lücke. Meist haben wir auf unsere Teilnehmenden nach der Erkenntnis kaum mehr direkt Einfluss. Bei Mitarbeitenden einer Jugendhilfeeinrichtung, Leitungen länger andauernder Weiterbildungen oder bei individualpädagogischen Maßnahmen beispielsweise ist durch eine kontinuierliche Anwesenheit der Pädagog:innen der Einfluss selbstverständlich auch nach der vorläufigen Erkenntnis vorhanden.

Nachhaltig in Erinnerung bleibt, was neu ist und für den eigenen Kontext subjektiv als bedeutsam eingestuft wird (vgl. Spitzer 2006, S. 195). Entscheidend ist also nicht der Wahrheitsgehalt eines Sinneseindrucks, sondern die subjektiv empfundene Bedeutsamkeit.

Diese steigt, wenn der Sinneseindruck neuartig, einschneidend oder unerwartet ist und wenn das Gehirn sich in einem besonders offenen Zustand freudiger Erwartung befindet (z.B. der erste Kuss). In solchen emotional aufgeladenen Situationen entstehen starke innere Bilder. „Es sind Bilder, die nie wieder ‚aus dem Sinn' gehen, weil sie so sehr ‚zu Herzen' gegangen sind oder so stark ‚auf den Magen' geschlagen haben" (Hüther 2008, S. 23).

Hierbei fällt uns als Erlebnispädagog:innen oder Prozessbegleitung eine entscheidende Rolle zu. Mit unserer Haltung, der Art und Weise, wie wir die Prozesse und Erlebnisse gestalten, wie wir die Teilnehmenden abholen, also den bereits viel beschriebenen Boden für Veränderung bereiten, wirken wir entscheidend auf die emotionale Besetzung der Erinnerung ein. Inwieweit uns dies jedoch tatsächlich gelingt, hängt von verschiedenen Faktoren ab. Ist unser Beziehungsangebot das „Richtige" für die Situation, die Stimmung, den Zeitpunkt, die emotionale Verfassung und das Thema der Teilnehmenden? Eine Antwort auf die Frage im Sinne von: „So muss ich es machen, ist es dann richtig?" gibt es nicht.

Wir werden die „Erweiterte E-Kette" aus zwei Perspektiven betrachten, aus der der Teilnehmenden und der der Erlebnispädagog:innen. Bei der Teilnehmendenperspektive geht es um mit den Ereignissen verbundene Emotionen und die Art und Weise, wie er das Erlebte verarbeitet und anwendet. Bei der Perspektive der Erlebnispädagog:innen handelt es sich um einen Blick „hinter die Kulissen" des Räderwerks und um die Frage, wie und wo unterschiedliche Interventionen wirksam werden können.

Manchmal erhält man dabei unerwartet und ungeplant einen Zugang zu Menschen, obwohl man mit einer bestimmten Aktivität vielleicht nur einen Teilaspekt anvisiert hatte.

Vor einigen Jahren erhielt ich den Auftrag, für eine Gruppe von 14- bis 16-jährigen Jugendlichen aus einer Therapieeinrichtung für eine Stunde lang zur Freizeitgestaltung Bogenschießen anzubieten. Es sollte lediglich etwas abenteuerliche Abwechslung an einem freien Nachmittag angeboten werden. Ich kleidete die Veranstaltung entsprechend ein, nämlich ohne Reflexion und nur auf der technischen Ebene und mit viel Spaß und kleinen Wettbewerben.

Ein Junge war dabei sehr „hibbelig" und seine Pfeile gingen unkontrolliert links und rechts neben das Ziel. Für nicht einmal eine Minute beschäftigte ich mich mit ihm und brachte seinen Oberkörper während der nächsten beiden Schüsse zur Ruhe, indem ich ihm die Hände auf die Schultern legte und ihn hielt.

Den abschließenden Wettbewerb beim Ballonschießen gewann eben dieser Junge, dessen Trefferquote binnen Minuten beträchtlich gestiegen war. Und so konnte ich ihm einen Pfeil „als Siegerpreis" überreichen.

Am Ende der Veranstaltung und nachdem ich ein paar Worte gesprochen hatte, kam der Junge auf mich zu und sagte mir für mich vollkommen unerwartet: „Gell Herr Zwerger, wenn ich etwas im Leben erreichen möchte, muss ich einfach ruhig werden."

6.3 Die erweiterte E-Kette aus der Sicht der Teilnehmenden

David Kolb verband bereits 1984 in seinem Modell des „Experiential Learning Cycle" die Schritte „Konkrete Erfahrung", „Beobachtung und Reflexion", „Abstrakte Begriffsbildung" und „Aktives Experimentieren" miteinander. In diesem Modell wird demnach das, was wir als Erprobung der Entwicklung voranstellen, bereits integriert.

Für die Teilnehmenden besteht das Ziel einer Maßnahme oder eines Trainings darin, sich auf der persönlichen oder der zwischenmenschlichen Ebene weiterzuentwickeln. Dem vorgeschaltet ist das Erlangen neuer Erkenntnisse über sich selbst oder über zwischenmenschliche, sie selbst betreffende Zusammenhänge in dem Kontext, in dem sie gerade unterwegs sind.

Neben der Erinnerung als Katalysator vor allem für den Übergang zur Erprobungsphase im Alltag gibt es noch eine Reihe anderer Katalysatoren, die die Wahrscheinlichkeit einer gelingenden „erweiterten E-Kette" bei den Teilnehmenden unterstützen.

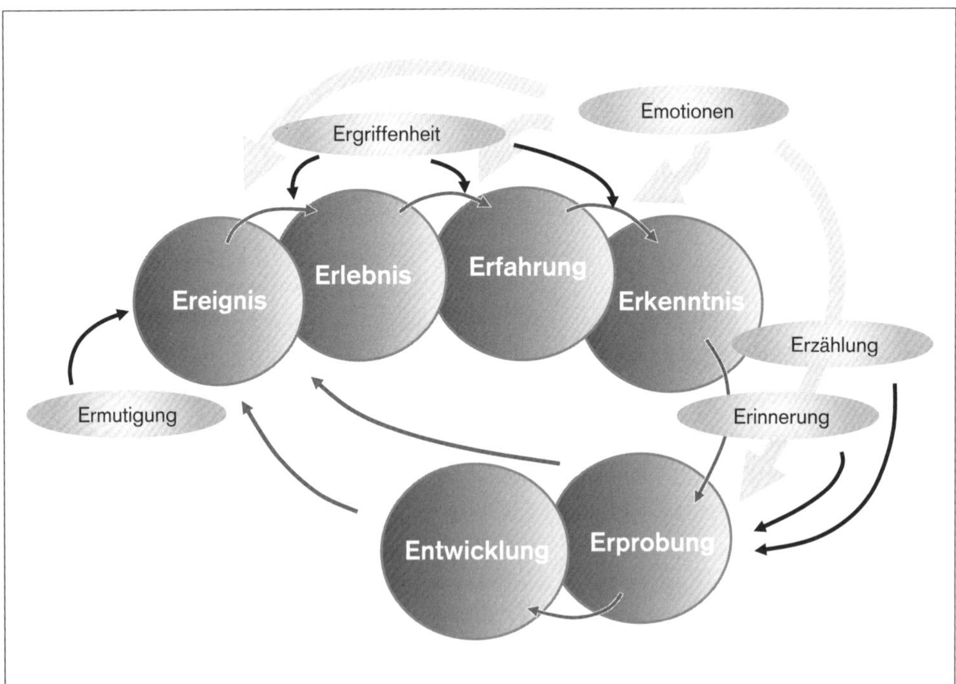

Abb. 6-3: E-Kette aus Teilnehmendensicht

Katalysatoren

Es gibt eine Reihe von Begrifflichkeiten, die immer wieder Gefahr laufen, in die E-Kette integriert werden zu wollen. Wir bezeichnen diese als Katalysatoren, die Übergänge zwischen den Kettengliedern erleichtern oder sogar notwendige Voraussetzungen dafür darstellen. Manchmal handelt es sich hierbei um Bezeichnungen für Emotionen, die beim Teilnehmenden den Entwicklungsprozess an der einen oder anderen Stelle unterstützen.

Nachfolgend gehen wir beispielhaft auf einige Begriffe ein.

Emotionen

„Was den Menschen umtreibt, sind nicht Fakten und Daten, sondern Gefühle, Geschichten, und vor allem andere Menschen." (Manfred Spitzer)

Die Notwendigkeit der Emotionen beim Lernprozess wurde bereits angedeutet. Durch die Erkenntnisse der Hirnforschung sind die Emotionen aus einem Lernprozess nicht mehr wegzudenken, und somit natürlich auch nicht beim Lernen in der Erlebnispädagogik. Aus konstruktivistischer Sicht ist Lernen eine Veränderung der Wirklichkeitskonstruktionen. Es geht um das Gewinnen neuer Erkenntnisse, die meine subjektive Sicht dessen, was Wirklichkeit ist, beeinflussen, und im weiteren Schritt um eine Integration der Folgen dieser Erkenntnisse in die eigene Persönlichkeit.

Es besteht eine starke Verbindung zwischen dem Motivationssystem und dem Emotionszentrum im Gehirn. Emotionsgeladene Geschichten werden von Probanden deutlich besser erinnert als neutral erzählte, was unter anderem folgender Versuch von Larry Cahill (Elger 2009, S. 121; Spitzer 2006, S. 158ff.) belegt.

In dem Versuch wurden 2 Gruppen jeweils unterschiedliche Geschichten zur Einstimmung vorgelesen. Die Geschichten unterschieden sich lediglich in Bezug auf den emotionalen Gehalt, nicht aber in Bezug auf sachlichen Inhalt und Länge.

Gruppe 1 bekam dabei folgenden Text zu hören: „Ein Junge fährt mit seiner Mutter durch die Stadt, um den Vater, der im Krankenhaus arbeitet, zu besuchen. Dort zeigte man dem Jungen eine Reihe medizinischer Behandlungsverfahren."

Gruppe 2 hingegen bekam diese Geschichte erzählt: „Ein Junge fährt mit seiner Mutter durch die Stadt und wird bei einem Autounfall schwer verletzt. Er wird rasch in ein Krankenhaus gebracht, wo eine Reihe medizinischer Behandlungsverfahren durchgeführt wird."

Anschließend wurde beiden Gruppen unabhängig voneinander eine Liste mit den Behandlungsmaßnahmen der Klinik vorgestellt. Eine Woche später sollten die Teilnehmenden angeben, an welche Behandlungsverfahren sie sich erinnern konnten. Dabei schnitt sowohl in Bezug auf die Anzahl als auch auf die in Erinnerung gebliebenen Details über diese Verfahren die zweite Gruppe deutlich besser ab.

Genau hier liegt die Chance der Erlebnispädagogik. Wir erzählen nicht nur Geschichten, wir schaffen Erlebnisräume, die aufgrund der Tatsache, dass Menschen mit ihren Grenzen konfrontiert werden, per se emotionsgeladen sind. Die entscheidenden Fragen aus Teilnehmendensicht sind: „Kann ich in diesem Kontext meine Emotionen zeigen? Mache ich mich damit angreifbar, lächerlich usw. und wie wird damit umgegangen? Ist das Vertrauen in die Gruppe und die Leitung groß genug, damit ich mich öffnen kann?"

Emotionen sind im Modell der erweiterten E-Kette an keinem bestimmten Punkt zu verorten, sondern spielen permanent eine Rolle. Dabei unterstützen oder behindern sie einen Übergang von einem E-Kettenglied zum anderen.

Ergriffenheit

„Durch die Ergriffenheit gelangen meine Erfahrungen ins Herz, ohne Ergriffenheit bleiben sie im Kopf. Ich kann auch ohne Ergriffenheit lernen, aber wenn ich ergriffen bin, berührt es mich mehr, geht mich damit mehr an und wirkt damit anders. Ergriffen bin ich mit dem Herzen, nicht mit dem Kopf ..."

Eine Teilnehmerin am Lagerfeuer

Unter Ergriffenheit verstehen wir eine tiefe Gemütsbewegung unter dem Eindruck eines feierlichen Ereignisses oder eines erhebenden Erlebnisses. Die Ergriffenheit kann an unterschiedlichen Stellen innerhalb der E-Kette eine Rolle spielen. Ich kann von unterschiedlichen Dingen und auf unterschiedliche Weise ergriffen sein: Von einer neuen Idee (Ebene der Erkenntnis) oder einem Eindruck aus der Natur, der auch eine spirituelle Dimension beinhalten kann (Ebene des Erlebnisses), oder auch von einer Aussage eines anderen Menschen.

Allen gemeinsam ist, dass ich subjektiv eine große emotionale Nähe des Eindrucks, Erlebnisses oder der Erkenntnis zu mir selbst empfinde. Diese emotionale Nähe wiederum fördert den Lernprozess. Was mich wirklich berührt, wird auch Einfluss auf mein Leben nehmen. Wenn ich von etwas ergriffen bin, bin ich auf einem guten Weg.

Beim Durchforsten unserer Erinnerungen zum Thema Ergriffenheit sind wir dabei auf zwei Formen von Wirkungen gestoßen, die beide miteinander verbunden sind. Zum einen ist es die Ergriffenheit durch Begegnungen, Worte, Naturschauspiele etc., die bei mir selbst bzw. bei Teilnehmenden ausgelöst wird. Und zum anderen ist es unsere Ergriffenheit von der Wirkung erlebnispädagogischer Maßnahmen und Interventionen, die uns persönlich in unserer E-Kette des erlebnispädagogischen Lehrens und Handelns wieder ein gutes Stück vorangebracht hat. Ein paar Beispiele sollen dies beleben.

Zunächst ein Beispiel über die Wirkung eines ergreifenden Moments, den die Natur selbst liefert:

Sonnenfinsternis 1999

Wir sind unterwegs mit 10 Jugendlichen aus der Kinder- und Jugendpsychiatrie zum Aichelberg bei Stuttgart. Die Anfahrt von dem Zeltlager, in dem wir uns gerade befinden, dauert unter normalen Umständen 2 Stunden. An diesem Tag nicht, für den Nachmittag hat sich eine totale Sonnenfinsternis angekündigt und gefühlt ist halb Süddeutschland unterwegs. Wir haben sehr viel Zeit eingeplant, denn dieses Jahrhundertereignis wollten wir auf keinen Fall verpassen. Die Wettervorhersage jedoch ist grauenhaft und wir laufen Gefahr, von dem ganzen Naturschauspiel nichts mitzubekommen. Bereits 4 Stunden vor Beginn der totalen Sonnenfinsternis treffen wir bei strömendem Regen am Aichelberg ein.

Die Hoffnung stirbt zuletzt. Mit weiteren ca. 100 Menschen stehen wir auf dem Hügel mit Blick in Richtung Westen, wenn wir denn etwas sehen würden. Langsam lässt der Regen nach, ohne jedoch aufzuhören. Unterschlupf gibt es hier keinen, also setzen wir uns auf mitgebrachte Isomatten und decken uns mit einer Plane aus dem Baumarkt zu. Allen Erwartungen und Befürchtungen zum Trotz ist die Stimmung sehr ausgelassen, niemandem scheinen das Warten und der Regen etwas auszumachen und alle hoffen auf die Lücke in der Wolkendecke zur richtigen Zeit. Ca. 3,5 Stunden sitzen wir, 5 Betreuer und 10 Jugendliche, unter den Planen, singen gemeinsam, lachen miteinander und erzählen uns Geschichten. Die Zeit vergeht wie im Flug.

Wenige Minuten, bevor der Mond die Sonne total verdeckt, reißt die Wolkendecke tatsächlich auf. Auf dem Aichelberg jubeln ca. 100 Menschen. Und als der Mond die Sonne komplett verdeckt, wird es plötzlich mucksmäuschenstill. Die Menschen, die noch kurz zuvor lautstark ihre Freude über die aufgerissene Wolkendecke zum Ausdruck gebracht haben, stehen schweigend und beobachten 10 min lang ein Naturschauspiel, das man im Leben meist, wenn überhaupt nur einmal zu Gesicht bekommt.

Es war ein magischer Nachmittag, der uns alle tief berührt hat, wir konnten dreieinhalb Stunden im Regen unter einer Plane sitzen und uns dabei nicht auf die Nerven gehen. Wir haben uns gegenseitig geöffnet, voneinander erzählt, Masken sind gefallen und dann hat uns die Natur für das Warten belohnt. Etwas hat uns an diesem Nachmittag verbunden. Wir haben Zwischenmenschlichkeit positiv gestaltet, ohne Hilfsmittel außer uns selbst. Wir sind uns im wahrsten Sinne des Wortes näher gekommen. Selbst das Verkehrschaos auf der Rückfahrt konnte diesen Tag nicht entzaubern. Und noch heute, nach bald einem Vierteljahrhundert, habe ich die Namen der Jugendlichen, die dabei waren, alle im Kopf.

Manchmal können ergreifende Momente auch das Leben auf sehr unerwartete Weise in neue Bahnen lenken:

Der Regenruf des Buchfinken

Ich kann heute behaupten, mich mit Tieren und Pflanzen in der heimischen Natur recht gut auszukennen und über viele Lebewesen und über Zusammenhänge in der Natur spannende Geschichten erzählen zu können. Das war nicht immer so, und als mich vor 30 Jahren meine damalige Freundin, die Biologie studierte, zu einer botanischen Exkursion in den Schwarzwald einlud, war ich wenig begeistert. Sie versuchte mich damit zu überreden, dass eine botanische Koryphäe die Exkursion leitete, doch als ich hörte, dass es sich um den 82 Jahre alten Erich Oberdorfer handelte, war ich noch weniger begeistert.

Dies änderte sich schnell, als ich bemerkte, wie er die Studenten und auch mich mit seinen Geschichten immer mehr in den Bann zog. Sein Wissen und die Art, wie er es in Sprache fasste, faszinierten mich.

Noch weniger Ahnung als von Pflanzen hatte ich damals von Vogelstimmen. Doch mein Interesse an all dem war in einem einzigen Moment da, an den ich mich drei Jahrzehnte später noch in Details zu erinnern meine. Er blieb plötzlich stehen, lauschte kurz und sagte: „Der Regenruf des Buchfinken!"

Dieser kurze Satz, der melancholisch wirkende Ruf, die Aufmerksamkeit aller Beteiligten und der fast aus heiterem Himmel 10 Minuten später einsetzende leichte Regen haben mein Leben so geprägt und verändert, dass mir heute noch auch beim Schreiben dieser Zeilen die Tränen in die Augen schießen. Sie haben meine Liebe zu Naturwissen in einem einzigen „ergreifenden" Moment auf den Weg gebracht, dem ich seitdem folge.

Ergreifend kann auch die nicht planbare Wirkung einer Maßnahme sein, die in ihrer Intensität in dieser Form nicht selbstverständlich ist:

Schlussstrich

Während eines 5-tägigen Camps mit straffällig gewordenen Jugendlichen wurden die Teilnehmenden unter anderem auf ein 24-stündiges Solo geschickt. Die Jugendlichen verlassen dabei das Camp im Morgengrauen und sollen, wenn sie an irgendeiner Stelle alleine nicht mehr weiterkommen, direkt, ansonsten erst am nächsten Morgen zurückkehren. In der Abenddämmerung erscheint ein Teilnehmer plötzlich im Lager und es entwickelt sich folgender kurzer Dialog.

***Ich:** „Leon, was gibt´s?"*

***Leon:** „Ganz ehrlich, ich habe gedacht, ich sitze die Zeit ab, 24 Stunden chillen, aber das ist ja Wahnsinn, an was man da alles denkt, hier passiert ja wirklich was, ich weiß gar nicht, was ich meinen Freunden zu Hause sagen soll, ganz echt, vorher haben wir uns nur lustig gemacht, oh Mann."*

***Ich:** „Genau deshalb sind wir hier, und wie kann ich Dir jetzt helfen?"*

***Leon:** „Ich wollte das nur sagen."*

Leon dreht sich um und geht wieder zurück zu seinem Platz.

Aus meiner Sicht hat sich Leon mit diesem Öffentlich-Machen seiner Gefühle entschieden, sich auf den Prozess einzulassen. Er wollte „nur" mitteilen, dass er jetzt auch dabei ist, und nicht mehr länger im Widerstand.

Tags darauf, nach einer langen Reflexionseinheit, nimmt mich Leon zur Seite und möchte gemeinsam mit mir nochmals seinen Platz aufsuchen. Er wolle mir etwas zeigen. Leon führt mich zu einer alten Buche. Er hat in die Rinde das gestrige Datum eingeritzt und einen dicken Strich darunter. Dies sei der „Schlussstrich", sagt er. Er wolle in seinem Leben nicht mehr so weitermachen wie bisher.

Leon tat dies aus eigenem Antrieb, nicht weil wir es von ihm gefordert oder gewollt hätten oder es Teil einer Aufgabe war. Leon hat einen Schlussstrich gezogen, weil er es für sich in diesem Moment als stimmig erachtete, und er wollte dies mitteilen.

14 Tage später hatte Leon sich von seinem bisherigen Freundeskreis komplett zurückgezogen.

Bei vielen der Beispiele, so auch beim nächsten, wissen wir, dass die Ergriffenheit oft im gleichen Maße die Erlebnispädagog:innen wie die Teilnehmenden selbst erfasst:

Apfelbaum

Für die meisten Teilnehmenden, die sich auf den 15 m hohen Mast, den sogenannten Pamper Pole[8]*, wagen, sind die Besteigung und der anschließende Sprung von der Pizzateller großen Plattform eine große Herausforderung. Und so wurde auch der etwa 50 Jahre alte Mann einer Gruppe sehr leise, als er nach langem Überlegen begann, den Mast Stufe für Stufe zu erklimmen. Er blieb komplett still, bis er mit ausgebreiteten Armen oben auf dem Teller stand, vielleicht eine halbe Minute innehielt und dann mit einem Steine zerreißenden Schrei sprang. Besorgt ließen ihn die sichernden Teammitglieder auf den Boden ab, wo er mir in die Arme fiel. Es brauchte einige Zeit, bis er wieder reden konnte.*

Als es soweit war, erzählte er mir, dass er gerade „geheilt worden sei". Mit 10 Jahren sei er von einem Baum gefallen und hatte sich dabei nicht unerheblich verletzt. Seitdem sei er nie wieder höher als auf einen Stuhl gestiegen. Jetzt habe er dies hinter sich lassen können.

Von diesem Moment bin ich auch 20 Jahre später nachhaltig so ergriffen, dass ich die Episode immer nur mit kleinen Pausen erzählen kann, um meine Stimme wieder zu fangen.

Ergriffenheit, die im Zusammenwirken mit Demut auch zu Erhabenheit werden kann, kann auf dem Weg von Erlebnissen hin zu Erkenntnissen eine entscheidende Rolle spielen, wobei sich Erhabenheit erst einstellt, wenn die übermächtige Natur in Sicherheit genossen werden kann (vgl. Weber, 2010). Es ist eine zentrale Aufgabe von Erlebnispädagoginnen und Erlebnispädagogen, diese Sicherheit auf angemessene Weise zu garantieren. Über die Einordnung der Begriffe Erhabenheit und Ergriffenheit in die philosophische und erlebnispädagogische Landschaft findet sich eine gute Zusammenfassung mit zahlreichen Literaturverweisen bei Michl und Fengler (2023, S. 77ff).

8 Der „Pamper Pole" oder „Mast" ist ein Hochseilelement, bei dem eine Person alleine einen freistehenden, in der Regel etwa 10 bis 15 Meter hohen Mast emporklettert und dabei von zwei Sicherungsteams Toprope-gesichert wird.

Erinnerung

Über die Bedeutung der Erinnerung für die Entwicklung haben wir bereits gesprochen. In der E-Kette verorten wir die Erinnerung am ehesten zwischen der gewonnenen *Erkenntnis* und der *Erprobungsphase*. Wie bereits gesagt, wirkt die Maßnahme in dem Maße nach, wie die Erlebnisse eindrücklich waren, wie sie zu Herzen gingen. Dies gelingt umso leichter, wenn die Erkenntnisse aus eigenen Erfahrungen abgeleitet sind oder von einer wichtigen Bezugsperson übernommen werden. Der Grund dafür ist die unzertrennbare Verknüpfung mit den emotionalen Strukturen im Gehirn (vgl. Hüther 2015). Es geht um Erfahrungen, die mit positiven Emotionen verbunden sind und deshalb zu Herzen gehen, also einem wirklich wichtig sind. Keine Überzeugung ist stärker im Bewusstsein einer Person verankert als die, die ich mit den Worten: „Das habe ich selbst erlebt!" bekräftigen kann.

Die Geschichte rund um den Jungen, der das Bogenschießen (Kapitel 6.2.) gewonnen hatte, geht noch weiter. Die E-Kette war in diesem Falle fast von alleine in Gang gekommen und die Tatsache, dass mir berichtet wurde, wie der Jugendliche das Erlebte weiter erprobt hat, wurde mir durch die Erzählung einer Mitarbeiterin der Wohngruppe bewusst. Sie berichtete, dass der Pfeil im Gruppenraum an die Wand gehängt worden sei und dass der Jugendliche immer dann, wenn er wieder unruhig wurde, darum bitte, sich den gewonnenen Pfeil von der Wand nehmen zu dürfen. Dann setze er sich auf die Kante des Sofas, lege den Pfeil auf seine Knie und murmele vor sich hin: „Ich muss nur ruhig werden, dann klappt das ...!"

Und so liefert sie mir auch nach vielen Jahren noch ein gutes Beispiel dafür, wie Teilnehmende von uns eingebrachte „Erinnerungen" verwerten können.

Erinnern aus Sicht der Erlebnispädagog:innen, die einen Anker setzen, und Erinnern aus Sicht der Teilnehmenden, die den Anker für ihr Leben nutzen, fließen direkt ineinander.

Und auch hier gilt wie bei allen anderen Interventionen: Wir wissen nicht, was genau auf welche Weise wirkt. Und manchmal sind die Emotionen, die durch unsere Interventionen ausgelöst werden, sehr unerwartet und gerade deswegen so kraftvoll. Dies zeigt auch die folgende Episode, die wir einem Projektbericht eines Teilnehmers unserer Weiterbildungen in Erlebnispädagogik entnommen haben:

> *„(...) Der 11-jährige Junge, welcher im Alter von acht Jahren von drei Männern sexuell missbraucht wurde, hielt sich zu Beginn von uns beiden Männern etwas fern, obwohl er uns schon kannte. Als ich den Teilnehmenden die Knoten erklärte, schaute der Junge sich die Situation aus der Entfernung an.*
>
> *Nachdem ich fertig war und das Seil, welches mir viel bedeutet, da ich es selbst zum Erlernen der Knoten von meinen Ausbildern bekommen hatte, in den Händen hielt, kam der Junge zu mir, setzte sich nah neben mich und sagte: „Kannst du mir die Knoten auch zeigen?"*
>
> *Ich bejahte dies natürlich und wir übten. Nachdem wir alle Knoten durchgegangen waren, sagte ich ihm, er könne das Seil noch behalten und weiter üben und morgen früh, nach dem Frühstück, würden wir eine kleine „Prüfung" machen. Am nächsten Morgen kam es dann zu dieser „Prüfung" und ich ließ mir die Knoten zeigen.*
>
> *Als wir fertig waren, wollte er mir das Seil zurückgeben, und ich sagte ihm, dass dies jetzt sein Seil sei, mit dem er immer weiter üben und sich somit an dieses Wochenende erinnern könne. In diesem Moment hat mich der Junge angestrahlt, als hätte ich ihm das größte Geschenk der Erde gemacht. Er rannte weg und rief: „Ich hab' das Seil, ich hab' das Seil!"*
>
> *Und genau in diesem Moment ist mir bewusst geworden, dass dieses gesamte Wochenende sich allein wegen dieses Jungen gelohnt hat, mit dem, was ich tue und wie ich es tue."*
>
> *(Mit Genehmigung des Autors)*

Erzählung

Das Erzählen, sich mitteilen, andere an den eigenen Empfindungen teilhaben lassen, ist an verschiedenen Stellen für den Lernprozess der Teilnehmenden förderlich. Indem ich mich mit meinen Emotionen öffne und diese auch anderen mitteile, bereite ich den Boden für eine Auseinandersetzung auf einer tieferen Ebene.

Das Erzählen ist aber auch noch in einem anderen Kontext bedeutsam. In dem Moment, in dem ich von mir erzähle, sei es während der Maßnahme, in Reflexionseinheiten, beim Lagerfeuergespräch am Abend oder in der Kaffeepause oder sei es nach der Maßnahme, meinen Bezugspersonen zu Hause, fange ich automatisch an, das Erlebte auf seine Bedeutsamkeit für mein weiteres Leben hin zu überprüfen. Manchmal gewinne ich durch das Erzählen eine neue Erkenntnis, manchmal ist das Erzählen eine erste Form von Erprobung des Neuen im Alltag. In jedem Fall schaffe ich dadurch, dass ich erzähle, ein neues Ereignis, mit dem eine neue E-Kette ausgelöst werden kann. Erzählen wird zu einem wichtigen Katalysator, wenn es darum geht, aus E-Ketten „E-Spiralen" werden zu lassen.

Die Bedeutung des Erzählens habe ich am Eindrücklichsten – in der Rolle als Teilnehmerin – nach einer vier Tage langen Solozeit erlebt:
Das Erzählen erfolgte in mehreren Etappen: zuerst vor der Gruppe und der Leitung der Solozeit; zurück zu Hause erzählte ich zunächst einem Freund, der im selben Zeitraum an einer Solozeit teilgenommen hatte, im dritten Schritt meinem Mann und erst später anderen Freunden oder Bekannten davon.
Jedes Mal war ich erneut damit konfrontiert, zu reflektieren, was ich aus vier Tagen Solozeit erzählen wollte. Und jedes Mal gewann das Erzählte für mich neu an Bedeutung und wurde „wirklicher". Erzählen wurde so ein „Neu-Erschaffen" des Erlebnisses, es wurde „feierliche Wirklichkeit".

Dabei spielte für mich auch der Zeitpunkt des Erzählens in Kombination mit dem Rahmen und mit der Person/den Personen, denen ich davon erzählte, eine wichtige Rolle:
Nachdem ich aus der Solozeit zurückgekehrt war, fuhren mein Mann und ich direkt für drei Wochen nach Alaska in Urlaub. Dort erwarteten uns zunächst viele neue Eindrücke und wir mussten auch im „Lebenstempo", das bei mir gerade sehr verlangsamt war, erst wieder zueinanderfinden.

Erst nach einer Woche, als wir gemeinsam durch die Weite des Denali-Nationalparks wanderten, spürte ich den für mich „richtigen Zeitpunkt", meine Erfahrungen und Erkenntnisse aus der Solozeit ausführlich zu teilen.

Anderen Personen gegenüber geschah das noch später und weniger ausführlich.

Ein weiterer Aspekt des Erzählens ist die Reaktion der Zuhörer: Wie intensiv und interessiert hört mir jemand zu, wie reagiert jemand auf meine Erzählung?

Erzähltes kann so eine neue, zusätzliche Bedeutung bekommen. Erlebtes wird auf diese Weise dreimal „gefiltert":

1. Ich erlebe und gebe dem Erlebten Bedeutung,
2. ich reflektiere, was ich wann wem erzähle, und
3. ich bekomme einen „Spiegel" oder zumindest eine Reaktion, was sich wiederum auf meine subjektive Einordnung des Erlebten auswirkt.

Ermutigung

Eine Reflexionsfrage, die wir gerne unseren Teilnehmenden stellen, nachdem sie sich an besonders herausfordernde Aktivitäten im Wildwasser oder in den Felsen gewagt haben, lautet: „Was hat es euch ermöglicht, genau so weit zu gehen, wie ihr gegangen seid?"

Bei einer dieser Besprechungen kam der Begriff „Ermutigung" ins Spiel als etwas, das lange vor Beginn der eigentlichen Interventionen stattfindet. Dabei wurden folgende Grundfragen aufgeworfen:

- Wenn ich komplette Entscheidungsfreiheit habe, was veranlasst mich, anwesend zu sein und zu wissen, dass ich mich im Laufe des Tages mit kritischen Entscheidungen („springen oder nicht springen") konfrontieren muss?
- Was gibt mir die Sicherheit, dass ich jederzeit neu entscheiden kann, ohne mich dabei bloßzustellen?
- Habe ich die Sicherheit, dass ich weder allein oder dauerhaft im Fokus der Leitung stehe noch im Abseits?
- Wie hoch ist die Wahrscheinlichkeit, dass mir „nichts passiert"?

Antworten auf folgende Fragen spielen dabei immer wieder eine wichtige Rolle:

- Stimmen Sprache und Körperhaltung der Erlebnispädagog:innen überein?
- Strahlt die Prozessbegleitung Sicherheit oder übersteigerte Selbstsicherheit aus?
- Wie sicher und weitsichtig habe ich den Erlebnispädagog:innen bei vorangegangenen niederschwelligen Angeboten im Umgang mit Menschen und Material aus meiner Sicht erlebt?
- Fühle ich mich wahrgenommen und wie empathisch gingen die Erlebnispädagog:innen mit den Besonderheiten der einzelnen Teilnehmenden um?
- Habe ich die Möglichkeit, die Komfortzone schrittweise und abtastend verlassen zu können, und wie wird jede Stufe bewertet?
- Wie konsistent werden Sicherheitsregeln auch von den Erlebnispädagog:innen selbst eingehalten?

Nach einer Veranstaltung schreibt uns eine Teilnehmerin, was das Erlebnis des Überquerens der Nepalbrücke bei ihr bewirkt hatte. Sie offenbart, dass sie seit 2 Jahren unter „Angst-Panik-Attacken" leide:

„(...) Körperlich wirkt sich die Attacke auf meinen Brustkorb aus, der immer kurz vor dem Platzen ist, weil ich einen immens starken Druck verspüre und seither Probleme beim Atmen habe und ein Würgegefühl im Hals.

Als ich gestern vor der Brücke stand, habe ich dieses Sprichwort mit der Angst gelesen, das mich letztendlich auch dazu bewegt hat, diesen Schritt zu tun. Was ich auch noch ganz klasse fand, dass Sie beide mich nicht gedrängt haben oder falschen Mut zugesprochen haben. So konnte ich doch das erste Mal in meinem Leben eine wichtige Entscheidung ganz für mich treffen, ohne dass jemand sagt „du schaffst das nie" oder „mach schon, das geht schon".

Vielen vielen Dank nochmals. Wissen Sie, was gestern passiert ist???!!! Ich kann das erste Mal seit dem 23. August 2003 ganz bis in den Bauch atmen und das erste Mal hat sich dieses dauerhafte Würgen in meinem Hals aufgelöst!

(...) Ich habe das dringende Bedürfnis, Ihnen das mitzuteilen. Und immer wieder danke zu sagen. Eine Bitte habe ich noch: Wenn Sie mir bitte diesen Spruch von der Nepalschlucht (mit der Angst) zumailen könnten (...)."

Weitere Faktoren erscheinen für seriöse Anbieter erlebnisintensiver Aktivitäten schon beinahe selbstverständlich: die Beschaffenheit des Materials, die Klarheit beim Sicherheitsbriefing und bei der Anleitung im Allgemeinen und vieles andere mehr.

All dies und anderes mehr fassten die Teilnehmenden und nun auch wir in dem Begriff „Ermutigung" zusammen. Etwas, das immer ganz am Anfang der E-Kette stehen wird.

6.4 Die erweiterte E-Kette aus Sicht der Erlebnispädagog:innen

Domino Day

Viele kennen die Filme von teilweise beeindruckenden Dominostein-Stafetten. Zu Beginn wird auf unterschiedlichste, manchmal kreative Weise ein einzelner Stein zu Fall gebracht. Sodann geraten tausende von weiteren Steinen in Bewegung und lösen unterschiedlichste Effekte aus. Im Verborgenen liegende Schriften oder Bilder werden sichtbar, phantastische optische Turbulenzen werden kreiert und auf immer wieder neue Art und Weise werden einzelne Elemente miteinander verbunden. Im großen Finale münden oft mehrere Bahnen zeitgleich an einem Punkt.

Wer zuhause mühsam einen eigenen „Domino Day" vorbereitet, weiß, auf welche Schwierigkeiten man mitunter stoßen kann: Da stimmt der Abstand zwischen zwei Steinen nicht immer, so dass die Stafette unterbrochen wird. Da verlaufen Neben-effekte im Nichts und bleiben hängen. Kleinste Unvorsichtigkeiten oder Kunstfehler führen dazu, dass mühevoll hergestellte Elemente ausgelöst werden und sogar alles zum falschen Zeitpunkt zu Fall bringen können, wenn man nicht vorsichtshalber Sicherheitssysteme eingebaut hat.

Als einen solchen Domino Day kann man sich im idealen Fall einen Prozess (in der Erlebnispädagogik) vorstellen. Wenn alles rund läuft, reicht ein kleiner kreativer Anfangsimpuls aus, um eine E-Kette auszulösen. Doch immer wieder geraten sowohl E-Ketten (scheinbar) ins Stocken. Vielleicht ist bereits der auslösende Impuls zu schwach oder er verläuft ins Leere. Vielleicht sind die zur Verfügung gestellten Ereignisse nicht anschlussfähig oder Teilnehmende geraten plötzlich in die Panikzone.

An anderen Stellen kommt es zu Unterbrechungen und Impulse werden nicht weiter gegeben. Und manchmal stellen wir fest, dass zwar die Nebeneffekte ausgelöst werden, unsere ursprünglich geplante Hauptreihe jedoch stecken geblieben ist und der intendierte Rieseneffekt am Ende komplett ausbleibt. Es kommt auch vor, dass wir nie erfahren, weshalb unser erster Anfangsimpuls stecken geblieben ist.

Unsere Herausforderung in der Prozessbegleitung besteht darin, dass E-Ketten im Gegensatz zu Domino-Stafetten nicht sichtbar sind.

Während beim Domino Day offensichtlich ist, wo welcher Impuls gesetzt werden muss, ist die Intervention in E-Ketten durch die subjektive Sicht der Prozessbegleitung gefärbt.

Wir wissen nicht, ob unsere Einflussnahme im Sinne der Teilnehmenden zielführend ist.

Aus Sicht der Erlebnispädagog:innen stellt sich folgende Frage: „Wie gelingt es mir, E-Ketten für die Teilnehmenden in Gang zu bringen und am Laufen zu halten?"

Wie bereits beschrieben, haben wir eine Reihe unterschiedlicher Modelle der Prozessbegleitung zur Verfügung, mit denen wir den Prozess gegebenenfalls beeinflussen können. Dabei sind wir uns dessen bewusst, dass wir, je nachdem wie wir intervenieren, den Prozess aus unserer subjektiven Sicht mehr oder weniger stark beeinflussen.

Werfen wir nun einen Blick auf die E-Kette aus Sicht der Erlebnispädagog:innen und integrieren dabei die bereits bekannten Modelle der Prozessbegleitung in das Schaubild.

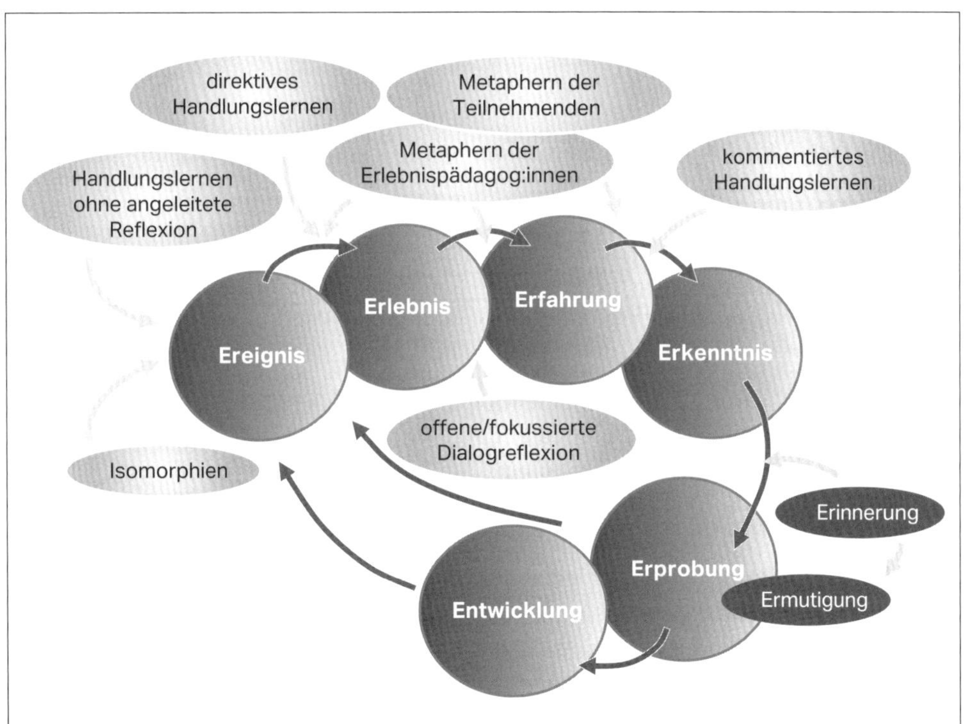

Abb. 6-4: Die erweiterte E-Kette aus Sicht der Erlebnispädagog:innen

Was auf den ersten Blick wie ein leichtes Chaos aussehen mag, entpuppt sich bei genauerer Betrachtung als Sammelsurium von Möglichkeiten, wie und wann wir Erlebnispädagog:innen Prozessbegleitung gestalten können.

Als Erlebnispädagog:innen haben wir die Aufgabe, E-Ketten in Gang zu bringen und am Laufen zu halten. Die Modelle der Prozessbegleitung unterstützen diesen Prozess dabei vor allem, wie im Schaubild dargestellt, irgendwo vor oder zwischen den ersten vier „E".

Betrachten wir nun die einzelnen Modelle der Prozessbegleitung in Bezug auf die neue erweiterte E-Kette – an dieser Stelle vollkommen unabhängig vom vorangegangenen Modell des Kontinuums der Einflussnahme, sondern mit dem Fokus darauf, an welchen Stellen der erweiterten E-Kette wir mit welchem Modell den Prozess unterstützen. Die einzelnen Modelle der Prozessbegleitung sollen hier nicht weiter ausgeführt werden, dies ist bereits in Kapitel 5 geschehen.

Handlungslernen ohne angeleitete Reflexion
Wir fassen an dieser Stelle die Modelle „The Mountains Speak for Themselves" und das „Archetypische Modell" von Stephen Bacon zusammen.

In der E-Kette intervenieren wir, wenn wir uns an diese Modelle der Prozessbegleitung halten, bereits vor dem Ereignis. Wir entscheiden, zusammen mit den Auftraggebenden, wohin die Reise gehen soll: auf den Berg, ins Wildwasser, in eine Höhle ...

Wir intervenieren also nur ganz am Anfang des Prozesses und gehen im Folgenden davon aus, dass sich automatisch eine Wirksamkeit im Sinne einer Entwicklung bei den Teilnehmenden einstellt.

Wer einmal die Erhabenheit der Berge, die Tiefe des Meeres und die Unendlichkeit der Sterne erahnt hat, wer einmal dem Bären in die Augen geblickt, den Wüstensturm überstanden oder eine Nacht alleine im Wald verbracht hat, wird nicht mehr derselbe sein wie zuvor.

> *Ich bin in den Wald gezogen, weil mir daran lag, bewußt zu leben, es nur mit den wesentlichen Tatsachen des Daseins zu tun zu haben. Ich wollte sehen, ob ich nicht lernen könne, was es zu lernen gibt, um nicht, wenn es ans Sterben ging, die Entdeckung machen zu müssen, nicht gelebt zu haben (Thoreau 1999, S. 100).*

Metaphern der Teilnehmenden und Metaphern der Erlebnispädagog:innen
Durch Metaphern, egal ob es unsere eignen sind oder wir die Metaphern der Teilnehmenden aufnehmen, beeinflussen wir den Prozess während der gesamten Maßnahme oder Veranstaltung. Metaphern können einerseits zu jeder Zeit entstehen, andererseits an unterschiedlichen Stellen der E-Kette aufgegriffen werden.

Insofern lassen sich diese beiden Modelle der Prozessbegleitung nicht fest verorten, sondern werden dann verwendet, wenn aus der subjektiven Sicht der Erlebnispädagog:innen ein Impuls gegeben werden soll, um die E-Kette weiter voranzubringen: Entweder indem wir entscheiden, eine eigene Metapher zur Verfügung zu stellen, oder indem wir entscheiden, eine Metapher aus der Gruppe aufzunehmen.

Vor einigen Jahren war ich mit Lehrlingen des ersten Lehrjahres eines großen deutschen Automobilherstellers zu einem 5 Tage dauernden Orientierungsworkshop unterwegs. Am dritten Tag haben wir den Rucksack gepackt und uns in drei Gruppen auf den Weg gemacht. Im Umkreis der Jugendherberge waren auf Landkarten, die die einzelnen Gruppen zur Verfügung hatten, mehrere Punkte markiert, die ähnlich einer Geocache-Suche angelaufen werden sollten. Pro erreichten Punkt erhielt die Teilgruppe eine unterschiedliche Anzahl an Münzen, je nachdem wie viele Münzen dieser Punkt „wert" war. Die Wertigkeit hing von der Entfernung oder der Schwierigkeit des Geländes, in dem der Punkt lag, ab. Zusätzlich hatte jede Gruppe einen Kompass und ein GPS-Gerät zur Verfügung.

Den Weg, also welche Punkte angelaufen werden sollten, durfte jede Teilgruppe selbst bestimmen. Mit Hilfe eines Funkgerätes konnten die Gruppen untereinander Kontakt halten. Außerdem gab es in jeder Teilgruppe unterschiedliche Zusatzaufgaben, mit denen man extra Münzen verdienen konnte. Um diese Aufgaben zu lösen, brauchte man aber Informationen, die nur den jeweils anderen Teilgruppen zur Verfügung standen. Die verbale Kommunikation zwischen den Gruppen durfte ausschließlich über das Funkgerät stattfinden. Die Teilnehmenden waren überwiegend männlich und in der ersten halben Stunde wurde allerhand Blödsinn durch das Funkgerät gerufen. Dies ging so weit, dass keiner der Funksprüche mehr ernst genommen wurde. Als dann eine Teilgruppe ihren Kompass verlor und nicht wiederfinden konnte, wurde ihr genau dies zum Verhängnis. Den Jungs am Funkgerät war es nicht mehr möglich, bei den anderen ernsthaft Gehör zu finden. Ihnen wurde schlichtweg nicht geglaubt. Erst als das Funkgerät einem eher schüchternen und zurückhaltenden Mädchen mit den Worten „Wenn sie jemanden ernst nehmen, dann dich!" in die Hand gegeben wurde, erhielt die Gruppe wieder Hilfe.

Für den Abend hatten wir ein sehr interessantes Reflexionsthema.

Offene und fokussierte Dialogreflexion

Im klassischen Modell wird zwischen Erlebnis und Erfahrung die Reflexion (*Outward Bound Plus*) angesiedelt. Ausdifferenziert sprechen wir von einer offenen oder fokussierten Dialogreflexion.

Erlebnispädagog:innen nutzen Dialogreflexionen, um es den Teilnehmenden zu erleichtern, die Hürde vom Erlebnis zur Erfahrung und die zwischen Erfahrung und Erkenntnis zu meistern. Das Erlebte wird ins Bewusstsein geholt, um dort mit den Alltagserfahrungen abgeglichen zu werden. Erst durch dieses Bewusstwerden der Erfahrung gelangen die Teilnehmenden zu einer Erkenntnis, die dann wieder in den Alltag übertragbar ist.

Isomorphien

Mit Hilfe von Isomorphien interveniert die Prozessbegleitung in der E-Kette bereits vor dem Ereignis durch gründliche Analyse der alltags- oder beruflichen Welt der Teilnehmenden und eine entsprechende Vorbereitung des Settings und der Aufgabenstellung. Manchmal kann es dabei notwendig werden, während der Teamaufgabe (Ereignis) steuernd oder störend einzugreifen.

Stellen wir uns hierzu ein Unternehmen vor, bei dem die Mitarbeitenden mit ständig wechselnden Rahmenbedingungen bei ihrer Arbeit rechnen müssen. Als Erlebnispädagog:innen haben wir nun die Möglichkeit, während der Aufgabe durch Veränderung der Aufgabenstellung einzugreifen, um damit die Isomorphie zum Arbeitsalltag der Teilnehmenden herzustellen.

Ein weiteres Beispiel für dieses Eingreifen während der Aktivität im Sinne einer Isomorphie haben wir einmal spontan entwickelt, als wir bei der Erwartungsklärung zu Beginn eines Trainings mit einem Hoch- und Tiefbauamt einer größeren Stadt hörten, was die versammelten Abteilungsleitenden damals sehr bewegte: In den Büros würden Pläne entwickelt, doch die Realität auf den Baustellen erfordere hohe Flexibilität:

Als Aufgabe haben wir einen Klassiker gewählt, der oft unter dem Namen „Säureteich" bekannt ist. Aus einem definierten Raum, der nicht betreten werden darf, müssen diverse Gegenstände evakuiert werden. Als Hilfsmaterialien stehen Klettergurte, Seile, Karabiner, eine Leiter und zahlreiche andere nützliche Gegenstände zur Verfügung.

Zu Beginn wählten wir willkürlich drei Führungskräfte aus, denen wir die Lage auf der Großbaustelle schilderten. Diese konnten sich für einige Minuten ein Bild vor Ort machen und mussten sodann in ihr „Büro" zurück, um von dort aus Pläne zur Lösung der Aufgabe zu entwerfen und diese an die Vorarbeiter weiterzugeben. Diese wiederum sollten daraus Anweisungen für ihre „Arbeiter auf dem Bau" entwickeln und dafür sorgen, dass diese umgesetzt würden.

In der Zwischenzeit werden die „Arbeiter" angelernt, wir erklären ihnen den Umgang mit den Materialien und zeigen ihnen nützliche Knoten. Zudem erhalten sie eine Einweisung zum Thema Sicherheit und wir erklären ihnen dabei, was stets zu beachten ist und dass sie einerseits die Vorgaben ihrer „Vorgesetzten" umsetzen, gleichzeitig jedoch die Sicherheitsbestimmungen auf jeden Fall beachten müssten.

Während der Durchführungszeit wird es den Vorgesetzten einerseits nicht mehr ermöglicht, zurück zur Baustelle zu gelangen, andererseits werden sie mit einigen zusätzlichen Aufgaben konfrontiert, die sie „direkt vom Bürgermeister" bekommen und die mit dem ursprünglichen Projekt nichts zu tun haben.

Direktives Handlungslernen

Die Interventionen finden in der E-Kette sehr früh, auf alle Fälle vor der Aktivität, also vor dem Ereignis statt und sollen auf das Erlebnis wirken.

Direktives Handlungslernen ist auch ein Instrument, mit dem Aktivitäten inhaltlich „beladen" werden können und die zu einer gewissen Konfrontation mit einem Thema und damit auch zu emotionaler Dichte und Tiefe einladen.

Wir legen „Spuren", rufen Themen schon vor der Aktivität ins Bewusstsein und lenken die Aufmerksamkeit der Teilnehmenden darauf, um eine höhere Wahrscheinlichkeit des Wiedererkennens während der Aktivität zu erreichen.

Damit machen wir unsere Intention (z.B. „Warum diese Aktivität?") transparent und verringern damit auch Widerstände und Unverständnis („Was soll das?").

Kommentiertes Handlungslernen

Die Interventionen finden in der E-Kette meist zwischen Erlebnis und Erfahrung, spätestens jedoch vor der Erkenntnis statt. Dabei kann das Feedback bewusst auch bereits während des Trainings genutzt werden, um weitere Reflexionsprozesse zu ermöglichen.

Wir befinden uns am frühen Nachmittag eines erlebnisorientierten Programms mit einer 9. Klasse eines Gymnasiums. „Mit dieser Klasse kann man nicht arbeiten" – das wurde uns im Vorgespräch mehrfach gesagt. Da sich jede Form der Gruppenarbeit als unmöglich erwiesen habe, seien die meisten Lehrkräfte zum Frontalunterricht zurückgekehrt.

Nachdem wir dieses Bild am ersten Tag nicht bestätigen können und auch die beiden anwesenden Lehrer von der Effektivität und Kommunikationsfähigkeit der Klasse positiv überrascht sind, entschließen wir uns, der Klasse ein Feedback in Form eines „Reflecting Team" zu geben.

Die beiden Lehrer, mein Kollege und ich setzen uns in die Mitte und besprechen sehr offen unsere Eindrücke, inkl. der Vermutungen, was es in diesem Setting der Klasse ermöglicht, anders zu handeln als im Schulalltag. Die Schülerinnen und Schüler hören dabei zu. Anschließend entsteht eine angeregte Diskussion über das „Feedback" und unsere Vermutungen.

Erinnerung und Ermutigung

Alle bisher beschriebenen Modelle der Prozessbegleitung beziehen sich zeitlich gesehen auf Interventionen während der Veranstaltung oder Maßnahme. Wenn das Ziel einer erlebnispädagogischen Maßnahme aber eine „Entwicklung", meist auf der persönlichen Ebene, ist, so rücken jetzt die letzten beiden „E" in den Vordergrund. Erst wenn es gelungen ist, die neu gewonnenen Erkenntnisse in die eigene Persönlichkeit zu integrieren, sprechen wir von Entwicklung. Also erst dann, wenn die Erkenntnisse eine Auswirkung auf das „Sein" der Teilnehmenden haben, ist das Ziel erreicht.

Wie wir die Erinnerung an die Erkenntnisse in Form von Ankern, „Briefen an sich selbst", Hausaufgaben, Vereinbarungen usw. methodisch begleiten können, wurde bereits beschrieben. Entscheidend ist hierbei die subjektive Qualität der Erinnerung. Selbst wenn die Erinnerungen aus Teilnehmendensicht an eine Veranstaltung emotional sehr negativ besetzt sind, werden daraus Lernschritte abgeleitet. Diese sind jedoch selten im Sinne des Zieles der Veranstaltung.

Darüber hinaus bleibt den Teilnehmenden eine Veranstaltung immer in Zusammenhang mit den Personen der Erlebnispädagog:innen in Erinnerung. Wir sorgen also auch dafür, ob erinnert wird und wenn ja, was erinnert wird. Dieses Erinnern, wodurch die Erkenntnisse erneut ins Gedächtnis gerufen werden, ermutigt die Teilnehmenden, das „Neue" im Alltag zu erproben. Je bedeutsamer die Erkenntnis ist, desto größer wird die Wahrscheinlichkeit, dass es überhaupt zu einer Erprobung kommt. Kommt es zu einer Erprobung, entsteht ein neues Ereignis und eine neue E-Kette wird in Gang gesetzt.

Dieses „Neue" kann bereits während des Seminars erprobt werden, in einer weiteren Teamaufgabe zum Beispiel. Anders ausgedrückt ermutigen wir als Erlebnispädagog:innen durch Erinnerungen, welcher Art auch immer, zu einer Erprobung.

Während eines Trainings kommt es hin und wieder zu einer Aneinanderreihung verschiedener Teamaufgaben in geringem zeitlichem Abstand (z.B. im Laufe eines Tages oder an aufeinander folgenden Tagen). Hier kann es sinnvoll sein, eine Erprobung direkt während eines jeweils neuen Ereignisses (neue Aufgabe) anzubieten.

Wir ermöglichen dies den Teilnehmenden gerne in Form einer dem neuen Ereignis vorgeschalteten Gesprächsrunde, in der wir mit den Teilnehmenden Erkenntnisse aus vorangegangenen Reflexionen in Erinnerung rufen und sie einladen, einen Satz zu formulieren, der mit den Worten: „Für die folgende Aufgabe nehme ich mir vor ..." beginnt.

So hat jeder die Möglichkeit, eigene Erprobungsthemen für sich oder die Gruppe zu formulieren, sie durch ein Aussprechen vor der Gruppe transparent zu machen und ihnen so eine höhere Bedeutung und Verbindlichkeit zukommen zu lassen.

In einer Reflexion nach der Aktivität kann darauf wieder Bezug genommen werden und die Teilnehmenden können Erfahrungen zu ihren Vorsätzen austauschen.

6.5 Zusammenfassung

Wir gingen von den Fragen aus: „Welches Ziel verfolgen Erlebnispädagog:innen mit ihrem Tun und was tun sie, um dieses Ziel zu erreichen?"

Das Ziel erlebnispädagogischer Maßnahmen oder erfahrungsorientierter Trainings ist eine Entwicklung auf persönlicher oder Team-Ebene. Dabei hilft uns das von Werner Michl (2015, S. 11) entwickelte Modell der E-Kette, an deren Beginn ein Ereignis steht, das über ein Erlebnis zu einer Erfahrung wird und schließlich zu einer Erkenntnis reift.

Aus unserer Sicht wird diese Erkenntnis, die sich oft noch während der Maßnahme oder des Seminares zu entwickeln beginnt, in einer Phase der Erprobung entweder im Seminar oder später, vor allem „back home", in konkreten Handlungen ausprobiert. In dem Moment, in dem dies geschieht, findet ein neues Ereignis statt und eine neue E-Kette startet. Irgendwann gelingt es dem Einzelnen vielleicht, dieses neue Verhalten oder Denken, das sich aus der Erkenntnis ergibt, so in die eigene Person zu integrieren, dass es nicht mehr die Schleife durch das Bewusstsein durchlaufen muss. In dem Moment sprechen wir von einer Entwicklung.

Dabei müssen sich Teilnehmende einer Maßnahme auf Neues einlassen, und Neues ist oft zunächst mit Angst besetzt. Vor allem dann, wenn sich aus der Maßnahme konkrete Veränderungen für den Alltag ergeben, scheitert die Umsetzung gerne an Gewohnheiten, Glaubenssätzen oder Ängsten.

In erlebnispädagogischen Maßnahmen begegnen wir diesen Widerständen mit Herausforderungen, Reflexionen und Ermutigungen. Dabei hängt es stark von uns ab, ob es uns gelingt, einen entsprechenden Boden zu bereiten, auf dem eine Entwicklung stattfinden kann.

Bei all den Gedanken und den daraus resultierenden Interventionen, sowohl in Bezug auf die Art und Weise der Intervention als auch auf den Zeitpunkt, wirken wir mit. Dies zeigt sich in der „Übersetzung der Sprache der Berge" ebenso wie in den Reflexionsfragen und dem Aufgreifen von Teilnehmendenbeiträgen.

Es liegt an uns Erlebnispädagog:innen, wie die Teilnehmenden die Aktivität in Erinnerung behalten, wie sie davon erzählen und damit auch, wie motiviert sie sind, das „Neue" zu erproben. Es liegt an uns, wie wir die Beziehung zu den Teilnehmenden gestalten, wie wir den Rahmen halten, den Boden bereiten, für welches Modell der Prozessbegleitung wir uns entscheiden. Einfluss hat auch, wie unser Gespür für den Prozess ist, wie wir auf die Sorgen und Nöte der Teilnehmenden eingehen, wie wir die unterschiedlichen Bedürfnisse wahrnehmen, die „Berge beim Sprechen" unterstützen, die Reflexionsfragen stellen, die Geschichten am Lagerfeuer erzählen und wie stark wir aus unserer Sicht der Dinge heraus intervenieren.

Es liegt an unserer Haltung, mit der wir unserer Aufgabe als Erlebnispädagog:innen nachgehen, inwieweit es zu Entwicklungsschritten bei den Teilnehmenden kommen kann. Und dies während des gesamten Prozesses, vom Erstkontakt bis weit über das Ende der Veranstaltung hinaus.

Somit kommen wir also zu der Frage: Was lässt die Erlebnispädagog:innen entscheiden, an welcher Stelle im Prozess der erweiterten E-Kette sie aufgrund welchen Modells der Prozessbegleitung zu unterstützen versuchen?

Teil 3:

Eine Haltung entwickeln

7. Die subjektive Färbung der Intervention

7. Die subjektive Färbung der Intervention

Das Frühstücksei

Er: Das Ei ist hart!!!

Sie: Ich habe es gehört ...

Er: Wie lange hat das Ei denn gekocht?

Sie: Zu viele Eier sind gar nicht gesund!

Er: Ich meine, wie lange dieses Ei gekocht hat ...?

Sie: Du willst es doch immer viereinhalb Minuten haben ...

Er: Das weiß ich ...

Sie: Was fragst du denn dann?

Er: Weil dieses Ei nicht viereinhalb Minuten gekocht haben kann!

Sie: Ich koche es aber jeden Morgen viereinhalb Minuten.

Er: Wieso ist es dann mal zu hart und mal zu weich?

Sie: Ich weiß es nicht ... ich bin kein Huhn!

Er: Ach! ... Und woher weißt du, wann das Ei gut ist?

Sie: Ich nehme es nach viereinhalb Minuten heraus, mein Gott!

Er: Nach der Uhr oder wie?

Sie: Nach Gefühl ... eine Hausfrau hat das im Gefühl ...

Er: Im Gefühl? Was hast du im Gefühl?

Sie: Ich habe es im Gefühl, wann das Ei weich ist ...

Er: Aber es ist hart ... vielleicht stimmt da mit deinem Gefühl was nicht ...

Sie: Mit meinem Gefühl stimmt was nicht? Ich stehe den ganzen Tag in der Küche, mache die Wäsche, bring deine Sachen in Ordnung, mache die Wohnung gemütlich, ärgere mich mit den Kindern rum und du sagst, mit meinem Gefühl stimmt was nicht?

Er: Jaja ... jaja ... jaja ... wenn ein Ei nach Gefühl kocht, kocht es eben nur zufällig genau viereinhalb Minuten.

Loriot (2008, S. 97f.)

Wie kommen wir als Erlebnispädagog:innen zu der Entscheidung, wann wir wie in den Prozess intervenieren? Haben wir das „im Gefühl" und was passiert, wenn „mit dem Gefühl was nicht stimmt"?

7.1 Grundgedanken

Wo ist die Quelle der Inspiration, aus der Erlebnispädagog:innen ihre Entscheidungen treffen? C. Otto Scharmer und Katrin Käufer (2008, S. 5) bemühen das Beispiel des Malers vor der leeren Leinwand, das uns auch hier sehr treffend erscheint:
Wir können sehr genau das fertige Bild des Malers unter die Lupe nehmen. Wir können auch sehr genau untersuchen, wie der Maler malt, wie er den Pinsel bewegt, wie er die Farben mischt, in welches Licht er die Leinwand und das Motiv rückt usw. Doch woher nimmt er seine Inspiration, bevor er den ersten Pinselstrich tut? Wovon lässt er sich hier leiten?

Wir können sehr genau beobachten, was Erlebnispädagog:innen tun, welche Aktivitäten sie durchführen, wie sie reflektieren, welche Fragen sie stellen. Was wir nicht analysieren können, ist die Quelle, aus der sich ihre Entscheidungen speisen. Was lässt sie entscheiden, von welcher Sichtweise lassen sie sich leiten und wie wählen sie eine Intervention?

In diesem Kapitel begeben wir uns auf die Suche danach, was uns im Hintergrund leitet und woher wir Anhaltspunkte nehmen, um Entscheidungen zu treffen.

Stellen wir uns folgendes Szenario aus dem erlebnispädagogischen Alltag vor:

Ein Outdoor-Veranstalter erhält eine E-Mail mit der Anfrage für zwei erlebnispädagogische Tage mit einer Schulklasse. Informationen werden verschickt, es werden noch telefonische Absprachen mit dem Lehrer getroffen, der Vertrag wird abgeschlossen.

Spätestens am Tag der Veranstaltung werden mir als beauftragte Erlebnispädagogin die Informationen vom Büro übergeben.

Nun bin ich mit der Klasse unterwegs, Auftrag und Rolle sind geklärt und zugunsten des Beziehungsaufbaus habe ich bereits eine erste Kennenlernrunde und ein kleines Warm-up-Spiel angeleitet. Als Nächstes starten wir mit der ersten Interaktionsaufgabe.

Diese ersten Interventionen habe ich gewählt aufgrund meiner Erfahrungen und meines Wissens über Gruppenphasen und Arbeit mit Gruppen. Die erste Interaktionsaufgabe ist ebenfalls nach meiner Erfahrung eine gute Aufgabe zum Start: herausfordernd, mit Aufforderungscharakter, noch nicht zu komplex. Doch wie geht es weiter? Kommt ganz darauf an ...

Zunächst beobachte ich. Vielleicht beobachte ich aufgrund der Absprachen und nachdem ich einen ersten Eindruck von der Klasse habe schon mit einem bestimmten Fokus. Ich bilde Hypothesen. Meine Erfahrung, sowohl mit den gewählten Aktivitäten als auch mit anderen Gruppen, hilft mir, entsprechende Fragen zu formulieren und weitere Interventionen zu planen. Meine Intuition, die sich wiederum aus Erfahrungen mit unterschiedlichsten Menschen speist, ruft Handlungsimpulse bei mir hervor. Jeder Intervention folgt wiederum Beobachtung, neue Hypothesenbildung, Überprüfung der Hypothesen durch neue Interventionen.

Jeden dieser Schritte möchten wir nun im Einzelnen über dieses Beispiel hinaus beleuchten. Wir werden die einzelnen Aspekte sowohl allgemein bzw. aus systemischer Perspektive betrachten als auch auf den erlebnispädagogischen Kontext beziehen.

7.1.1 Auftragsklärung und Rollenbewusstsein

Sobald ich in Verhandlung für einen Auftrag gehe, ist eine entscheidende Frage:
„Als wer bin ich wann für wen was, und das wie genau?" (Barthelmess 2016, S. 45).
Diese Formulierung der Supervisorin von Manuel Barthelmess trifft den Kern der Frage nach dem Auftrag und der Rolle, wenn es um Prozessbegleitung geht.
Barthelmess kommt aus dem Feld der systemischen Beratung und betont die Bedeutung von Auftragsklärung und Rollenbewusstsein, und zwar durch den ganzen Prozess hindurch immer wieder – nicht nur zu Beginn (vgl. Barthelmess 2016, S. 173ff.).
Im Bereich der Erlebnispädagogik ist das ebenso wichtig, denn dies sind Faktoren, die Entscheidungen der Prozessbegleitung beeinflussen und Leitplanken setzen.

Betrachten wir zunächst die Auftragsklärung. Das Modell des „Vertragsdreiecks" (Wagner 2002, S. 95) zeigt sich in der Praxis beispielsweise so: Wir führen ein Vorgespräch mit der Abteilungsleitung, die im Idealfall Ziele und Motivationen mit ihren Mitarbeitenden vorbesprochen hat und nach unserem Gespräch die Informationen an ihre Mitarbeitenden weitergibt. Das Training findet mit den Mitarbeitenden statt – manchmal ist die Abteilungsleitung selbst dabei, manchmal nicht.

Ziel ist es, dass alle die gleichen Informationen haben und wissen, was Ziele und Inhalte des Trainings sein sollen. Gibt es Veränderungen vor Ort, muss dies mit allen drei Parteien geklärt werden.

Der Auftrag war klar: Ich hatte zwei Tage Zeit, ein Incentive zur Belohnung und zum Kennenlernen zweier neuer Kollegen zu gestalten. Kanufahren, Bogenschießen, eine Seilbrücke bauen etc. Also bepackte ich meinen Bus, fuhr in die Eifel und startete mit dem Programm, bei dem alle acht Mitarbeitenden anwesend waren, der Auftrag gebende Chef jedoch erst am zweiten Tag nachkommen sollte. Da das Ziel klar vorgegeben war, verpasste ich es damals, eine Erwartungsrunde zu gestalten, und startete mit einer einfachen Teamaufgabe, bei der man blind durch einen Hindernisparcours geführt werden musste.

Es dauerte nicht lange, und aus einer bestimmten Situation heraus erhitzten sich die Gemüter. Die Abwesenheit des Chefs sei „typisch" und binnen weniger Minuten lagen diverse Themen mitten im Raum. Der Auftrag musste neu abgeholt werden, und dies wurde zunächst in einer längeren Runde auf der grünen Wiese mit den Teilnehmenden und sodann bei einem Telefonat mit dem Chef getan. Die verbleibenden 24 Stunden waren nun durch die neuen Themen geprägt, ich rutschte in die Rolle des Moderators und wir bereiteten gemeinsam den zweiten Nachmittag vor. Alle „Spielzeuge" – und nichts anderes wären Kanus und Seile gewesen, wenn ich den Kundenauftrag nicht neu abgeholt hätte – blieben im Bus, das Incentive wurde zu einer Mischung aus Training, Coaching und Moderation.

Wenn eine Schulklasse ein erlebnispädagogisches Programm bucht, läuft es nach dem gleichen Schema ab: Die Lehrperson bespricht Ziele und Inhalte mit den Erlebnispädagog:innen bzw. der zuständigen Projektleitung des erlebnispädagogischen Anbieters. Vor Ort treffenn die Erlebnispädagog:innen auf die Klasse, die idealerweise von der Lehrerin informiert wurde oder sogar selbst das Programm mitbestimmt hat. Im Laufe des Tages wird immer wieder abgeglichen, inwieweit der Auftrag noch klar ist oder ob etwas modifiziert werden soll.

Je nach Auftrag werde ich als Prozessbegleiter:in bestimmte Dinge tun oder nicht tun. Ich werde keine langen Reflexionen ansetzen, wenn ein „Spaß-Tag" geplant war, es sei denn, ich hole mir an dieser Stelle den Auftrag neu ab. Ich werde anders intervenieren, andere Grenzen setzen und andere Methoden wählen – abhängig vom jeweiligen Auftrag.

Auch wenn wir in unserem Sprachgebrauch das Wort „Trainer:in" nur noch aus Gewohnheit verwenden und uns der Bedeutung nach längst als Prozessbegleitung definieren, so gibt es doch viele andere Begriffe und Bezeichnungen, die die Rolle dessen beschreiben, der eine Gruppe oder eine Einzelperson begleitet: Gängig ist neben dem „Trainer:in" oder „Prozessbegleitung" vor allem der Begriff „Coach". In Schulungen spielt auch die Bezeichnung der Wissensberaterin eine Rolle, der im Gegensatz zur Prozessbegleitung Wissen vermittelt und von der konkrete Antworten erwartet werden. Auch der Begriff Berater:in fokussiert leicht unterschiedliche Aspekte und löst andere Erwartungen aus. Diese Erwartungen und das unterschiedliche Verständnis von Begriffen sollten im Vorhinein abgeglichen werden.

Im Laufe einer erlebnispädagogischen Aktivität bin ich mit unterschiedlichen Rollen konfrontiert:

Hier ein Beispiel bei der Betreuung einer Nepalbrücke aus der Sicht einer Erlebnispädagogin:

- Ich bin „Outdoorprofi" oder „Fachsportlerin", wenn ich die Brücke einrichte, prüfe und zur Überquerung fertig mache.
- Ich bin Kollegin, wenn ich mit meinem Teampartner Absprachen über den Tag treffe.
- Sobald die Teilnehmenden da sind, bin ich grundsätzlich „Prozessbegleiterin" und habe einen Plan und ein Konzept, wie die Aktivität inhaltlich und sicherheitstechnisch ablaufen soll. Ich weiß, wie ich die Teilnehmenden vorbereite (ebenfalls inhaltlich und sicherheitstechnisch) und wie ich die Aktivität abschließen möchte.
- Ich bin ein Stück weit „Wissensberaterin" oder „Technikexpertin" und kann Tipps zu einer sicheren Überquerung geben, z.B. wie die Füße gesetzt werden können.
- Begleite ich einen Teilnehmenden beim Einstieg oder nehme jemanden beim Ausstieg in Empfang, werde ich nicht selten zur Vertrauensperson, vor der Ängste eingestanden oder Tränen gezeigt werden.
- Oft bin ich auch hinterher noch als Zuhörerin gefragt, wenn Teilnehmende von ähnlichen Erlebnissen berichten möchten oder ihre Emotionen durch Erzählen verarbeiten wollen.
- Ich werde zum Krisenmanagerin, sobald beispielsweise ein Gewitter aufzieht.

Die Rollen sind sehr vielfältig, wechseln sich ab oder laufen parallel. Manchmal kommt eine neue Rolle überraschend hinzu.

Es lohnt sich, sich dieser „Jonglage mit den Hüten" immer wieder neu bewusst zu werden. Das dient dazu, sich klarer ausrichten zu können. Ich bleibe „Herr des Geschehens", indem ich mir bewusst mache, wer ich für unterschiedliche Personen bin bzw. sein will und wie ich für mich selbst meine Rolle sehe und definiere (Barthelmess 2016, S. 48).

Zusätzlich ist es wichtig, hellhörig und offen dafür zu sein, welche Rolle uns von unseren Teilnehmenden zugeschrieben wird, bzw. dies ggf. auch abzufragen. Zumal wir als Erlebnispädagog:innen meist mit Gruppen arbeiten und dadurch mit einer Fülle unterschiedlicher Rollenzuschreibungen und Erwartungen konfrontiert sein können, da unterschiedliche Perspektiven, Meinungen, Ziele etc. im Raum stehen: Der eine sieht uns als coole Kumpel, die andere als Lehrperson, die nächste als „strenge Mütter oder Väter", der Lehrer vielleicht als „Expert:innen, die die Klasse wieder auf die Spur bringen", und viele weitere mehr.

Im Zusammenhang mit Rollen stehen Erwartungen. Die Zufriedenheit mit deren Erfüllung oder die Enttäuschung durch Nichterfüllung wirkt auf den Prozessverlauf zurück. Auftrags- und Rollenbewusstsein helfen, sich für einen bestimmten Leitungsstil zu entscheiden, in gewissen Situationen gelassen zu bleiben, Grenzen zu ziehen und nachzuhaken oder zurückzuspiegeln, wenn ich als Prozessbegleitung das Gefühl habe, dass sich etwas verändert hat.

7.1.2 Beziehung

„Überall lernt man nur von dem, den man liebt." (Goethe 1825, S. 220)

Jede pädagogische Arbeit beginnt selbstverständlich mit Beziehungsaufbau. Pädagogisches und insbesondere erlebnispädagogisches Arbeiten hat in gewisser Weise mit „erziehen" zu tun, noch mehr jedoch mit „begleiten", einen „gemeinsamen Weg" gehen. Und wie schon angeklungen, geht es dabei immer wieder um Veränderung.

Rüdiger Gilsdorf und Günter Kistner schreiben im ersten Kapitel ihres dritten Bandes „Kooperative Abenteuerspiele" unter „Last but not least": „Alles, was wir zum Leitungsverhalten gesagt haben, kommt erst dann wirklich zum Tragen, wenn man eine tragfähige Beziehung zu den Menschen aufgebaut hat, mit denen man arbeitet. (...) Letztlich wird man nur bei den Gruppenmitgliedern Veränderungsimpulse anstoßen können, die sich nicht nur als Gruppenmitglied wahrgenommen fühlen, sondern als Individuum" (Gilsdorf/Kistner 2013, S. 38).

Veränderung geschieht einerseits zwangsläufig, da sich (insbesondere junge) Menschen über einen längeren Zeitraum immer verändern und entwickeln, und andererseits ist Veränderung von den Teilnehmenden gewollt oder zumindest von den Pädagog:innen intendiert. Veränderung ist laut von Schlippe und Schweitzer (2013, S. 175) „(...) etwas Merkwürdiges. Zum einen geschieht sie ständig, alles ist in Bewegung, die Welt ist zu keinem Moment dieselbe, die sie vorher war. Zum anderen ist menschliches Leben ohne Bewusstsein von ‚Identität', ohne das Gefühl von Stabilität und Ordnung nicht denkbar (...)."

Daraus folgt manchmal sogar, dass Menschen sich so sehr um die Aufrechterhaltung von Stabilität bemühen, dass sich ihre „seelische und soziale Alltagswelt unveränderbar anfühlt, manchmal unangenehm unveränderbar (...)" (ebd., S. 175). Und weiter schreiben sie: „Veränderung bedeutet dann, diesen Prozess der Herstellung von Stabilität unter die Lupe zu nehmen und, wenn wünschbar und möglich, zu verstören" (ebd.).

Aus konstruktivistischer Sicht kann Veränderung nicht von außen produziert werden. Lebende Systeme erschaffen sich von innen heraus neu und reagieren auf äußere Impulse. Damit sich Menschen einlassen und innerlich und nachhaltig Veränderung entstehen kann, braucht es einen „guten Boden", ein Gefühl des „Aufgehobenseins". Und aus Sicht der begleitenden Personen braucht es ein Zutrauen und Vertrauen in die Ressourcen und Kräfte der Menschen. Steven Bacon drückt dies so aus: „Wenn die Kursleiter all ihre Handlungen an dem Maßstab ausrichten, dass die essentielle Natur der Teilnehmer positiv und gesund ist, dann wird die Beziehung zwischen dem Kursleiter und den Teilnehmern selbst transformativ, sie wird zu einem erstrangigen Werkzeug der Veränderung" (Bacon 2003, S. 139).

Und hier schlagen wir den Bogen zurück zur Beziehung. Die Bereitschaft zur Veränderung braucht Vertrauen. Vertrauen auch in eine tragfähige, belastbare Beziehung. Von wem nehme ich Ratschläge an? Wem vertraue ich? Von wem fühle ich mich angenommen, so wie ich bin? All diese Fragen spielen eine Rolle in Situationen, in denen es um Veränderung geht. Vor scheinbar unlösbaren Herausforderungen zu stehen, Altes loszulassen bedeutet Unsicherheit, Schwäche, Verletzlichkeit. Ich muss jemanden an mich heranlassen, ich muss etwas von mir preisgeben.

Eine Therapiesitzung wird hinter dem Einwegspiegel mit verfolgt. Das Therapeuten-Team war sich zuvor uneinig, ob der Klientin Instruktionen gegeben werden sollten. Die kontroverse Diskussion wurde der Klientin mitgeteilt: „Die Therapeuten, die jetzt hinter dem Spiegel sind, waren dagegen, Ihnen Instruktionen zu geben, da es ihrer systemischen Vorgehensweise nicht entspricht. Ich aber würde Ihnen gerne ein paar einfache Anweisungen mitgeben."

In der nächsten Sitzung nach 3 Monaten hat die Klientin die Anweisungen befolgt und der Therapeut fragt sie nach dem Grund dafür.

„Ich habe Ihre Anweisungen befolgt, weil ich sie besser leiden kann als die Leute hinter dem Spiegel" (in einem Beispiel nach Cecchin et al. 1992 in Schlippe/Schweitzer 2003, S. 122).

Als Erlebnispädagog:innen bieten wir den Teilnehmenden hochemotionale Erfahrungsräume. Es ist unsere besondere Verantwortung, Menschen in Entwicklungsprozessen zu begleiten, die in einem Setting angestoßen werden, in dem die Wahrscheinlichkeit, dass auch „wirklich etwas passiert", sehr hoch ist. Es ist unsere Aufgabe, diese Prozesse mit einem Höchstmaß an Sensibilität zu begleiten. Mit der inneren Haltung, mit der wir den Teilnehmenden begegnen, unterstützen oder behindern wir diese Prozesse entscheidend.

> *„Ihr macht hier nicht nur eine Fortbildung, ihr prägt hier Menschen. Es ist eines, Bücher zu schreiben oder Blogs im Internet, Zeitschriftenartikel oder Leserbriefe, aber es ist etwas ganz anderes, in Biografien zu schreiben. Es steigt die Verantwortung und gleichzeitig die Chance, Menschen wirklich auf ihrem Weg zu unterstützen."*
>
> *(Aussage eines Teilnehmers in einer schriftlichen Reflexion zur Halbzeit einer Weiterbildung, mit Genehmigung des Autors)*

Es geht also grundlegend um die Beziehung, die wir als Erlebnispädagog:innen zu den Teilnehmenden habe. Und Beziehungen gestalten wir mit unserer Haltung anderen Menschen gegenüber. Mit dem „wie" begegne ich, „wie" konfrontiere ich, „wie" bringe ich mich selbst als Person mit ein und letztendlich mit dem „wie bin ich" trage ich meinen Anteil zur Beziehung und damit zum Lernprozess bei, völlig unabhängig davon, was ich wann unternehme.

Beziehung – und das ist nichts Neues – ist sogar eine notwendige Grundvoraussetzung, um überhaupt an Entwicklung mit anderen Menschen arbeiten zu können. Ihr Vorhandensein oder Fehlen stellt schon von Anfang an Weichen für persönliche Entwicklung. Sie ist sozusagen die Eintrittskarte in den gemeinsamen Prozess.

So entscheidet auch die Beziehung – und da hängt sie stark zusammen mit der Rolle – über die Art meiner Interventionen: Was hält die Beziehung aus? Wie behutsam muss ich vorgehen? Wie direkt kann ich meine Sichtweise zur Verfügung stellen? Welchen Stil und welche Sprache muss ich wählen?

7.1.3 Beobachtung und Sichtweisen

Ganz gleich, welchen Plan ich in meinem Kopf vielleicht schon zurechtgelegt habe, nachdem ich vom Auftraggebenden etwas über die Gruppe erfahren habe – jetzt erst habe ich die Gruppe „live“ vor mir und kann mir meine eigene Meinung bilden, während ich sie beobachte.

Lassen wir wieder Steven Bacon (2003) zu Wort kommen: „Teilnehmer und Gruppen sind wie Flüsse: Sie haben schon starke Strömungen – starke Tendenzen, in bestimmte Richtungen zu laufen. Erfahrene Kursleiter arbeiten mit dem, was schon vorhanden ist und hüten sich, künstlich ihre eigenen Strategien durchzudrücken“ (Bacon 2003, S. 137).

Und Manuel Barthelmess (2016) ergänzt: „Den Meister eines Fachgebietes zeichnet aus, dass er die Fähigkeit besitzt, relevanten Unterschieden auf die Spur zu kommen. Im Laufe der Professionalisierung wird der Blick geschult, also die Fähigkeit perfektioniert, zu Beobachtungsmöglichkeiten zu kommen, die andere nicht sehen“ (Barthelmess 2016, S. 68).

So erging es uns beispielsweise bei der Ausbildung zu Kanulehrer:innen

Unterschieden wir am Anfang noch nach Ziel und Ergebnis („In das Kehrwasser einfahren – in das Kehrwasser nicht einfahren“), so konnten wir mit der Zeit immer mehr „Beobachtungskriterien“ isolieren, die uns halfen, unsere eigene Paddeltechnik und später die der Teilnehmenden zu verbessern:

Wie stark ist die Kantung? Zu welchem Zeitpunkt setzt welcher Paddler welchen Schlag? Hat das Boot genügend Tempo? Stimmt der Anfahrtswinkel? Ist der Paddelschaft gerade? Ist das Paddel komplett im Wasser? Wie ist die Körperhaltung?

Bei der Arbeit mit Menschen lernen wir, Reaktionen und Verhalten von Menschen immer differenzierter wahrzunehmen: Was wird gesagt und wie wird es gesagt? Wer reagiert wie auf wen? Wie verändert sich die Körpersprache in einer Stresssituation?

Johan Hovelynck subsumiert diese Fähigkeiten unter dem Titel „Leiten: eine Kunst des Bemerkens“ (Hovelynck 2004, S. 25). Die Intuition erfahrener Praktiker setzt sich aus seiner Sicht zusammen aus einem „Set unausgesprochener Annahmen, die, wissenschaftlich ausgedrückt, als Handlungstheorie der Gruppendynamik und des erfahrungsorientierten Lernens verstanden werden können“ (ebd.).

Laut Hovelynck (ebd.) beginnt Lernen stets durch **Wiedererkennen**. Lernende werden sich bewusst, dass bestimmte Ereignisse in ihrem Kurs in gewisser Weise typisch sind. Bestimmte Muster werden wiedererkannt und immer wieder spielt dann die Frustration, dass die Ereignisse nicht so laufen, wie man sie erwartet hatte, eine Rolle. Frustration wiederum kann Anstoß zur Veränderung geben.

Sobald nicht mehr äußere Faktoren für das Erlebte verantwortlich gemacht werden können, beginnen die Teilnehmenden, ihre eigene Rolle bei den Ereignissen **anzuerkennen**. Daran schließt sich ein Prozess des Experimentierens an, denn wenn Teilnehmende anerkannt haben, dass sie sich durch bestimmte Annahmen haben leiten lassen, wird ihnen gleichzeitig deutlich, dass es alternative Annahmen gibt, die es nun zu **erkunden** gilt.

Hovelynck (ebd.) betrachtet es als eine wesentliche Aufgabe der Prozessbegleitung, die Bewegungen der Teilnehmenden durch die Phasen des „Wiedererkennens", „Anerkennens" und „Erkundens" wahrzunehmen. Dabei umfasst ein „Bemerken" durch die Prozessbegleitung stets ein „Bemerkbar-Machen" des Teilnehmers. Da die Gruppenleitung stets im Fokus der Teilnehmenden steht, bemerken letztere an kleinsten Veränderungen, die durch das „Bemerkt-Werden" ausgelöst werden, welche Aussagen oder Änderungen in ihrem Verhalten „bemerkenswert" sein könnten.

Insbesondere in der Erlebnispädagogik, die mit herausfordernden Situationen arbeitet und nicht-alltägliche Settings bietet, sind solche Beobachtungen von großer Bedeutung und wichtige Informationsquellen für weitere Interventionen in den Prozess. Die Entscheidung, in einen Prozess einzugreifen – mit welcher Methode, zu welchem Zeitpunkt aufgrund welcher Modelle der Prozessbegleitung auch immer – hängt stark mit unserer Sichtweise der Dinge zusammen. Haben wir den Eindruck, dass jemand schon an den Rand der Panikzone gerät? Benötigen die Teilnehmenden eine Pause? Haben wir das Gefühl, die Stimmung könnte „kippen"?

Marie steht mit großen Augen vor einer 15 m hohen Nepalbrücke. Um das Podest, von dem aus die eigentliche Brücke betreten werden kann, zu erreichen, muss sie einige Treppenstufen hinabsteigen. Bereits im Vorfeld hat sie von Höhenangst gesprochen. Ich stehe auf dem Podest, um die Teilnehmenden, die die Brücke überqueren wollen, zu sichern. Marie kommt langsam bis zum Podest. Sie fragt, ob sie hier noch ohne Sicherung sein kann, was ich bejahe. Das Podest ist ziemlich groß und mit Geländern gesichert. Sie ist fest davon überzeugt, auf keinen Fall auf die Brücke zu gehen. Nachdem sie einige Minuten dabei steht und zusieht, fragt sie mich, ob ich ihr die Hand geben könne, um mit ihr bis zur Kante, zum Beginn der eigentlichen Brücke, zu gehen. Ich verweigere ihr den Wunsch, da ich niemanden ungesichert am Abgrund stehen haben will.

Aber da ist auch noch was anderes, irgendetwas in ihrem Blick lässt mich zögern. Ich meine einen Wunsch nach einer neuen Erfahrung mit Höhe bei ihr entdeckt zu haben. Marie ist gerade dabei, sich mit tiefen Ängsten auseinanderzusetzen, und ich will diesen Prozess nicht beenden. Ich biete ihr also an, sie an der Hand bis zur Kante zu begleiten, bestehe aber aus „vermeintlichen Versicherungsgründen" auf eine entsprechende Sicherung. Sie steigt die Treppen hoch und steht wenig später mit Klettergurt wieder vor mir. Ich klinke sie ein, nehme ihre Hand und wir gehen die paar Meter bis zur Kante. Mit ruhiger Stimme erkläre ich ihr, was nun zu tun wäre, wenn sie denn die Brücke betreten wolle.

Dieser Schritt ist erst jetzt möglich, da sie gesichert ist. Ansonsten wäre spätestens hier die innere Auseinandersetzung zu Ende gewesen. Langsam und sehr zögerlich setzt sie tatsächlich den ersten Fuß aufs Seil, wissend, dass sie jederzeit umkehren kann. Kurz danach folgt der zweite und ganz vorsichtig beginnt sie mit dem Weg über die Nepalbrücke und bleibt damit weiter im Prozess der Auseinandersetzung mit ihren Ängsten.

Leider kann Beobachtung bei uns Menschen nur selektiv geschehen. Wir sind nicht in der Lage, alle Informationen, die auf uns einströmen, gleichermaßen so zu verwerten, dass sie uns nebeneinander zur Verfügung stehen. Wer digital fotografiert, kennt Aufnahmen im RAW-Format, auf denen alle Informationen gespeichert sind. Dazu ist unsere menschliche Aufnahmefähigkeit nicht in der Lage. Wir nehmen sozusagen immer unter gewissen Voreinstellungen wahr, haben beispielsweise die Belichtung schon ausgewählt.

Anders ausgedrückt und wie bereits in Kapitel 3 erwähnt, verwenden wir permanent verschiedene „Brillen", die unsere Wahrnehmung leiten, aber natürlich auch vergrößern, verdunkeln, näher fokussieren, einfärben oder verzerren können (vgl. Barthelmess 2016, S. 71). So können wir verschiedene Beobachtungsperspektiven einnehmen.

Diese „Brillen" verwenden wir im Sinne des folgenden Bildes:
Wir besitzen viele verschiedene Brillen in einem Schränkchen mit drei Schubladen. In der obersten Schublade sind unsere derzeitigen „Lieblingsbrillen": das sind die, die zurzeit am besten zu uns passen, die wir am besten kennen und aktuell am häufigsten nutzen, mit deren Wirkung wir viele gute Erfahrungen gemacht haben.

In der zweiten Schublade liegen Brillen, die wir nicht mehr oder noch nicht so häufig nutzen, weil sie uns nicht (mehr) so sehr gefallen oder wir nur bei bestimmten Anlässen auf sie zurückgreifen. Aber wir wissen, welche Brillen das sind und dass sie noch da sind und bei Bedarf herausgeholt werden können.

In der dritten Schublade sind Brillen, die wir uns gekauft haben, weil wir gehört haben, dass sie brauchbar seien. Wir haben sie bisher aber kaum bis gar nicht selbst anprobiert und ihre Wirkung getestet.

Nun kann es sein, dass wir im Laufe der Zeit merken, dass wir eine Brille aus der obersten Schublade kaum mehr nutzen, und sie wandert eine Schublade nach unten. Genauso kann eine Brille aus der zweiten Schublade nach oben wandern, weil wir plötzlich oder aus einem bestimmten Kontext heraus (wieder) mehr mit ihr anfangen können.

Darüber hinaus kommt es immer wieder vor, dass wir jemand anderen mit einer Brille erleben, die uns begeistert und von der wir feststellen, dass sie bei uns in der untersten Schublade liegen geblieben ist. Uns so kann auch eine Brille von ganz unten plötzlich durch einen neuen Bezug ganz oben eingeordnet werden.

In unseren erlebnispädagogischen Kontext übersetzt können Brillen z.B. verschiedene Modelle oder Theorien sein. Mit der Brille des Gruppenphasen-Modells untersuche ich z.B., in welcher Phase sich die Gruppe gerade befindet und welche Anzeichen darauf hindeuten. Ich beobachte beispielsweise in den Kategorien: „Gruppe ist selbstständig – Gruppe ist nicht selbstständig" oder „Es gibt viele Konflikte – es gibt wenige Konflikte".

Brillen können auch themenbezogene Perspektiven sein: Betrachte ich beispielsweise eine Gruppe mit der Brille der Organisation, kann ich ihr Verhalten im Spannungsfeld zwischen „organisiert" und „unorganisiert" einstufen (zum Beispiel: Die Gruppe ist unorganisiert). Dies ist natürlich sehr subjektiv. Nehme ich nun die Brille des Erfolgs, komme ich womöglich zu ganz anderen Eigenschaftszuschreibungen (Die Gruppe ist erfolgreich).

Jede Eigenschaftszuschreibung entsteht aufgrund einer (unbewusst) gewählten Beobachterperspektive (Barthelmess 2016, S. 71). Und jede bewusst oder unbewusst gemachte Zuschreibung führt zu Hypothesen (siehe unten) und wiederum zu unterschiedlichen Entscheidungen für bestimmte Interventionen.

Auf eine einzige Brille beschränkt zu sein würde die Sicht extrem verengen und den Herausforderungen unseres Kontextes in der Arbeit mit so unterschiedlichen Menschen nicht gerecht werden können. Darum finden wir es wichtig, über eine Auswahl an Brillen und ein „Schränkchen mit mehreren Schubladen" zu verfügen. Dazu gehört auch, sich immer wieder fortzubilden und sich auf neue Brillen einzulassen.

„Das Schöne am systemischen Ansatz ist, dass er in sich keinen Anspruch auf alleinige theoretische Wahrheit postuliert. Denn aus systemisch-konstruktivistischer Sicht kann es die *eine* Sichtweise, die *eine* Wahrheit nicht geben" (ebd., S. 69f.).

Exkurs ...

An dieser Stelle möchten wir einige unserer „Lieblingsbrillen" vorstellen.

Es gibt eine Vielzahl an Modellen, die wir immer wieder als „Brillen" verwenden. Dazu gehören auch Techniken oder Theorien, mit deren Hintergrund wir eine bestimmte Sichtweise einnehmen. In Kapitel 4 haben wir beispielsweise das Komfortzonenmodell und das Johari-Fenster in einen anderen Zusammenhang eingeordnet – auch diese Modelle können als Brillen dienen.

Wir möchten hier nur einige wenige bespielhaft aufführen, von denen wir festgestellt haben, dass sie immer wieder unsere Sichtweise, unser Denken und Handeln leiten. Es gibt noch viele weitere und nicht weniger bedeutsame „Brillen", durch die man Prozesse beobachten kann. Jörg Friebe hat beispielsweise mehrere Modelle detailliert und kontextbezogen beschrieben (Friebe 2010).

Aus diesem Grund werden wir die folgenden Modelle nur kurz anreißen und dann ein Beispiel geben, wie sie als Brille in unserer Arbeit eine Rolle spielen können.

Bedürfnispyramide

Abraham Maslow, ein bedeutender Vertreter der humanistischen Psychologie, hat bereits in den 1940er und 1950er Jahren ein Modell der Hierarchie der Bedürfnisse entwickelt und 1970 nochmals weiterentwickelt. In der bekannten Interpretation sind diese Bedürfnisse von unten nach oben in der Reihenfolge ihrer Priorität als Pyramide[9] angeordnet:

Abb. 7-1: Bedürfnispyramide nach Maslow

9 In aktuellen Darstellungen wird die klassische Pyramide ganz unten durch WLAN und Akku ergänzt. Was ursprünglich als Karikatur gedacht war, wird von uns fast ausnahmslos als wichtiger Faktor bei Menschen jeden Alters erlebt und kann nicht ignoriert werden.

Stellen Sie sich folgende Situation vor: Das neunjährige Kind kommt von der Schule nach Hause und hatte gerade Streit mit seiner besten Freundin. In diesem Moment ist es mit dem Bedürfnis nach Zugehörigkeit beschäftigt und deshalb nicht in der Lage, auf die Frage „Wie war es in der Schule?" auf der kognitiven Ebene zu antworten. Noch weniger empfänglich wird es für die Anregung, mal wieder das Zimmer aufzuräumen, auf ästhetischer Ebene sein.

Maslow geht davon aus, dass der Mensch grundsätzlich das „Bedürfnis nach Wachstum und voller Entfaltung seines Potentials hat" (Zimbardo/Gerrig 2003, S. 325). Sein Modell ist also ein Motivationsmodell: Erst wenn das Bedürfnis einer Hierarchiestufe erfüllt ist, kann sich der Mensch mit seiner Aufmerksamkeit und seinem Handeln der nächsten Stufe zuwenden (ebd., S. 324f.).

Während der Einheit Wildwasserschwimmen ist bei einigen Teilnehmenden emotional viel passiert. Es waren viele Ängste im Raum, negative Vorerfahrungen mit Wasser oder einfach ein einschüchterndes Bild von dem, was da auf sie zukommen würde. Die meisten kommen euphorisch zurück: „Das hat Spaß gemacht!"; einzelne andere haben für sich eine Grenze bestätigt. Wir wollen diese unterschiedlichen Emotionen und Entwicklungen, die durchlaufen wurden, in einer Reflexionsrunde möglichst zeitnah einholen. Da die Teilnehmenden jedoch noch mit Nässe, Kälte und Hunger beschäftigt sind, müssen wir zunächst eine Pause zum Umziehen, Aufwärmen und Essen einschieben.

Wenn wir als Erlebnispädagog:innen die Bedürfnishierarchien im Hinterkopf haben, achten wir besonders auf die Anzeichen bei den Teilnehmenden, die auf deren Bedürfnisse hinweisen: Sind sie müde und haben Hunger (wie in obigem Beispiel)? Braucht jemand mehr Sicherheit? Müssen wir Raum schaffen, dass einmal jeder für sich sein kann, um Dinge wirken zu lassen?

Wie und wann transportieren wir theoretische Hintergründe in den Weiterbildungen? Wann können wir uns auch mal mit philosophischen Fragen beschäftigen?

Das Werte- und Entwicklungsquadrat

Friedemann Schulz von Thun nutzt das von Paul Helwig entworfene Wertequadrat, dessen Grundgedanken schon bei Aristoteles zu finden waren, als „Entwicklungsquadrat", um „Vorgänge der zwischenmenschlichen Kommunikation und Persönlichkeitsbildung" (Schulz von Thun 2008, S. 38) klarer durchschauen zu können. Persönliche Entwicklung ist meist kein linearer Prozess, sondern durchläuft Umwege und Schleifen und kann auch Rückschläge beinhalten.

Jeder Wert (jede Tugend, jedes Leitprinzip, jedes Persönlichkeitsmerkmal) ist eingebettet in ein Spannungsverhältnis zu einem Gegenwert und kann nur so eine konstruktive Wirkung entfalten. Ausgangswert und Gegenwert können jedoch auch beide negativ übertrieben werden, und der Wechsel von einer Übertreibung in die andere wird dann zur Überkompensation (ebd. 2008, S. 38ff.).

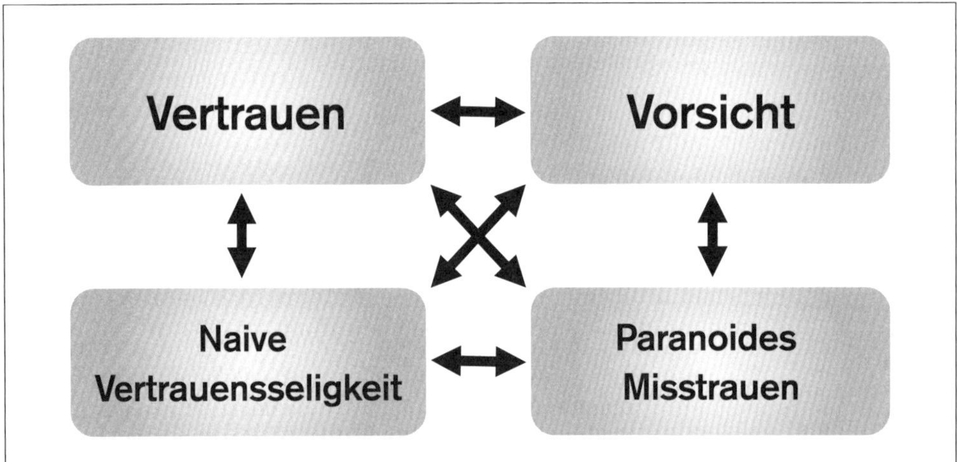

Abb. 7-2: Beispiel eines Wertequadrates nach Paul Helwig

Beispielsweise wären Vertrauen und Vorsicht die beiden „Schwesternwerte", die in einem positiven Spannungsverhältnis stehen. Die jeweiligen negativen Übertreibungen können als „naive Vertrauensseligkeit" und „paranoides Misstrauen" bezeichnet werden. Das Ausbalancieren zwischen den beiden Schwesternwerten gelingt je nach Situation selten perfekt und auf Anhieb. Manchmal braucht es ein Springen von einem Extrem in das andere, um Grenzen auszuloten und sich dann dazwischen einpendeln zu können.

Die Teilnehmenden eines Weiterbildungskurses diskutieren über den Esseneinkauf. Es wurde zu Beginn der Weiterbildung vereinbart, regional, saisonal und ökologisch einzukaufen und auch die Bedürfnisse von Vegetariern und Veganern zu berücksichtigen. Dies führte dazu, dass eine Kleingruppe, die an einem Seminarblock für die Verpflegung zuständig war, rein vegan kochte und einkaufte. Einige besorgten sich daraufhin selbst zusätzlich Fleisch. Nun wird über die Frage debattiert, wer sich wie finanziell an den Essenausgaben beteiligt: Bezahlen diejenigen, die Fleisch gegessen haben, dennoch ihren Anteil am veganen Essen? Ist veganes Essen teurer? Wie können unterschiedliche Essensvorlieben bedient werden und wie kann man das finanziell ausgleichen? Es werden gegenseitige Vorwürfe laut, die unterschiedlichen Lager würden jeweils zu sehr auf ihren Prinzipien bestehen. Einzelne machen den Vorschlag, sich ihr Essen beim nächsten Mal selbst zu besorgen und sich nicht mehr an der Gruppenrechnung zu beteiligen. Die Diskussion wird teilweise sehr emotional geführt.

Selbst wenn eine Entwicklungsrichtung klar oder vorgegeben ist, muss ein „richtiges" und vor allem für die jeweilige Gruppe oder Person passendes Maß erst gefunden und damit experimentiert werden. Die Voraussetzungen für eine Einordnung eigener Werte im Wertequadrat sind Selbstreflexion und Feedback.

Wenn es um Werte geht, sind schnell Emotionen im Spiel: „Immer, wenn wir besonders starke Gefühle empfinden, sei es Kränkung, Angst, Freude oder Sehnsucht, sind wir sehr nahe an unseren Basiswerten. Auch Gefühle wie Wut, Neid oder Konkurrenzdenken oder Maßlosigkeit gehören dazu" (Königswieser/Hillebrand in Tomaschek 2006, S. 87).

Als Erlebnispädagog:innen werden wir sensibel für die Brille des Wertequadrates, wenn wir beispielsweise in Diskussionen mit emotionalen Reaktionen bei Teilnehmenden konfrontiert sind. Hier geht es um persönliche Werte. Wir können an dieser Stelle versuchen, die Wertvorstellungen der Einzelnen ernst zu nehmen, und gemeinsam auf die Suche nach einer Balance im Spannungsverhältnis gehen.

Das Modell des Werte- oder Entwicklungsquadrates hilft uns in der Erlebnispädagogik:
- *Gruppendiskussionen in ihrer Dynamik zu durchschauen.* Im Beispiel oben gab es Vertreter verschiedener Werte wie: „Sparsamkeit", „Individualität" und „Nachhaltiger Essenseinkauf", „Gemeinschaftssinn". Jedes „Lager" warf dem anderen vor, seinen jeweiligen Wert negativ zu übertreiben – zu Lasten des eigenen Wertes. Wir können solche Dynamiken zum einen sichtbar machen und zum anderen Unterschiedlichkeiten – auch im Sinne konstruktivistischen Denkens – versöhnlich betrachten: erst durch die ausgehaltene Spannung kann immer wieder versucht werden, einem Idealzustand nahezukommen. Schulz von Thun gibt den zusätzlichen Hinweis: „Integration erst nach der Konfrontation, nicht zu deren Verhinderung!" (Schulz von Thun 2008, S. 53). Es ist manchmal wichtig, dass gegensätzliche Meinungen klar zum Ausdruck gebracht werden.

- *die eigene Entwicklungsrichtung individuell zu bestimmen:* Dies gilt für uns selbst als Erlebnispädagog:innen in Selbstreflexion oder bezogen auf einzelne Teilnehmende oder eine Gruppe und kann abhängig sein vom jeweiligen Anforderungsfeld (zum Beispiel: „ich möchte besser für mich selbst sorgen können");
- *Mängel und Schwächen zu interpretieren* und eine erweiterte Perspektive zu erlangen, anstatt die Mängel auszumerzen. Wenn zum Beispiel jemand sagt: „Ich tendiere dazu, schnell und laut meine Meinung zu äußern – ich möchte mich mehr zurückhalten können", geht es nicht darum, ab jetzt gar nichts mehr zu sagen, sondern entscheiden zu lernen, wo mehr Zurückhaltung angebracht ist und wie dies gelingen kann.

Im Zuge eines Interviews für eine Abschlussarbeit, die das Thema „Resilienzförderung bei Gehörlosen durch Erlebnispädagogik" umfassen soll, werden wir gefragt, wie Erlebnispädagogik unserer Meinung nach in diesem Bereich wirksam werden könne.

Wir fragen zurück, woran man denn eventuell erkennen könne, dass Resilienz gefördert worden sei. Die Antwort lautet: „Daran, dass die Menschen ein besseres Selbstwertgefühl entwickeln und dass sie besser ihre Grenzen kennenlernen."

An dieser Stelle können wir gemeinsam mit Hilfe des Entwicklungs- und Wertequadrates erarbeiten, welche Aspekte Entwicklung im Sinne von Steigerung der Resilienz im Besonderen beinhalten könnte. Schnell zeigt sich, dass beide gewünschten Entwicklungen zusammengehören und man je nach Persönlichkeit unterschiedliche Richtungen einschlagen muss, um entweder ein „gesundes" Selbstwertgefühl oder einen „gesunden" Umgang mit persönlichen Grenzen zu entwickeln.

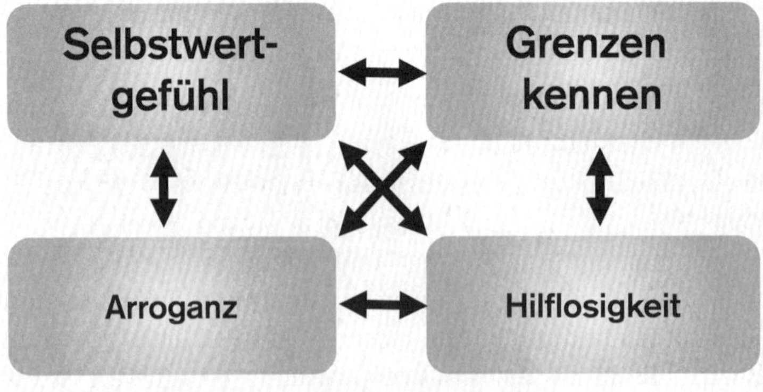

Abb. 7-3: Wertequadrat zum Thema Selbstwertgefühl

Gruppenphasen

In der Erlebnispädagogik haben wir es in den meisten Fällen mit Gruppen zu tun und erleben diese Gruppen in einem bestimmten zeitlichen Ausschnitt. Oft sind es Gruppen, die an sich auf längere Zeit und aufgrund eines gemeinsamen Kontextes oder Themas bestehen (Arbeitsteams, Schulklassen) oder auch Fortbildungsgruppen, die sich „auf Zeit" themenbezogen bilden. Die Prozesse, die von Beginn bis Ende der Zusammenarbeit zwischen Gruppe und Gruppenleitung oder Prozessbegleitung beobachtbar sind, werden in Phasenmodellen dargestellt.

Bekannt ist hier vor allem die Gruppenphasen-Modelle von Bernstein und Lowy (1987) bzw. Tuckman (1965).

Je nach Modell wird die Entwicklung einer Gruppe von ihrem Entstehen bis zu ihrer Auflösung in vier bis sechs Phasen eingeteilt.

Jede Phase ist charakterisiert durch verschiedene Bedürfnisse und daraus folgende Verhaltensweisen der Teilnehmenden. Daraus wiederum werden notwendige und passende Interventionen der Prozessbegleitung abgeleitet (vgl. König/Schattenhofer 2015).

> In der Kennenlernphase sind die Teilnehmenden noch sehr zurückhaltend, müssen sich erst gegenseitig kennen- und einschätzen lernen und Vertrauen zueinander und zur Leitung aufbauen. Daher braucht es von Leitungsseite viel Struktur, das Setzen eines Rahmens und Räume, dieses Kennenlernen und den Vertrauensaufbau zu ermöglichen.
>
> So werde ich in dieser Phase einerseits Programm anbieten, das noch keine allzu hohe Selbstorganisationsfähigkeit der Gruppe voraussetzt und dennoch Spielraum bietet, sich als Gruppe zu erproben und erste Stärken und Schwächen zu erkennen. Gleichzeitig sollten genügend Pausen für informellen Kontakt vorhanden sein. Ich sollte als Leitungsperson sehr präsent sein und für Fragen und Sorgen zur Verfügung stehen.

Die Brille der Gruppenphasen hilft, Gruppenprozesse und -dynamiken einordnen zu können.

Oliver König und Karl Schattenhofer sprechen von Brillen, um Veränderungsprozesse in Gruppen wahrzunehmen: Je nachdem, mit welchem Themenfokus man beobachtet, kann man das Verhalten einer Gruppe analysieren und zwischen zwei Polen einordnen. Sie verwenden das Bild von mehrdimensionalen Verlaufskurven mit verschiedenen „Koordinaten" (König/Schattenhofer 2015, S. 55):

- Spannung – Entspannung
- Harmonie – Konflikte
- Arbeitsfähigkeit (hoch – niedrig)
- Zufriedenheit – Unzufriedenheit der Gruppenmitglieder/Teilnehmenden
- Fremdsteuerung – Selbststeuerung

Für uns als begleitenden Erlebnispädagog:innen geben die Phasenmodelle eine Groborientierung, wie sehr wir in der Gruppe strukturierend präsent sein sollten.

Ich kann Verhaltensweisen und Reaktionen der Teilnehmenden gezielter beobachten, Anhaltspunkte für Wachstum und Weiterentwicklung oder auch sich wiederholende Prozesse wahrnehmen und mit entsprechenden Interventionen darauf reagieren. Andererseits kann ich aus meiner Warte beobachtete Missstimmungen oder langwierige Entscheidungsprozesse besser und gelassener aushalten, wenn ich weiß, dass sie zur Entwicklungsaufgabe einer Gruppenphase gehören.

In der Anfangsphase wird festgelegt, welche Bedeutung und welchen Raum die einzelnen Teilnehmenden in der Gruppe bekommen, ob Unterschiede respektiert werden. Alles was hier geschieht, wird als Signal verstanden und das eigene Verhalten wird danach ausgerichtet. Das gilt vor allem für das, was der Leiter tut bzw. wie er auf das „Tun" der Teilnehmenden reagiert. (Klein, 2017, S. 18). Eine wichtige Aufgabe der Prozessbegleitung besteht während dieser Phase darin, einzugreifen, wenn jemand sich zu sehr in den Vordergrund oder Hintergrund begibt und unterbrechen, wenn gegenseitige Entwertungen geschehen (ebd., S. 19).

In der Orientierungs- oder „Machtkampf"-Phase entstehen durch die Unterschiede in den Fähigkeiten und im Verhalten der einzelnen Gruppenmitglieder Rangfolgen untereinander oder bestimmte Auffassungen voneinander. Dabei entwickeln sich Rollen, was an sich nicht problematisch ist. Es besteht jedoch die Gefahr, dass die zunächst nur probeweise gespielten Rollen frühzeitig festgeschrieben werden. Prozessbegleitende müssen in dieser Phase einen Methodenkoffer zur Verfügung haben, um diejenigen ins Spiel zu bringen die sich damit schwer tun.

In der Vertrautheitsphase hat jeder einen anerkannten Platz in der Gruppe gefunden. Doch neben vielen befriedigenden Elementen birgt die Phase auch problematische Anteile. Konflikte werden eventuell geleugnet, es entsteht ein „Druck zu Konformität" (ebd., S. 25). Man erfährt Sicherheit und Zugehörigkeit, erkauft dies jedoch durch teilweise Aufgabe der

Individualität. Eine wichtige Aufgabe der Prozessbegleitung besteht darin, darauf zu achten, dass Rollen und Aufgabenerledigungen nicht auf einzelne Teilnehmende fixiert werden (ebd., S. 26).

Die angestrebte Differenzierungsphase ist ein Ziel der Gruppenarbeit und die Prozessbegleitung kann sich darauf konzentrieren, Sach- und Beziehungsarbeit in Balance zu halten (ebd., S. 27).

In der Abschlussphase fallen Gruppenmitglieder manchmal zurück in Verhaltensweisen der ersten Phase. Dies wird vor dem Hintergrund der Grundbedürfnisse nach Anerkennung, Zugehörigkeit und Sicherheit (ebd., S. 11f) verständlich, und die Prozessbegleitung bekommt wieder die wichtige Funktion des Haltgebens (ebd. S. 29). Der Blick in die Vergangenheit („Was habe ich erlebt?"), die Gegenwart („Wo stehe ich gerade?") und in die Zukunft („Welche Schritte gehe ich als nächstes?") sind in dieser Phase eine wichtige Unterstützung, die die Prozessbegleitung anregen muss.

Circle of Courage

Der Circle of Courage, zu Deutsch „Kreis der Zuversicht" oder „Kreis der Ermutigung", versteht sich zunächst als Wertemodell für eine funktionierende Gesellschaft und Gemeinschaft. Dieses wird als Kreismodell dargestellt und beinhaltet die Werte „Belonging" (Zugehörigkeit), „Mastery" (Können, Kompetenz, Meisterschaft), „Independence" (Unabhängigkeit) und „Generosity" (Großzügigkeit).

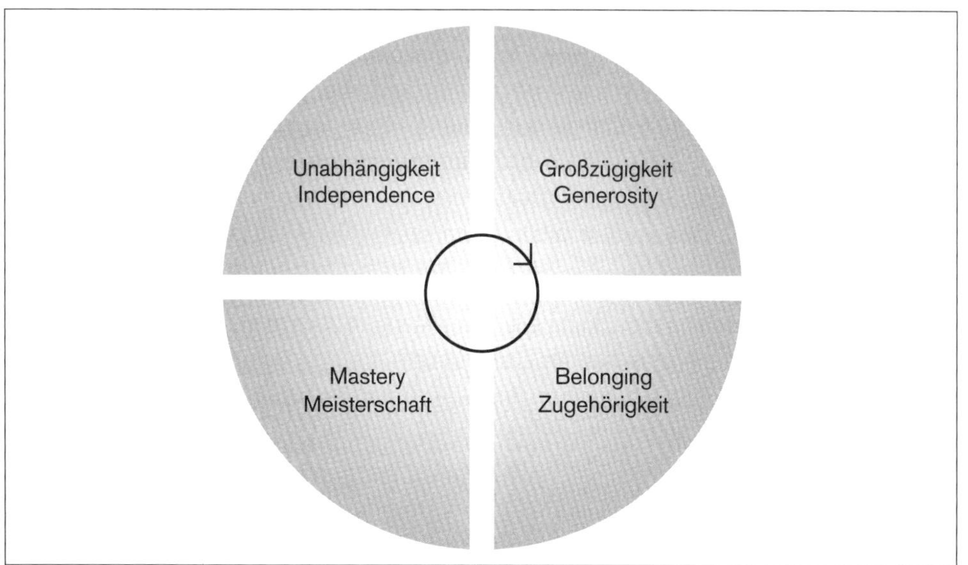

Abb. 7-4: Der Circle of Courage nach einer Abbildung von Christiane Thiesen (2016)

Dahinter steht die Annahme, dass für ein gelingendes soziales Miteinander in einer Gesellschaft und Gemeinschaft „die emotionale Gesundheit der Individuen von großer Bedeutung ist" (Thiesen 2016, S. 13). Die Grundgedanken entstammen der traditionellen Pädagogik der indigenen Völker Nordamerikas; dementsprechend kann der Circle of Courage auch als ressourcenorientiertes Entwicklungsmodell für Kinder und Jugendliche genutzt werden. In verschiedenen Ländern, v.a. in Südafrika, in den USA, in Neuseeland und auch in Deutschland, ist er bereits als Grundmodell in der Ausbildung sozialer Berufe, in Konzepten sozialer Einrichtungen und pädagogischer Fortbildungen zu finden.

Die vier Werte entsprechen vier elementaren menschlichen Grundbedürfnissen, die ausgehend von dem Bedürfnis nach Zugehörigkeit (Belonging) aufeinander aufbauen und aufeinander bezogen sind. Die Befriedigung der vier Bedürfnisse gilt auch als Voraussetzung für die Entwicklung von Resilienz (vgl. Falke 2015, S. 27).

Der Circle of Courage ist „keine spezifische Methode, vielmehr kommt durch das Modell eine Haltung zum Ausdruck, die eine positive Sichtweise auf das Kind und den Jugendlichen beinhaltet und Kompetenzen und Ressourcen betont" (Seibel 2010, S. 119).

Christiane Thiesen beschreibt in ihrem Artikel in der Zeitschrift erleben & lernen, wie der Circle of Courage als „Kompass" für die Arbeit mit unbegleiteten minderjährigen Geflüchteten dienen kann, wie wichtig das Gefühl von Zugehörigkeit ist, das erst Lernen möglich macht, und wie sehr Unabhängigkeit und Großzügigkeit von der kulturellen Prägung abhängen (Thiesen 2016, S. 14ff.).

In der erlebnispädagogischen Begleitung von Kindern und Jugendlichen können wir diesen Kompass nutzen, um unsere Programme an den entsprechenden Entwicklungsbedürfnissen auszurichten: In Gruppenprozessen gilt es immer, zunächst ein Gefühl von Gemeinschaft und Zugehörigkeit zu fördern. Weiterhin bieten wir mit herausfordernden Settings eine Plattform, um Kompetenzen zu entwickeln, Stärken auszubilden, Potentiale zu entfalten. Auch die Herausbildung von Individualität und Unabhängigkeit wird im Verlauf eines Gruppenprozess angeregt, wenn die Kinder und Jugendlichen lernen, ihre Meinung zu vertreten, auch einmal Nein zu sagen, und wenn sie bewusst mit ihren Stärken und Schwächen umgehen.

Das Thema Großzügigkeit im Sinne von „Wir leisten einen Beitrag für die Gemeinschaft" findet sich in integrativen und interkulturellen Projekten wie auch in gemeinwesenbezogenen Aktionen oder umweltpädagogischen Ansätzen wieder.

Themenzentrierte Interaktion (TZI)

Die von Ruth Cohn begründete Themenzentrierte Interaktion gehört zu den Methoden der Humanistischen Psychologie und leitet aus bestimmten Grundannahmen (Axiomen) Prinzipien des Handelns ab. Sie ist ein pädagogisches Gruppenverfahren, das aus den Erkenntnissen der Psychoanalyse und den Einflüssen der Gruppentherapie entstanden ist (Löhmer, Standhardt 2018, S. 27). Zudem entwickelt sie ein eigenes Leitungsverständnis, in dem die Beziehungsgestaltung zwischen Leitung und Teilnehmenden beschrieben wird. Darüber hinaus stellt sie methodische Hilfsmittel zur Verfügung, wie die Arbeit und Kommunikation in Gruppen gestaltet werden kann, damit Menschen sich in Richtung des beschriebenen Menschenbildes entwickeln können (Klein, 2017, S. 53f).

Bekannt aus der TZI sind zwei existentielle Forderungen des Handelns, das **Chairman-Postulat** und das **Störungspostulat**.

Das Chairman-Postulat beinhaltet die Aufforderung, sich selbst zu leiten mit allen inneren Bestrebungen, Bedürfnissen, Empfindungen, Wahrnehmungen und Wertungen. Seine Chairperson zu sein bedeutet, das was man tun möchte auf Gegebenheiten erkennbarer Wirklichkeit abzustimmen. Dies beinhaltet auch andere Menschen, Raum-Zeit-Faktoren und eigene widersprüchliche Bedürfnisse und Ziele (ebd. S. 60). Es meint die Fähigkeit des Menschen, sich selbst zu leiten, für die eigenen Interessen und das persönliche Wohlergehen Verantwortung zu übernehmen und dabei gleichzeitig die Bedürfnisse der anderen sowie die äußeren Begebenheiten im Blick zu haben (Löhmer, Standhardt 2018, S. 50f.).

Für eine Prozessbegleitung bedeutet dies, so zu begleiten, dass die Teilnehmenden fähig werden, Selbstverantwortung für sich wahrzunehmen.

Das Störungspostulat besagt, dass Störungen ernst genommen werden müssen, mit Ihnen soll gerechnet werden. Sie sind nicht Fehlentwicklungen sondern zu jedem Prozess gehörende Erlebensweisen, die – werden sie nicht beachtet – sich selbst Vorrang nehmen und dann prozessbehindernd wirksam werden können. Das bedeutet jedoch nicht, jede Störung anzusprechen und auszudiskutieren. Es müssen jedoch Entscheidungen getroffen werden, wie im Hinblick auf das Thema, auf Einzelne und auf die Gruppe jetzt ein angemessener Umgang damit gefunden werden kann (Klein 2017. S. 62).

Das **Vier-Faktoren-Modell** in der TZI erscheint den meisten vertraut. Dieses beinhaltet die Tatsache, dass vier Faktoren als Realität bei der Arbeit von und mit Gruppen immer vorhanden sind:

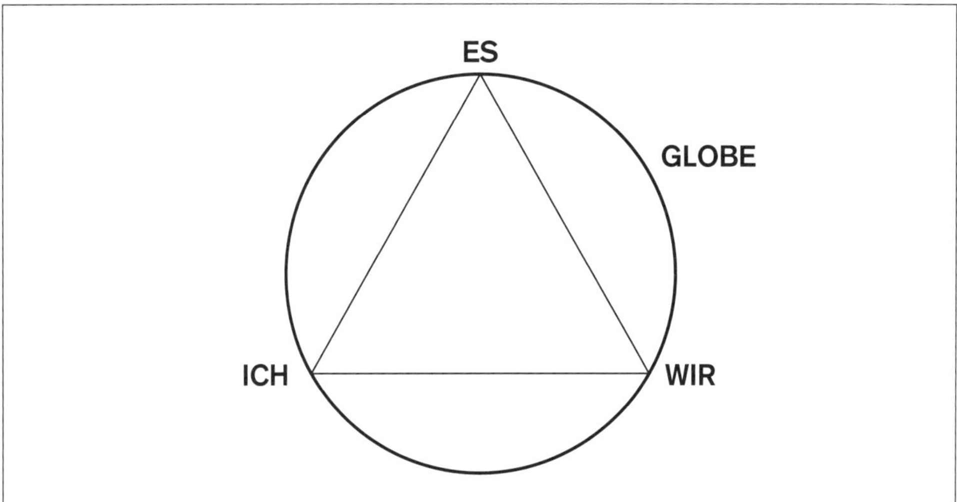

Abb. 7-4: Das Vier Faktoren Modell der TZI

- Jede einzelne Person, die Prozessbegleitung eingeschlossen (ICH).
- Die ständige Wechselwirkung untereinander (WIR).
- Das THEMA (ES), das die Gruppe zusammenführt.
- Das bedingende Umfeld und die Rahmenbedingungen, das Einfluss nimmt (GLOBE).

Werden einzelnen Faktoren keine Wichtigkeit zugemessen, kommt es zu Störungen und Prozesse können eventuell nicht weiter geführt werden.

- Werden die ICH's nicht berücksichtigt, fehlen Anerkennung und Wertschätzung. Diese Störung verhindert Engagement.
- Bleibt das WIR unberücksichtigt, kann es zu einer zerstörerischen Dynamik in der Gruppe kommen (Cliquenbildung, Machtkampf, Entweder-Oder-Entscheidungen etc.).
- Wenn die Arbeit an der Aufgabe (ES) vernachlässigt wird, stockt die Arbeitsleistung.
- Wenn man den GLOBE aus den Augen verliert, lassen die Bedingungen eventuell nicht zu, dass die Früchte der Arbeit geerntet werden können.

Als Erlebnispädagog:innen setzen wir uns die Brille des Vier-Faktoren-Modells gerne auf, wenn wir das Gefühl haben, die Prozesse sind auf irgendeine Weise „gestört". Sie kann dann dazu dienen, mittels gezielter Fragen an sich selbst die Ursachen besser einzugrenzen.

Zudem nutzen wir das Modell gerne beim Betrachten der Gruppenphasen und bei der Beantwortung der Frage, welche Gruppenleitungsqualitäten wir in bestimmten Phasen anwenden können.

Diese Episode aus einer Ausbildungsgruppe zeigt auf, was passieren kann, wenn der GLOBE in die Gruppe hinein wirkt.

Es ist der 13. März 2011. An einem wundervollen Tag sind wir mit Kanus in den Rheinauen unterwegs. Die Umstände könnten nicht perfekter sein. Frühlingssonne, die Bäume schlagen aus, wir können Sumpfbiber, Eisvögel und Ringelnattern beobachten. Schweigend gleiten wir durch den „südbadischen Amazonas", doch trotz aller Naturwunder bleiben die Gruppenmitglieder in sich gekehrt. Kein Stück Freude spiegelt sich in den Gesichtern wider.

Wir waren darauf eingestellt. Zwei Tage zuvor hatte sich nach einem Tsunami die Katastrophe von Fukushima ereignet, und nun schwebte das Gespenst einer Kernschmelze durch die Welt. In kurzen Gesprächen stellte sich schnell heraus, wie viele Ängste auch durch Nichtwissen verursacht wurden. An einer Sandbank legten wir eine Pause ein, und da ein Physiker unter uns war, gab es zunächst eine längere Informations- und Fragen-Einheit. Erst nachdem diese von den Nachrichten ausgelöste massive Störung beseitigt war, konnten wir weiter fahren und die Auenwälder mit neuen Augen betrachten.

... Ende Exkurs

7.1.4. Hypothesen

Hypothesen in der systemischen Prozessbegleitung dienen als „diagnostisches" und lösungsorientiertes Werkzeug. Dem Arbeiten mit Hypothesen liegt folgende zentrale Haltung und Annahme zugrunde:

Jedes beobachtbare Verhalten macht für diejenige Person, die es zeigt, aus ihrer momentanen Sicht der Welt heraus und unter den gerade herrschenden Umständen Sinn. Diesem Verhalten liegt eine subjektiv positive Absicht zugrunde.

Folglich sind Hypothesen aus Sicht der Prozessbegleitung „Suchstrategien nach Möglichkeiten, wie Probleme/Symptome mit den verschiedenen Ebenen des beobachteten Systems verbunden sein könnten" (Barthelmess 2014, S.133).

Systemische Hypothesen unterscheiden sich von wissenschaftlichen Hypothesen vor allem hinsichtlich des Ziels: Wissenschaftliche Hypothesen werden gebildet mit dem Ziel, irgendwann die richtige Hypothese zu finden und diese zu bewahrheiten bzw. zu beweisen. Bei systemischen Hypothesen geht es darum, möglichst viele möglichst unterschiedliche Hypothesen aufzustellen, um den Möglichkeitsraum für die Kunden/Klienten und die Sichtweise und Perspektive von Berater/Prozessbegleitung zu erweitern. Welche Hypothese sich dabei als „wahr" oder „richtig" herausstellt, ist zweitrangig.

Aus unseren Beobachtungen heraus sowie aus unserem Wissen aus Forschung, Literatur und unserer eigenen Erfahrung entwickeln sich ganz automatisch und unbewusst Hypothesen, die es an die Oberfläche zu holen gilt. Denn jeder Mensch ordnet Wahrgenommenes/Beobachtetes in seinen individuellen Kontext ein und sucht nach Anschlussmöglichkeiten.

Mit Hypothesen sind also Annahmen und Wirklichkeitskonstruktionen gemeint, die ich als Prozessbegleitung aus der – notwendigerweise subjektiven – Beobachtung der persönlichen Entwicklung und des Gruppengeschehens ableite. Sie bieten mir aus der „unendlichen Vielfalt von Handlungsmöglichkeiten Anhalts- und Orientierungspunkte für konkrete Strategien und Interventionen" (Engelhardt et al. in Barthelmess 2014, S.133)

Schlippe und Schweitzer bezeichnen eine Hypothese als „vorläufige, im weiteren Verlauf zu prüfende Annahme" (2013, S. 204): Ich beobachte und überprüfe die aufgestellte Hypothese, indem ich meine Beobachtungen mit meinen Erfahrungen und auch mit dem, was ich schon (z.B. durch die Auftraggebenden) über die Gruppe weiß, abgleiche. Entsprechend adaptiere ich meine weiteren Fragen und Interventionen.

Hypothesen sind natürlich subjektive Annahmen. Und schon während des Beobachtens ist es wichtig, sich selbst zu hinterfragen und ganz bewusst wahrzunehmen, mit welcher Brille ich denn gerade beobachte oder welche Zuschreibungen ich treffe. Und sich dann weiter zu fragen: Welche Aspekte könnte ich übersehen haben? Wie könnte ich es noch sehen?

Aufgrund meiner Hypothesen entwickle ich eine Intervention, beispielsweise stelle ich eine bestimmte Frage. Aus den wahrgenommenen Reaktionen und Verhaltensweisen der Teilnehmenden versuche ich abzuleiten, wie hilfreich meine Hypothese gewesen ist. Jede Intervention wird so permanent in ihrer Wirkung beobachtet. Je nachdem kann ich eine Spur weiterverfolgen oder neue Hypothesen bilden. Auf diese Weise entsteht eine ständige Überprüfung und damit Korrektur oder Modifizierung der Ausgangshypothesen. Das Hypothesen-fallen-lassen-Können ist deshalb genauso notwendig wie das Hypothesen-bilden-Können (vgl. Barthelmess 2016, S. 198).

Eine Azubigruppe befindet sich in der Vorbereitungsphase des „Blindflugs" und soll in der Durchführungsphase unter vorgegebenen Regeln in einer bestimmten Zeit einen Weg im Wald mit markierten Zwischenzielen blind als Gruppe wiederfinden.

Unsere Beobachtung ist zunächst: „Die Gruppe agiert chaotisch. Es werden keine gemeinsamen Absprachen getroffen. Sie bräuchten mehr Struktur in der Kommunikation und einen Moderator, bei dem die Fäden zusammenlaufen."

Eine systemische Hypothese zu dieser Beobachtung könnte lauten: „Die Gruppe sorgt gerade dafür, dass unterschiedlichste Lösungsideen parallel verfolgt werden können und unterschiedlichste Herangehensweisen ohne einschränkende Regeln ausprobiert werden können."

Oder: „Die Gruppe sorgt gerade dafür, dass jeder unterschiedliche Rollen ausprobieren kann."

Nachdem die Gruppe über ihr chaotisches Vorgehen in Streit geraten ist, intervenieren wir mit der Frage: „Wie könnt ihr es ermöglichen, dass sich jeder in unterschiedlichen Rollen ausprobieren kann, ohne dass es zum Chaos kommt?"

Mit dieser Frage geben wir einerseits der Gruppe die Möglichkeit einen positiven Aspekt in ihrem chaotischen Verhalten wahrzunehmen und überprüfen gleichzeitig aufgrund der Reaktion der Gruppe unsere Hypothese.

Das alles mag sehr konstruiert und subjektiv erscheinen, doch es ist eine gute Möglichkeit, die ich als Prozessbegleitung habe, etwas über die Gruppe herauszufinden und ein Gefühl für die Muster und Themen der Teilnehmenden zu bekommen. Es mag sich vielleicht wie „Trial and error" oder „Tappen im Dunkeln" anhören, doch stehen unsere Hypothesen nie allein, sondern sind immer verknüpft mit unserer Intuition und damit mit unserer Erfahrung.

Folgende idealtypische Einzelschritte kennzeichnen diese sich spiralförmig wiederholenden Phasen eines begleiteten Entwicklungsprozesses:

- Beobachten und analysieren (Hypothesen bilden),
- Ziele setzen,
- Handeln,
- Erneut beobachten bzw. die Wirkungen des eigenen Handelns überprüfen,
- Ziele korrigieren
- Erneutes Handeln usw.

(vgl. Engelhardt in Barthelmess 2014, S. 132).

Beim Thema Hypothesenbildung geht es viel und in erster Linie um Bewusstmachen von Gedankengängen, die ohnehin in unserem Gehirn ablaufen, und um bewusstes Festhalten und Experimentieren mit diesen Schubladen, die uns unser Gehirn anbietet.

Das Aufstellen von Hypothesen hat also zwei Funktionen (von Schlippe/Schweitzer 2013, S. 204; Schwing/Fryszer 2013, S. 129):

1. Eine Ordnungsfunktion: Alles was ich an Informationen im Kontakt mit der Einzelperson oder Gruppe gewinne, kann ich in meinem Kopf sortieren und zwischen bedeutsamen und unwichtigeren Informationen unterscheiden.
2. Eine Anregungsfunktion: Sie animieren mich als Prozessbegleitung, auch andere Perspektiven einzunehmen. Durch Formulierung überraschender Hypothesen wird zudem das System angeregt, neue Möglichkeiten in den Blick zu nehmen.

Hypothesen beinhalten eine große Offenheit: Sie sind nicht in Stein gemeißelt, sondern dazu gedacht, zu entstehen und wieder verworfen zu werden. Entscheidend ist die Vielfalt. So ist es auch von Vorteil, sich im Team über die jeweiligen Hypothesen austauschen zu können. Die Arbeit mit Hypothesen erfordert eine hohe Flexibilität mit gleichzeitiger Bereitschaft, sich überraschen zu lassen von dem, wie die Gruppe reagiert. Loszulassen von dem Gefühl, alles schon vorher zu wissen, sondern bereit sein zu staunen.

Wir sind in Albanien und arbeiten mit 19 albanischen Sozialarbeiter:innen und einer Übersetzerin. Nachdem wir bereits einen ganzen Tag erleben konnten, wie herausfordernd für unsere Gemüter die Teilnehmenden Kommunikation und Teamarbeit gestalten, geben wir basierend auf einem Reflexionsgespräch folgende Anregung: „Stellt euch einmal vor, eure Hortkinder, denen ihr ja Vorbild sein wollt, beobachten euch während der nächsten 30 Minuten. Gestaltet eure Absprachen bei der nächsten Aufgabe so, dass ihr diesen selbst auferlegten Ansprüchen genügt."

Und tatsächlich werden wir mehr als positiv überrascht, als sie sich an die Lösung der Aufgabe „Elektrischer Draht" machen. Um die Freiwilligkeit zu erhalten, hatten wir bei den Regeln hinzugefügt, dass „mindestens" 12 Personen den Draht ohne Berührung überqueren sollten, denn es befinden sich auch einer schwangere junge Frau und eine 63-jährige Ordensfrau unter den Teilnehmenden.

Die ersten beiden Versuche misslingen, doch nach kurzen weiteren Absprachen, die wir sprachlich nicht verstehen, bewältigen die Teilnehmenden die körperlich anspruchsvolle Aufgabe im letzten Versuch.

Wir leiten eine Reflexionsphase ein in der konstruierten Erwartung, dass man nun gut darauf eingehen könne, wie hilfreich es doch sein kann, wenn man in Ruhe Absprachen trifft.

Weit gefehlt: Wir hatten durch die sprachliche Barriere nicht verstanden, dass der „Moderator" kurzerhand zwei Teilnehmende ausgeschlossen hatte, um die Chance zu erhöhen, dass sie so „das Spiel gewinnen könnten". Weil sich daraufhin viele innerlich und äußerlich zurückzogen, veränderte sich die Dynamik auf ungewohnte Weise, von außen betrachtet erschien uns alles als „wirksam und erfolgreich" moderiert. Die Themen der nächsten halben Stunde wurden maßgeblich durch die dann lautstarken ausgeschlossenen Teilnehmenden mitbestimmt und kulminierten in dem Satz: „Ich war bereit, 15 von euch zu unterstützen, und ihr seid zusammen nicht bereit, mich zu tragen!"

Der Philosoph und systemische Berater Thomas Stölzel beschreibt ein primäres und ein sekundäres Staunen. Dabei ist das primäre Staunen das Staunen der Kinder über alles Neue und Unbekannte. Dieses Staunen wandelt sich im Laufe der Entwicklung durch Wissen und Erfahrungen und wird seltener. Als Erwachsene können wir bei der Begleitung von Menschen versuchen, eine Haltung dieses ursprünglichen Staunens einzunehmen, „also das Gefühl von Offenheit, Durchlässigsein, Zugewandtheit und gespannter Aufmerksamkeit in sich wieder aufzuspüren, das ehemals die Erfahrung des Stauens begleitet hat" (Stölzel 2012, S. 143). So ist das erwachsene „sekundäre Staunen" ein „wissendes, absichtsvoll herbeigeführtes" Staunen (ebd.).

Hypothesenbildung und vor allem die Überprüfung von Hypothesen sollte immer begleitet sein von einer gesunden Skepsis. Eine Hypothese ist nicht im eigentlichen Sinne „richtig" oder „falsch". Eine gewisse Intervention aufgrund einer bestimmten Hypothese bringt einen Prozess weiter oder eben nicht, ist also „nützlich" oder nicht. Sie ist daher keine Diagnose, sondern eine Möglichkeit. Und aus einer anderen Perspektive betrachtet schreibt Stölzel: „Eine entwickelte Skepsis bewährt sich (...) dadurch, dass sie mehr auf Hypothesen als auf Diagnosen, also mehr auf Möglichkeiten als auf Festschreibungen ausgerichtet ist – und sich damit begnügt zu sagen, wie die Menschen und Dinge erscheinen, statt wie sie vermeintlich sind" (Stölzel 2012, S. 265).

Daraus ergibt sich eine weitere zentrale Annahme:
Der Mensch *ist* nicht so, sondern er *verhält sich* so in einem bestimmten Zusammenhang/Kontext.

Der Prozessbegleiter „darf nicht den Fehler machen, seine Hypothesen mit der Wirklichkeit zu verwechseln; vielmehr stellen sie für ihn eine vorläufige Landkarte dar, die ihm Orientierung für das Betreten fremden Geländes bieten kann. Stellt er dann im Gelände leibhaftig fest, dass die Karte fehlerhaft ist, muss er sie korrigieren" (Barthelmess 2014, S.137).

Im Gegenzug wäre es ebenso wenig zielführend zu dem Schluss zu kommen, systemische Beratung käme ohne die Sichtweisen des Beraters aus: „Zum Einen ist der Berater als System gleichsam gezwungen, seine eigene Wirklichkeit herzustellen; andererseits – und dies ist wichtig – macht es ihm gerade seine eigne Sichtweise der (Klienten-)Dinge möglich, die notwendige Distanz zu wahren. Damit geht die „Chance einher, „Neues" für die Ratsuchenden bereitstellen zu können" (ebd., S. 132).

7.1.5 Intuition und Erfahrung

Intuition ist ein Gefühl, welches sich aus Erfahrungen speist. Sie wird so auch zur Brücke zu unseren unterbewusst gespeicherten Erfahrungen und eröffnet uns einen schnellen Zugang zu Handlungsimpulsen, die wir oft erst im Nachhinein bewusster begründen können.

Intuition entsteht auch durch eine Resonanz in uns selbst auf das, was wir von unseren Teilnehmenden bewusst oder unbewusst wahrnehmen. In der Arbeit mit Menschen geht es in der Rolle der Prozessbegleitung darum, diese Resonanz als Feedbackinstrument zu nutzen und dem zu vertrauen, was an Gefühlen, Reaktionen und Impulsen in uns ausgelöst wird. Das „Bauchgefühl" darf und soll ernst genommen werden, wenn es um Entscheidungen für Interventionen geht.

Spannend wird es, wenn sich Intuition und Bauchgefühl zweier begleitender Personen unterscheiden oder gar widersprechen. Hier ist Selbstreflexion gefragt: Was hat diese Wahrnehmung vielleicht mit mir oder meiner Geschichte zu tun?

Wissen und Erfahrung lassen sich von der Intuition nicht trennen, denn diese wird daraus gespeist. Je mehr ich weiß über bestimmte theoretische Modelle, verschiedene Themen, über Handlungs- und Reaktionsmuster beispielsweise bei Trauer, bei Umgang mit Veränderung, bei Konfrontation mit Ängsten oder anderen Themen, je mehr Erfahrungen ich mit unterschiedlichen Gruppen oder Einzelpersonen in verschiedenen Situationen gemacht habe, desto eher kommen mir vermeintlich passende Interventionen „in den Sinn". Gleichzeitig habe ich Zugriff auf eine größere Palette an Handlungsoptionen bzw. kann ich auch Dinge gelassener geschehen lassen. Parallel besteht die Gefahr, sich weniger überraschen zu lassen, etwas als „das kenn' ich schon" einzuordnen und damit weniger offen für die Prozesse zu werden.

Mit dem Wissen beispielsweise um die Modelle von Gruppenphasen und die Phase der „Gärung und Klärung" kann ich wechselnde Stimmungen besser einordnen, einen entsprechenden Rahmen bieten und die Zeit geben, Themen an die Oberfläche kommen zu lassen.

In der Erlebnispädagogik arbeiten wir zu einem großen Teil mit dem Medium Natur(sport). Dabei wissen wir beispielsweise um sich wiederholende Ängste bei Teilnehmenden vor Höhe, vor Wasser oder vor Dunkelheit und Alleinsein und haben wiederkehrende Muster im Umgang mit diesen Ängsten erlebt. Wir kennen die Reaktionen, dass manche Menschen beispielsweise plötzlich ganz still werden und in sich gekehrt sind, wogegen andere permanent verbal in Kontakt sein müssen, während sie auf den Pampers Pole klettern und oben noch „Witze reißen".

Unser Wissen leitet unsere Beobachtungsperspektive. Wir haben gelernt, in bestimmten Situationen auf besondere Aspekte zu achten und haben dabei Erfahrungen gesammelt. Diese werden zur Grundlage weiterer Handlungsschritte und Interventionen, immer im Hinblick darauf, dass wir zunächst Hypothesen bilden, die es zu überprüfen gilt.

7.2 Haltung

„Haltung ist eine kleine Sache, die einen großen Unterschied macht." (Winston Churchill)

Wenn wir bei Bacon (2003) oder Königswieser/Hillebrand (2011) nach Antworten auf die Frage forschen, was außer Techniken und Methoden noch zur Wirksamkeit und zur Entscheidung für bestimmte Interventionen beiträgt, kommen wir ziemlich schnell auf die Bedeutung der Person, die den Prozess begleitet:

Cornelia Schödlbauer schreibt in der Einleitung zur 2. Auflage der deutschen Übersetzung „Die Macht der Metaphern" über Stephen Bacon: „Er appelliert zunächst und vor allem an die Persönlichkeitsbildung der Instruktoren selbst, die bei ihm zu allererst in der Pflicht stehen. Bei allem Gerede über ‚hard skills' und ‚soft skills' als konsumierbarer und aneignungsfähiger Lerneinheiten verschwindet oft genug die Person, die diese Fähigkeiten ‚drauf hat' und an den Teilnehmenden erproben soll" (Bacon 2003, S. 13). Bacon selbst verwendet in der Zusammenfassung seines Werks die Metapher des „Webens": Er spricht von einem „Webstil" als Weg des Kursleiters, wie er das „Garn" (die Aktivitäten) zum „Wandteppich" eines Kurses verwebt (Bacon 2003, S. 138). Er schreibt weiter: „Dieser Webstil ist die wichtigste Determinante eines Kurses. Das ist nicht nur eine Technik oder eine Art besondere Methode; eher als das ist es die fundamentale Orientierung, der ein ganzer Kurs unterliegt. (...) Dieser Stil ist nicht allein eine bewusste Schöpfung – wenngleich Ausbildung und Erfahrung eine entscheidende Wirkung haben; vielmehr ist er der Ausdruck der impliziten Weltsicht des Kursleiters" (ebd.). Bacon schreibt, dass der Outward Bound-Stil durch die besondere Aufmerksamkeit gekennzeichnet sei, die er bestimmten Komponenten schenke: „Die erste dieser Komponenten ist die grundlegende Haltung des Kursleiters zu seinen Teilnehmern" (ebd.).

Königswieser und Hillebrand bemühen zu dieser Frage das Bild des Gärtners. „Er kann Strukturen legen, pflanzen, schneiden, düngen, veredeln, pflegen. Aber er kann keine Ananas pflanzen, wenn das Klima und der Boden dafür nicht geeignet sind. Er muss die Wachstumsbedingungen der Pflanzen kennen und respektieren" (Königswieser/Hillebrand in Tomaschek 2006, S. 76). Dabei sind besondere Eigenschaften gefragt: eine gute Beobachtungsgabe, Achtsamkeit, Einfühlungsvermögen, Intuition, Distanz und Nähe.

Schon die Tatsache, dass in beiden Beispielen in Bildern gesprochen wird, macht deutlich, wie schwierig es ist zu beschreiben, was sich bezüglich der Person Prozessbegleiter_in sozusagen „hinter den Kulissen" abspielt.

Königswieser und Hillebrand definieren Haltung auf diese Weise:

> „Haltung ist die Art und Weise, wie wir uns zu uns selbst und zu unserer Umwelt in Beziehungen bringen, wie wir uns mit unserer Außen- und Innenwelt auseinandersetzen, wie wir Beziehungen gestalten, in welchen ‚Schienen' wir denken und wahrnehmen. Sie bestimmt letztlich, was wir für ‚wahr-nehmen' oder für falsch halten. Haltung hat Konsequenzen für das eigene Selbstverständnis, für die Sicht von Professionalität, für bevorzugte Konzepte und Methoden" (Königswieser/Hillebrand in Tomaschek 2006, S. 74f.).

In dieser Definition wird erkennbar, wie der Aspekt der Haltung alles durchdringt und sowohl Ursprung als auch Produkt unserer Denk- und Verhaltensweisen ist. Die Autor:innen schreiben zudem:

→ „Unsere Haltung steht in enger Verbindung mit unserer Identität, dem Charakter, den Einstellungen, Wahrnehmungsweisen und Wirklichkeitskonstruktionen.

→ Haltung steuert unsere Denk- und Verhaltensweisen, liegt ihnen zugrunde, ist aber auch wieder ihr Ergebnis. Sie wird durch unsere Geschichte, unsere Prägungen, Erfahrungen, Bewertungen gebildet, und sie beeinflusst wiederum unsere Sicht von Welt" (ebd., S. 74f.).

Hier wird deutlich, wie viele verschiedene Faktoren zusammenspielen und auch wieder aufeinander rückwirken.

Johannes Keil und Pia Pasternack definieren eine professionelle Haltung folgendermaßen:

→ „Die professionelle Haltung bezieht sich einerseits auf ein handlungsleitendes professionelles Rollen- und Selbstverständnis im Sinne eines Habitus, andererseits auf die sich beständig weiterentwickelnde Persönlichkeit der pädagogischen Fachkraft" (2011, S. 49).

Wir sind der Überzeugung, dass es ein Zusammenspiel unterschiedlicher Faktoren ist, die dem zugrunde liegen, was letztlich „Haltung" genannt wird.

Für unser Verständnis von Haltung in der Erlebnispädagogik haben wir zum einen Prinzipien aus dem systemischen Ansatz gefunden, die für uns wichtige Aspekte wie Wertschätzung, Allparteilichkeit und Neugier untermauern. Zum anderen streben wir nach einer Haltung, die Authentizität ausstrahlt, also sich um echtes Interesse am Gegenüber bemüht und Spaß und Freude an den eigenen Aufgaben transportiert. Unser Idealbild einer Haltung in der erlebnispädagogischen Prozessbegleitung beinhaltet die Bereitschaft zur Selbstreflexion und das Pflegen einer Feedbackkultur.

Die nun im Folgenden beschriebenen Aspekte Wertschätzung, Allparteilichkeit und Neugier, Freude, Spaß und Humor sowie schließlich Selbstreflexion wirken zurück auf alles, was im Kapitel „Grundgedanken" beschrieben ist. Unsere Haltung beeinflusst unser Auftreten im Erstkontakt bei der Auftrags- und Rollenklärung, sie wirkt sich aus auf die Art und Weise, wie wir Beziehung aufnehmen und gestalten, sie entscheidet über den Umgang mit unseren Beobachtungen und Hypothesen, sie ist ausschlaggebend dafür, wie wir unsere Intuition als Informationsquelle nutzen und wie wir unsere Gefühle und Erfahrungen bewusst in die Arbeit einbeziehen.

7.2.1 Wertschätzung

Allein dadurch, dass ich als Person anwesend bin, verändere ich die Situation. Wäre jemand anders aus dem Team anwesend, wäre die Situation anders, nicht besser oder schlechter, einfach nur anders. Dieses „anders" entzieht sich jedoch meiner eigenen Erfahrung, da ich nun einmal immer dabei bin, wenn ich da bin. Und damit reicht es eben nicht, sich auf die Rolle, Funktion und Tätigkeit zu konzentrieren. Die Persönlichkeit der Prozessbegleitung ist neben der Veränderung, die an sich schon durch die Tatsache bewirkt wird, sich auf eine (erlebnispädagogische) Maßnahme oder Weiterbildung einzulassen, die zeitlich gesehen zweite wichtige Variable für einen gelingenden Veränderungsprozess. Von ihrer Bedeutung her jedoch stellen wir sie an die erste Stelle.

So ist also das Erste, was ich als Erlebnispädagog:in in einen Kontakt mit Kunden bzw. Teilnehmenden einbringen kann, meine eigene Person.

Eng damit verknüpft und von Anfang an spürbar ist eine wertschätzende Grundhaltung. Wertschätzung „wurzelt in einem humanistischen Menschenbild, in dessen Mittelpunkt Toleranz und Achtung vor den Mitmenschen und seinen Überzeugungen stehen" (Weiß und Schirmer in Lang et al. 2013, S. 113).

Königswieser und Hillebrand schreiben unter der Überschrift: „Wertschätzung als Basiswert": „Wertschätzung anderen Menschen gegenüber scheint uns im Systemansatz das entscheidendste Element der Haltung zu sein" (Königswieser/Hillebrand in Tomaschek 2006, S. 78).

Wertschätzung heißt für uns, dem Gegenüber zu transportieren: Ich akzeptiere dich so, wie du bist, und ich habe Interesse an dir. Das bedeutet zunächst Aufmerksamkeit: Ich nehme mir Zeit, mich auf die Person einzulassen, und ich mache mich frei von dem, was mich unabhängig von meinem Gegenüber gerade in meinem Inneren bewegt und beschäftigt. Ich biete ein Setting, in dem eine entsprechende Ruhe und Aufmerksamkeit auch gehalten werden können. Die wertschätzende Haltung spiegelt sich schließlich auch im Verhalten. „Wertschätzende Verhaltensweisen zeigen sich unter anderem darin, dass im zwischenmenschlichen Kontakt Respekt, Fairness und Freundlichkeit eine basale Rolle spielen" (Weiß und Schirmer in Lang et al. 2013, S. 113).

Zur Wertschätzung gehören auch Dankbarkeit, Anerkennung und Lob, da sie eine wertschätzende Haltung bewusst machen, transportieren und, wenn sie ausgesprochen werden, öffentlich machen.

Der Wortsinn „Wert schätzen" meint auch immer wieder die Suche nach und das Wahrnehmen von Stärken sowie das Anerkennen der Leistung eines Menschen – und sei dies auf Anhieb noch so schwer, z.B. wenn eine Person immer wieder störend und negativ auffällt oder mit bestimmten Verhaltensweisen meine eigene Geduld und Toleranzgrenze, ebenso wie die der Gruppe, strapaziert.

Ein weiterer Aspekt ist eine permanente Selbstreflexion darüber, was in meinem eigenen Kopf vor, während oder nach einem Kontakt in Bezug auf diese Person abläuft: In welche Schubladen stecke ich mein Gegenüber? Was erwarte ich? Bin ich noch offen genug für neue Aspekte? Welche Hypothesen habe ich und bin ich bereit, sie zu verwerfen? Was löst dieser Mensch an Gefühlen bei mir aus? Welchen Einfluss haben diese auf meinen Umgang mit der Person, beispielsweise auf meine Geduld oder Ungeduld?

Die Auseinandersetzung mit diesen Fragen hilft mir, mich immer wieder „einzunorden" und mich davor zu bewahren, von einer wertschätzenden in eine „abschätzige" Haltung abzurutschen.

Voraussetzung für eine wertschätzende Haltung anderen Menschen gegenüber ist ein wertschätzender Umgang mit sich selbst. „Wer sich selbst nicht akzeptiert, kann andere Menschen nicht akzeptieren und lieben" (Königswieser/Hillebrand in Tomaschek 2006, S. 78). Um mich selbst wertschätzen zu können, muss ich mich kennen. Und dafür wiederum muss ich mich mit mir selbst auseinandersetzen.

7.2.2 Allparteilichkeit, Neutralität und Neugier

Diese drei Prinzipien sind den Grundannahmen des systemischen Ansatzes entnommen.

Unter Allparteilichkeit wird in der systemischen Arbeit die Fähigkeit verstanden, für alle Mitglieder des Klientensystems (z.B. für alle Familienmitglieder in der Familienberatung) gleichermaßen Partei ergreifen zu können (vgl. Schlippe/Schweitzer 2003, S. 119).

Neutralität knüpft daran an, ist jedoch „nicht als Absicht gemeint, sondern wird von der Wirkung her verstanden" (Schlippe/Schweitzer 2013, S. 205). Oder wie Arnold Retzer es ausdrückt: „Neutralität ist kein Merkmal eines inneren Zustandes des Therapeuten (seines Erlebens), sondern ein Merkmal seines konkreten Verhaltens, das Klienten beobachten und dem sie Bedeutung geben können" (Retzer 2006, S. 162). Dies bedeutet nicht, als Prozessbegleitung keine eigene Meinung haben oder äußern zu dürfen, sondern nur, die eigene Meinung nicht als Maßstab zu nehmen. Zudem kann ein Prozessbegleiter nicht Objektivität,

„sondern immer nur Subjektivität zur Verfügung stellen" (Barthelmess 2016, S. 121), da seine Wirklichkeitskonstruktionen die Situation stets beeinflussen. Ergänzt wird dies durch die Tatsache, dass die Frage, ob eine Haltung als neutral erlebt wird, der Empfänger bestimmt und nicht der Sender.

Arnold Retzer (2006, S. 163 ff.) unterscheidet in Veränderungsneutralität, soziale Neutralität und Konstruktneutralität der Adressaten. Hinzu kommt eine Neutralität gegenüber den Zielen. Im Einzelnen bedeutet dies:

- Neutralität gegenüber Veränderungen: Als Berater:in bewerte ich das Problem nicht. Ich gebe keine Ratschläge oder Veränderungsimpulse bezüglich notwendiger Veränderungen im Adressatensystem. Ich weiß nicht, was getan werden muss, um etwas Bestimmtes zu erreichen. „Es gibt viele Wege nach Rom" und wer bin ich, anderen sagen zu können, welcher der für sie beste ist.
- Neutralität gegenüber sozialen Gefügen (Beziehungen): Damit ist die Neutralität der Berater:innen im Hinblick auf die Beziehungen zu seinen Klienten gemeint. Einladungen zur Parteinahme oder zu Koalitionen werden ausgeschlagen.
- Neutralität gegenüber Konstruktionen: Ich bewerte die jeweiligen Wirklichkeitskonstruktionen nicht, d.h., ich akzeptiere die Wirklichkeiten der Adressaten als „gleich gültig" (Hargens, 2006, S. 22). Dies beinhaltet auch religiöse Glaubensfragen, Lebensentwürfe und Weltbilder.
- Neutralität gegenüber Zielen: Ich bewerte die Ziele nicht und bleibe in der Haltung, nicht zu wissen, was für den einen richtig und für den anderen falsch sein könnte. Ich gebe keine Ratschläge im Sinne von: „Ich glaube, für Sie ist es sinnvoll, ... Sie müssen mehr, ... Sie brauchen dringend, ...".

Verschiedene Stimmen (wie die von Jürgen Hargens oder Gunther Schmidt) stellen die Meinung, die eigene Position als Prozessbegleitung nicht öffentlich machen zu dürfen, in Frage. Gunther Schmidt schreibt: „Aus meiner Sicht kann eine Kooperationsbeziehung nur dann Kraft gewinnen und den Beteiligten erlebbaren Sinn machen, wenn sie alle spürbar sind in ihrer Haltung. Dazu müssen alle Beteiligten Position beziehen können" (Schmidt in Hargens 2007, S. 9).

Zudem können Ratschläge und Empfehlungen bei Menschen, die gerade sehr fixiert sind auf ihr Problem und in einer sogenannten „Problemtrance stecken", durchaus dabei helfen, den Blick wieder zu weiten und neue Sichtweisen zu ermöglichen.

Hargens begründet, warum er mehr als früher eigene Ideen zu dem, was seine Klienten tun könnten, einbringt: „(...), weil ich zum einen von der Kundigkeit der KlientInnen überzeugt bin und weil ich zum anderen keine 'wirklichen' Ratschläge gebe, sondern lediglich Ideen und Möglichkeiten benenne, die mir hilfreich scheinen und die deshalb für die Klientin durchaus nicht passend sein und von ihr verworfen werden können" (Hargens 2007, S. 106f.).

Für den Kontext der Erlebnispädagogik erweist sich gerade dieser Aspekt der Neutralität, insbesondere der Neutralität gegenüber den Zielen, bei der Umsetzung als problematisch, wenn wir mit Menschen in einem sogenannten Zwangskontext arbeiten. Jugendliche kommen zu einem sozialen Trainingskurs, weil ein Gericht diesen verordnet hat. Schulklassen kommen zu einer Veranstaltung, weil die Lehrperson dies für notwendig erachtet. Teams kommen zu einem erfahrungsorientierten Training, weil die Abteilungsleitung Probleme in der Zusammenarbeit ausgemacht haben will. Für die Arbeit im Zwangskontext steigt die Bedeutung der Beziehung zwischen Teilnehmenden und Erlebnispädagog:innen (siehe 7.1.2).

Für die Erlebnispädagogik bedeutet Allparteilichkeit und Neutralität, mit dafür Sorge zu tragen, dass verschiedene Meinungen und Stile innerhalb einer Gruppe ihren Platz finden, so dass sich jeder Einzelne wahrgenommen, angenommen und akzeptiert fühlen kann. Und es bedeutet, die Auftragsklärung in hohem Maße ernst zu nehmen, und das nicht nur im Vorfeld mit den Auftraggebenden, sondern spätestens am Beginn der Maßnahme mit den Teilnehmenden selbst.

Neutralität in diesem Sinne begünstigt zudem eine „Haltung respektvoller Neugier" (Schlippe/Schweitzer 2003, S. 121). Systemische Neugier hat mehrere Aspekte: Sie steht für eine „Haltung des Nichtwissens" des Beraters, die gleichsam als Ressource zu verstehen ist und damit auch der Haltung entgegensteht, der Berater könne Probleme lösen oder Schaden reparieren. Um eine Neugierhaltung aufrechtzuerhalten, werden beispielsweise technische Mittel wie Hypothesenbildung und zirkuläres Fragen eingesetzt (ebd., S. 121).

Die Haltung der Neugier zeigt sich im kontinuierlichen Üben darin, für überraschende Wendungen im Prozess offen zu bleiben und nicht an eigenen Hypothesen und vorschnell getroffenen Urteilen festzuhalten. Dies geschieht im Umgang mit Hypothesen und durch Selbstreflexion: Bin ich noch bei den Themen der Gruppe oder beschäftigen mich gerade eigene Themen? Wie habe ich mir meine Meinung gebildet und bin ich noch offen genug, sie zu ändern?

7.2.3 Freude, Spaß und Humor

Freude und Spaß am eigenen Tun sind die Voraussetzung für die so oft geforderte Authentizität in der Arbeit mit Menschen. Schwing und Fryszer schreiben, dass „Authentizität, die Überschneidung von innerer Haltung und angewandter Methode, über die Wirksamkeit von Interventionen entscheidet" (2013, S. 326).

Wenn ich etwas mit echter eigener Begeisterung vermitteln kann, wird es mir leichter fallen, andere auch dafür zu motivieren und den sprichwörtlichen Funken überspringen zu lassen. „Spaß und Freude vermitteln setzt die Möglichkeit und die Erfahrung von eigenem Spaß und Freude voraus, sie kann nicht künstlich hergestellt werden" (Lang et al. 2013, S. 107).

Es steht in meiner Verantwortung, mir die Freude und den Spaß an dem, was ich tue, zu erhalten. Dazu muss ich wissen, was und wer mir guttut und wie ich Druck und Stress kompensieren kann. Was brauche ich selbst, um im Gleichgewicht zu sein? Wo sind meine eigenen Motivationsquellen und wie achte ich darauf, dass sie nicht versiegen?

Ein weiterer Aspekt ist der Humor. Nach Jürgen Hargens ist Humor „eine Form der Beziehung und entfaltet sich immer nur im Miteinander. (...) Humor entwickelt sich in der Begegnung aus der Situation heraus, indem sich Perspektiven verändern" (2007, S. 101). Wir kennen das alle, wenn wir bei einem Menschen nach einem bestimmten Kommentar „den gleichen Humor" feststellen und sofort das Gefühl haben, „auf einer Wellenlänge" zu sein, also an sich schon gleich eine Beziehungsstufe tiefer gegangen zu sein. Humorvolle Äußerungen, die in Situationen platziert werden, wo viel Unsicherheit und Vorbehalte im Raum sind, wie beispielsweise zu Beginn eines Gruppenprozesses, können „das Eis brechen" und schnellen Kontaktaufbau ermöglichen. Humorvoll gemeinte Kommentare geben immer schon etwas über denjenigen preis, der sie äußert. Damit kann erstes Kennenlernen initiiert und Interesse geweckt werden. So erleichtert Humor uns oftmals den Zugang zu Menschen und „öffnet die Tür zum Persönlichen, zur individuellen Haltung" (Stölzel 2012, S. 179).

In der Pädagogik leistet Humor hervorragende Dienste als Interventionsmethode, um Situationen zu karikieren, Aspekte zu überspitzen und dadurch zu entschärfen, zu entspannen und zu entkrampfen. „(...) Es geht dabei immer auch um ‚Umdeutungen', das (Heraus-) Finden guter Gründe und das Anknüpfen an dem, was der/die KlientIn will" (ebd., S. 102).
Nicht nur in der Interaktion mit anderen Menschen, sondern auch in Bezug auf den Umgang mit mir selbst ist Humor eine wichtige Ressource.

Thomas Stölzel schreibt: „Wie kaum etwas anderes ist ein persönlich entwickelter Humor (als Fundament für die eigenen Verhaltensmöglichkeiten) in der Lage, ein Bewusstsein für die eigene Haltung (zu den anderen, zur Welt, zu sich selbst) zugleich zu schärfen und zu verbessern und damit auch tragfähige Veränderungen zu ermöglichen" (2012, S. 178).

Somit ist Humor zugleich Bestandteil von Haltung wie auch Selbstreflexionsinstrument für diese. In seinen sehr unterschiedlichen Ausprägungen geht es nicht um das „vermeintlich Richtige oder Falsche, sondern um das Passende, situativ Angemessene" (ebd.). Eine Gefahr liegt darin, dass Humor unterschiedlich interpretiert und aufgefasst werden kann. Nicht selten führen humorvoll gemeinte Kommentare zu Missverständnissen, Unklarheiten oder zu dem Vorwurf, Humor unpassend eingesetzt zu haben, so dass angesprochene Personen sich verletzt fühlen.

7.2.4 Sprache

Sprache ist ein dem Menschen eigenes und sein wichtigstes Werkszeug, um Verhalten zu koordinieren (vgl. Barthelmess 2014, S.106). Denn sie ist laut Luckmann „sowohl Produkt als auch ‚Produzent' menschlicher Wirklichkeit" (Luckmann in Schlippe/Schweitzer 2013, S.122).

Unsere Wahrnehmungen, Erlebnisse und Erfahrungen werden in unserem psychischen System sprachlich repräsentiert, es finden also Verknüpfungen statt bzw. Umwandlungen nicht-sprachlicher Sinneseindrücke in kognitiv-sprachliche Erinnerungen/Repräsentationen. Bereits hier kommt es zu Fokussierungen und Reduktionen aus der Fülle unserer Wahrnehmungen. Andererseits drücken wir über Sprache aus, wie wir die Welt sehen und erzeugen und festigen auf diese Weise über Sprache unsere Wirklichkeit immer wieder neu.

Das bedeutet, die Verwendung von Sprache hat zwei Hauptfunktionen: Sie dient erstens als „interne Repräsentation von Erfahrungen (Wirklichkeitskonstruktionen)" (Barthelmess 2016, S.105) und ermöglicht zweitens „die gegenseitige Mitteilung dieser Repräsentationen" (ebd.).

Es leuchtet ein, dass verbale Kommunikation immer nur einen Teil dessen wiedergeben kann, was ursprünglich erlebt und erfahren wurde oder was die Person, die kommuniziert, an Bedeutung mit den Worten verbindet. Kommunikation stellt also eine „drastische Komplexitätsreduktion dar, die durch Generalisierungen, Tilgungen und Verzerrungen gekennzeichnet ist" (ebd., S.107).

Im Zusammenleben wie auch in der Prozessbegleitung erfahren wir demnach über Kommunikation von der Wirklichkeit anderer Menschen und teilen im Gegenzug unsere eigene Weltsicht über Sprache mit. Dies gibt uns Anhaltspunkte, wie oben bereits benannt, um Verhalten zu koordinieren.

Nun wissen wir einerseits um die vielfältigen Hürden und Schwierigkeiten, die Kommunikation für Sender und Empfänger von Botschaften mit sich bringt, andererseits bleibt die Sprache über die nonverbale Kommunikation hinaus unsere wichtigste Informationsquelle.

Um uns möglichst genau in die Wirklichkeitskonstruktionen unserer Teilnehmenden einfühlen zu können, macht es Sinn, wenn wir von einer grundsätzlichen Haltung des Nichtverstehens ausgehen: Dies ermöglicht uns, eine Haltung der Neugier möglichst lange aufrecht zu erhalten und durch detailliertere Nachfragen (z.B. „Was noch?") sich einerseits einem eigenen besseren Verstehen anzunähern und andererseits die Teilnehmenden anzuregen, noch genauer nachzudenken und ihrerseits zu mehr Selbstverstehen zu kommen.

Sprache ist also auch Ausdruck von Haltung. Ich kann eine Haltung der Neugier unterstützen, indem ich offene Fragen stelle: „Welche Fragen habt ihr noch?" anstatt: „Habt ihr noch Fragen?" oder: „Was bewegt dich gerade? " anstelle von: „Bist Du zufrieden?"

Inwiefern die Wortwahl einen Unterschied machen kann, hat Manfred Prior in seinen „Minimax-Interventionen" eindrücklich dargestellt (vgl. Prior 2017). In Formulierungen wie „wozu?" anstatt „warum?" wird der Blick auf die (subjektiv positive) Absicht eines Verhaltens gelenkt, weg von der Ursache. Ein „richtig oder falsch" durch ein „wirksam oder nicht wirksam" zu ersetzen, transportiert die Annahme, dass es immer auf die Sichtweise ankommt und eine Wertung meist nichts zu einer Lösung beiträgt.

Ein „Wer möchte noch?" anstelle eines: „Wer hat noch nicht?" unterstreicht das Prinzip der Freiwilligkeit, beispielsweise bei Vertrauensübungen.

Bei Diskussionen in der Gruppe animieren wir die Teilnehmenden gerne dazu, überall in ihrer Argumentation das Wort „aber" durch „und" zu ersetzen. Dies verändert sowohl die Haltung des Zuhörers, auf dessen Beitrag gerade reagiert wird, als auch die Haltung des Sprechers, der nun das vorangegangene Argument eher wertschätzt und lediglich durch einen weiteren Satz ergänzt.

Die Frage: „Was brauchst Du gerade?" hat uns beispielsweise bei einem emotional aufgewühlten Teilnehmer eher in ein lösungsorientiertes Gespräch geführt als ein alleiniges: „Was ist passiert?", da sie einerseits die Wahrnehmung auf den aktuellen Zustand lenkt bzw. auf die Zukunft ausrichtet und andererseits dem Teilnehmer implizit zutraut, dass er weiß, was für ihn gut ist. Diese Haltung der Expertenschaft der Teilnehmenden für ihre eigenen Themen und Bedürfnisse unterstreichen wir beispielsweise durch Aufforderungen wie: „Tut was euch gut tut" oder „Sorgt für euch" etwa zu Beginn einer Pausen- oder Vertiefungszeit.

Wir haben für uns festgestellt, wie sehr durch sprachliche Feinheiten Unterschiede entstehen, mit denen wir in Anmoderationen, Reflexionen oder in der Begleitung von Teilnehmenden in subjektiv erlebten Grenzsituationen unsere Haltung deutlich machen können. Und darüber hinaus festigen wir durch die Anwendung bestimmter Formulierungen genau diese Haltung.

Es lohnt sich immer wieder, nach diesen Feinheiten zu suchen!

7.2.5 Selbstreflexion und Selbsterfahrung

Selbstreflexion als Bestandteil von Haltung bedeutet zunächst:
Ich muss mir dessen bewusst sein, dass ich mich selbst „immer dabei habe", mit meiner Biografie, meinen Mustern, meinen Wertvorstellungen, meinen Gefühlen. Deshalb hat alles, was ich wahrnehme, denke, sage oder tue, per se eine subjektive Färbung und stellt schlussendlich eine „aktive Konstruktion" (Schwing/Fryszer 2013, S. 57) dar.

Das Bewusstsein darüber führt dazu, dass ich im begleitenden Kontakt mit anderen Menschen mich immer wieder selbst beobachten und hinterfragen muss, um herauszufinden, was von dem, was ich wahrnehme, mit mir und meiner Geschichte zu tun hat und welche Aspekte mir als Informationen über mein Gegenüber dienen können. Ich muss meine Reaktionsmuster kennen, meine wunden Punkte, die mich aus der Haut fahren lassen. Ich muss mir bewusst sein, was welche Verhaltensweisen anderer Menschen bei mir auslösen, um meine Reaktionen nicht als Projektionen meines Gegenübers fehl zu interpretieren.

Hermann Hesse sagt: „Wenn wir einen Menschen hassen, so hassen wir in seinem Bild etwas, was in uns selbst sitzt. Was nicht in uns selbst sitzt, das regt uns nicht auf" (Hesse 1987, S. 112). In diesem Wissen können wir eigene Reaktionen in Bezug auf unsere Kunden/Teilnehmenden besser interpretieren und einordnen und uns somit besser auf den Weg unseres Gegenübers einlassen. „Ohne die oft zu engen Vorstellungen, wie etwas zu sein hat, loszulassen, ohne Zulassen, ohne Durchlässigkeit können wir kreative, ungewöhnliche Lösungen der Klienten nicht unterstützen und begleiten" (Königswieser/Hillebrand in Tomaschek 2006, S. 78).

Zusätzlich sind unsere Handlungen natürlich auch abhängig von der Tagesform (ausgeschlafen oder müde), vom aktuellen beruflichen und privaten Umfeld (gibt es irgendwo Probleme, Stress?) oder von anderen Themen. „Emotionale Reaktionen (Wut, Traurigkeit, Freude), körperliche Reaktionen (Müdigkeit, Anspannung, Bewegungsimpulse) und kognitive Reaktionen (Bilder, Gedanken, Erinnerungen) sind Spiegelungen des Geschehens und damit wichtige Mittel der Informationsaufnahme" (Schwing/Fryszer 2013, S. 57). Auf diese Reaktionen zu achten, sie auszudifferenzieren und ernst zu nehmen ist ein Lernprozess und setzt Selbsterfahrung voraus.

In der Psychoanalyse gibt es den Begriff der „Gegenübertragung", der „im Wesentlichen die Reaktionsweisen des Therapeuten auf die Person des Klienten" (Barthelmess 2016, S. 121) beschreibt; also „Stimmungen, Körperempfinden, Gefühle, Phantasien, Einfälle, Handlungsimpulse und tatsächliche Handlungen (Interventionen)" (ebd., S. 122), wie sie im konkreten Kontakt zwischen Prozessbegleitung und einem bestimmten Kunden/Teilnehmenden entstehen.

Barthelmess entlehnt den Begriff der Gegenübertragung für die systemische Beratung und nennt dementsprechend die Analyse dieser eigenen Reaktionsweisen des Beraters auf den jeweiligen Klienten „Gegenübertragungsanalyse". Diese hat zum Ziel, „uns unsere beraterischen Reaktionen und Aktionen bewusst zu machen und sie somit besser für uns selbst und den Beratungsprozess nutzbar zu machen" (Barthelmess 2016, S. 123), da wir sie dann erklären und verstehen können.

Die Notwendigkeit der Selbstreflexion zieht sich durch alle oben beschriebenen Aspekte:

- Jeder Kontakt zu anderen Menschen, und sei es nur durch eine E-Mail oder ein Telefonat, lässt Bilder, Eindrücke und Interpretationen in mir entstehen, die es immer wieder neu zu enthüllen gilt, um Informationen ordnen und weiterverarbeiten zu können.
- Das Erfüllen des Auftrags und die Art der Rolle müssen immer wieder neu überprüft werden, damit ich weiß, ob ich mit den Teilnehmenden in der gleichen Richtung unterwegs bin.
- Das Gelingen des Beziehungsaufbaus wird reflektiert (Haben wir sie „erreicht"?), um gegebenenfalls nachsteuern und Unstimmigkeiten bearbeiten zu können.
- Es ist wichtig, der Frage nachzugehen, welche Brille ich aufsetzen will oder vielleicht schon aufgesetzt habe, um Beobachtungen nicht unpassend zuzuordnen.
- Hypothesen müssen bewusst gemacht werden, damit sie als Hinweise für Entscheidungen nutzbar sind.
- Sich selbst im Kontakt zu anderen und in den Gedanken über andere zu beobachten gibt Aufschluss über meine Haltung: Bin ich noch wertschätzend, allparteilich und neugierig?
- Die Überprüfung meiner Motivation (Habe ich noch Spaß an der Sache oder wie halte ich noch durch?) hilft mir, rechtzeitig wahrzunehmen, was ich denn gerade brauche, um mich auf meine Teilnehmenden gut einlassen zu können.

Meine eigene Beobachtung und Selbstreflexion können jedoch immer nur einen Teil des ganzen Bildes abdecken. Darum ist es unerlässlich, sich mit Kolleg:innen und auch den Teilnehmenden über die unterschiedlichen Wahrnehmungen auszutauschen. Wir sollten davon ausgehen, dass „... ähnlich wie beim menschlichen Sehen, sich Tiefenschärfe erst beim Abgleich verschiedener Bilder einstellt" (Schwing/Fryszer 2013, S. 327). Somit sind Feedbackgespräche, Team-Supervision, kollegialer Austausch und kollegiale Beratung eine wichtige Unterstützung der Selbstreflexion.

Das Thema Selbsterfahrung spielt in Bezug auf herausfordernde Situationen in der Erlebnispädagogik ohnehin eine wiederkehrende Rolle: Wir sind der Meinung, dass wir, um Menschen über die Schwelle in die Lernzone begleiten zu können, auch selbst häufig über diese Schwelle gegangen sein und immer wieder gehen müssen. Nur so können wir nachempfinden, was Menschen an dieser Stelle bewegt, und Handlungsmöglichkeiten eröffnen. Es ist ein erklärter Grundsatz, dass wir alles, was wir anleiten, auch mehrfach selbst erlebt haben.

Selbsterfahrung heißt: Sich selbst in verschiedenen Situationen im Kontakt mit anderen Menschen immer wieder mit den eigenen Mustern; Gewohnheiten und Einstellungen zu erleben und spiegeln zu lassen, um „Stärken nutzen zu können und Schwächen durch Achtsamkeit balancieren zu können“ (Schwing/Fryszer 2013, S. 328).

Schwing und Fryszer (ebd., S. 328f.) nennen unter anderem noch weitere Wirkungen von Selbsterfahrung:

- Eigene blinde Flecken werden erfahrbar, was Verstrickungen in Systemen vermeiden und notwendige Distanz unterstützen kann.
- Durch eine Erweiterung der Perspektiven (z.B. durch Austausch im Team) weitet sich auch das Spektrum für Hypothesen.
- Ein eigenes inneres Nachvollziehen und Verstehen verschiedener Reaktionen auf Herausforderungen oder Blockaden erleichtern den Zugang zu (auch „schwierigeren“) Teilnehmenden.
- Verhinderung von Burn-out-Prozessen, da Verletzlichkeiten, Anspannung und Belastung frühzeitig erkannt werden können. „Achtsamer Umgang mit uns selbst bedeutet, in solchen Kontexten zu arbeiten, in denen wir unsere Stärken am besten entfalten können, und uns aus solchen Bereichen, in denen wunde Punkte tangiert sind, zeitweise oder ganz zurückzuziehen oder gute kollegiale Unterstützung zu installieren“ (ebd., 2013, S. 329).

Nun noch einmal zurück zu unserem Szenario aus dem erlebnispädagogischen Alltag am Anfang dieses Kapitels.

Wir versuchen im Weiteren anhand des Beispiels die beschriebenen Aspekte in ihrer Wechselwirkung aufzuzeigen. Das soll vor allem dazu dienen, die Zusammenhänge und permanent im Hintergrund ablaufenden Prozesse zumindest andeutungsweise sichtbar zu machen.

Art des Kontaktes	Was passiert?	Grundgedanken und Haltung
E-Mail zu Beginn	Hier bekomme ich bereits erste Informationen über den Kunden und mache mir erste Gedanken und Bilder: Wie sind der Schreibstil und die Anrede? Wie ist die Rechtschreibung? Welcher Eindruck über den Menschen entsteht bei mir dadurch? In welche „Schublade" stecke ich die Schulform, die Herkunft der Klasse oder die Lehrperson?	Hypothesenbildung Selbstreflexion
Telefonische Absprachen	Schon hier beginnt die erste Schleife zwischen Hypothesenüberprüfung und Intervention: Mit welcher Brille gehe ich in das Gespräch? Bin ich offen für neue Eindrücke? Wie gelingt mir eine wertschätzende Kommunikation? Was löst das Gespräch bei mir aus? Aufgrund welcher Sachinformationen schlage ich welche Programmbausteine vor?	Hypothesenbildung Sichtweise/Brille Beziehung Wertschätzung Selbstreflexion Neugier
Übergabe an die durchführenden Erlebnispädagog:innen bzw. Briefing der Kollegschaft	Hier steckt womöglich schon ein erster persönlicher Filter eines anderen Menschen zwischen mir und dem Kunden. Wie gehe ich mit den Informationen und Hypothesen desjenigen um, der den Auftrag entgegengenommen hat? In welchem Verhältnis stehe ich zu dieser Person? Was motiviert mich, diese Aktivität durchzuführen, und was nicht? Bin ich mir bewusst darüber? Wie gerne arbeite ich mit der Person zusammen, die die Veranstaltung ebenfalls begleitet?	Hypothesenbildung Selbstreflexion Freude und Spaß Neugier

Art des Kontaktes	Was passiert?	Grundgedanken und Haltung
Erster Kontakt mit der Klasse	Schon beim ersten Eindruck startet sogleich wieder die Hypothesenbildung und gleichzeitige Hypothesen-Überprüfung. Ich beginne zu beobachten und verschiedene Brillen aufzusetzen. Die ersten Interventionen wähle ich entweder nach „Plan A" oder werfe diesen bereits um und entscheide nach eigener Intuition oder Eigenmotivation. Wie gelingt es mir, eine wertschätzende Haltung verbunden mit Allparteilichkeit, Neutralität und Neugier einzunehmen? Wie ändert sich meine Motivation, mit der Klasse zu arbeiten, jetzt, wo ich die Jugendlichen kennenlerne?	Hypothesenbildung Beziehung Rollenklärung Auftragsklärung Sichtweisen/Brillen Beobachtung Erfahrung/Intuition Wertschätzung Allparteilichkeit, Neutralität, Neugier Selbstreflexion
Weitere Interventionen über den Tag	Jeder neuen Frage, jeder neuen Intervention gehen weitere Beobachtungen und Hypothesen voraus. Die Hypothesen entstehen aus Vorerfahrungen – sowohl aus der Beobachtung der Reaktionen auf vorangegangene Interventionen im Laufe des Tages als auch aus meinem allgemeinen Erfahrungsschatz. Die Klasse und ich lernen uns gegenseitig besser kennen und einschätzen: Eine gewisse Beziehung ist aufgebaut. Dies hilft mir auch, intuitiv ein Gefühl für passende Interventionen zu entwickeln. Die Schülerinnen und Schüler können im Prozess direkt an der Auftragsklärung beteiligt werden und mitentscheiden, dabei achte ich darauf, meine Haltung der Neutralität und Allparteilichkeit wie auch der Wertschätzung allen Äußerungen gegenüber aufrechtzuerhalten. Ich reflektiere immer wieder für mich und mit meinen Kolleg:innen, welche Brillen wir gerade nutzen und welche Impulse oder Gefühle bei uns selbst in der Reaktion auf die Klasse spürbar sind.	Hypothesenbildung (Rollenklärung) Beobachtung Erfahrung/Intuition Beziehung Sichtweisen, Brillen Auftragsklärung Wertschätzung Allparteilichkeit, Neutralität, Neugier Selbstreflexion

7.3 Zusammenfassung

Unsere Ausgangsfragen lauteten:
Wie kommen wir als Erlebnispädagog:innen zu der Entscheidung, wann wir wie in den Prozess intervenieren? Haben wir das „im Gefühl" und was passiert, wenn „mit dem Gefühl was nicht stimmt"? Wo ist die Quelle der Inspiration, aus der Erlebnispädagog:innen ihre Entscheidungen treffen?

Die Informationen, die wir als Grundlage für unsere Entscheidungen und Interventionen heranziehen, kommen aus unterschiedlichen Ebenen: aus unserem Wissen, aus unserer Erfahrung und Intuition sowie aus unseren Beobachtungen. Hierzu haben wir „Grundgedanken" formuliert, die auf unsere Prozessgestaltung Einfluss nehmen:

Auftragsklärung und Rollenklarheit stellen erste Weichen, in welche Richtung der Prozess gehen soll, und setzen Leitplanken für Interventionen.
Wir sehen den Beziehungsaufbau als notwendige Voraussetzung, um überhaupt damit zu beginnen, einen Entwicklungsprozess zu begleiten. Dabei geben meine individuellen Sicht- und Betrachtungsweisen meinen Beobachtungen einen bestimmten Fokus.
Aufgrund dieser Beobachtungen entwickle ich Hypothesen. Das führt nach bewusstem Abgleich mit meinem Wissen und meinen Erfahrungen (oder denen der Kolleg:innen) oder aus einem intuitiven Bauchgefühl heraus dazu, dass ich mich für eine „Brille" entscheide. Diese Brille fokussiert nun wieder meine Wahrnehmung und steuert meine Beobachtung. Durch diese selektive Wahrnehmung geht natürlich auch Information verloren. Schließlich treffe ich aufgrund meiner Brillen und Hypothesen die Entscheidungen über meine Interventionen. Ich beobachte daraufhin die Reaktionen der Teilnehmenden, überprüfe und adaptiere meine Hypothesen und weiteren Interventionen. Dies ist ein Kreislauf oder eine Spiralbewegung, die sich ständig fortsetzt.
Intuition und Erfahrung fließen unterstützend mit ein und hängen eng damit zusammen: Durch Beobachtung bekomme ich intuitiv Zugang zu meinen Erfahrungen; das Beobachtete wird damit abgeglichen und interpretiert. So kann ich bewusst oder unbewusst, also intuitiv, auf der Grundlage meiner Erfahrungen Entscheidungen über Interventionen treffen.
Alle genannten Aspekte nehmen aufeinander Einfluss und stehen in einer Wechselwirkung.

Vieles von dem, was bei dieser Betrachtung als „nicht richtig greifbar" erscheint, hängt mit der den Personen der Erlebnispädagog:innen an sich zusammen. Die sogenannte „Haltung" erscheint schwer fassbar, da sie sich wiederum aus verschiedenen Teilaspekten zusammensetzt.

Wertschätzung ist der wesentlichste Teil dieser Haltung. Die Vermittlung des Gefühls von Angenommensein, Akzeptanz und Interesse wird zum Türöffner für einen gelingenden Prozess. Voraussetzung dafür sind die Wertschätzung der eigenen Person und eine permanente Selbstreflexion über Hypothesen und Gefühle bezüglich des Gegenübers.
Das gilt ebenso für die Aspekte Allparteilichkeit, Neutralität und Neugier.
Allparteilichkeit als Fähigkeit, auf jeder Seite stehen zu können, und Neutralität als daraus resultierende Wirkung auf die Teilnehmenden, die nicht wissen, welches die persönliche Position der Prozessbegleitung ist. Dies begünstigt eine Haltung der Neugier und Offenheit und unterstützt die Annahme Klient:innen als Expert:innen.
Zusätzlich sind es die Freude und der Spaß an dem, was ich tue, die zur Haltung beitragen und somit natürlich Einfluss auf meine Entscheidungen und Interventionen haben.
Das heißt auch, dass ich darauf achte, eine angemessene Balance für mich zu finden, um mir diese Freude zu erhalten.
Humor kann mir – wenn ich ihn reflektiert einsetze – schnellen Zugang zu Menschen eröffnen oder Situationen entspannen, da er eine andere Perspektive und dadurch Distanz ermöglicht.

Bei jedem einzelnen oben genannten Aspekt sind Selbstreflexion, Auseinandersetzung mit mir selbst und die Kenntnis über eigene Stärken und Schwächen, über Werte und Muster wesentlicher Bestandteil. Zudem kann mir die eigene emotionale Resonanz als Information über die Teilnehmenden und deren Gefühle dienen.

Eine weitere Ebene ist die, dass nur durch Selbstreflexion Haltung überhaupt erst entwickelt werden kann. Auf diese These werden wir in Kapitel 9 genauer eingehen.

Im folgenden Kapitel werden wir ganz konkrete Thesen formulieren, wie wir glauben, als Erlebnispädagog:innen noch wirksamer handeln zu können. Damit bauen wir auf den bereits genannten Aspekten auf und beziehen weitere systemische Prinzipien mit ein.

8. Systemische Prinzipien in der Erlebnispädagogik

8. Systemische Prinzipien in der Erlebnispädagogik

Wir haben uns mit der Frage beschäftigt, wie Erlebnispädagog:innen entscheiden und wie die subjektive Färbung einer Intervention zustande kommt. Dazu haben wir auf systemische Prinzipien und Grundannahmen zurückgegriffen und Aspekte von Haltung aufgeschlüsselt.

Wir werden nun erläutern, inwiefern sich aus unserer Sicht systemisches Denken und Erlebnispädagogik gegenseitig ergänzen. Anschließend formulieren wir konkrete Thesen darüber, wie die Wirksamkeit von Erlebnispädagog:innen durch eine systemisch geprägte Haltung erhöht werden kann.

8.1 Die Ausgangslage: eine Paradoxie

Bei genauerer Betrachtung der „Systemtheorie" und des „Konstruktivismus" ergibt sich ein scheinbarer Widerspruch zwischen dem darauf aufbauenden systemischen Ansatz und der Intention von Erlebnispädagog:innen, Entwicklung gezielt zu fördern. Genau genommen sind alle einzelnen Teilnehmenden jeweils ein System, oder noch besser ein Zusammenschluss von mehreren Systemen, das sich von seiner Umwelt und somit auch von uns als Erlebnispädagog:innen in spezifischer Weise abgrenzt. Es werden nur diejenigen Umweltreize „hineingelassen", die die Teilnehmenden als „wichtig" und „nützlich" betrachtet (Barthelmess 2016, S. 49f.). Somit weisen Systeme zwar eine gewisse Umweltoffenheit auf, doch sie nehmen diese Umwelt stets nur gemäß ihren eigenen inneren Strukturen wahr (ebd. 2016, S. 22), da sie sich ihre Wirklichkeiten selbst konstruieren.

Wir wollen von außen durch Interventionen Entwicklung fördern, Systeme (also auch unsere Teilnehmenden) können sich aber nur selbst verändern. In Anbetracht dieses Widerspruchs ergibt sich für die Erlebnispädagogik folgende zentrale Aussage: Wir können unsere Teilnehmenden zwar mit bestimmten Aktivitäten und Interventionen konfrontieren, es ist jedoch prinzipiell nicht vorhersehbar, wie diese darauf reagieren werden. Alles, was wir beobachten können, ist die Art und Weise, wie die Teilnehmenden auf diese Umweltreize reagieren.

8.2 Potentiale der Erlebnispädagogik

Wenn wir nun weiter dem nachgehen, welche Möglichkeiten insbesondere Erlebnispädagog:innen haben, mit oben genanntem Widerspruch umzugehen, ergeben sich aus dem, was Manuel Barthelmess als „systemische Kunst" (Barthelmess 2016, S. 52ff.) beschreibt, einige Antworten für die Erlebnispädagogik.

Manuel Barthelmess hat durch verschiedene Zugänge versucht, zum Kern des Tuns eines systemischen Beraters vorzudringen, und zwar jenseits von Technik und Methode (ebd.). Die Inhalte seiner drei Hauptantworten haben wir zum Teil bereits in Kapitel 7 angesprochen:

Dabei geht es um Grundhaltungen wie „Nichtwissen, Nichtverstehen, Eingebundensein und Vertrauen", um das Bewusstsein des „Hutes" der Prozessberater:innen und um „Rollenklarheit" (ebd.).

In seiner vierten Antwort bezeichnet er den „systemischen Experten" als „Künstler". Er beschreibt dreierlei Zugänge zu dieser „Kunstform systemische Beratung":

Der Berater als
1. „Fokussierer von Aufmerksamkeit (hypno-systemischer Zugang),
2. Kreateur von Geschichten (narrativ-systemischer Zugang)
3. Gestalter von Kontexten (konstruktivistisch-systemischer Zugang)" (ebd., S. 54).

Diese drei künstlerischen „Rollen" in der Beratung lassen sich direkt auf die Erlebnispädagogik übertragen:

Zu 1) Mit dem Aspekt der Aufmerksamkeitsfokussierung betont Barthelmess die Veränderungsmöglichkeit der Bewusstseinsausrichtung und damit der Gefühle des Klienten.

In der Erlebnispädagogik nutzen wir immer wieder die Chance, die Aufmerksamkeit der Teilnehmenden auf andere Aspekte zu lenken. Im oben als hypno-systemisch bezeichneten Zugang wird davon ausgegangen, dass eine bestimmte Aufmerksamkeitsfokussierung mit bestimmten Gefühlen sowie Körperreaktionen und -haltungen verknüpft ist. Wird der Fokus verändert, können sich auch die Gefühle verändern.

Teilnehmende, die sich icht trauen, eine Seilbrücke zu überqueren, könnten für sich folgende Deutung entwickeln: „Ich bin nicht mutig, weil ich nicht über die Seilbrücke gehe." Begleitende Erlebnispädagog:innen haben nun die Möglichkeit, Fragen zu stellen oder bestimmte Techniken wie zum Beispiel Reframing zu nutzen.

Reframing bedeutet, einen neuen Rahmen zu setzen, und geschieht, wenn wir beispielsweise bestimmte von Teilnehmenden vorgenommene Deutungen seines Verhaltens in einen anderen Kontext stellen: „Es ist mutig, zu seinen Grenzen zu stehen und vor der Gruppe ‚Nein' zu sagen." So kann im genannten Beispiel aus einem Gefühl von Scham, Enttäuschung und Versagen ein Gefühl von Stolz werden, das neue Energie freisetzen und mit dem aktives Tun statt passives Ausgeliefert-Sein assoziiert werden kann.

Erlebnispädagog:innen können als „Fokussierer von Aufmerksamkeit" neue Aspekte einer Wahrnehmung oder eines Verhaltens beleuchten und dadurch Gefühle und Bewusstseinsmuster der Teilnehmenden verändern.

Zu 2) Mit dem Kreieren von Geschichten unterstreicht Barthelmess die Bedeutung von Sprache bei der Interpretation von Erlebnissen und bei der Art und Weise des Fragenstellens in der Interaktion und Prozessbegleitung (Barthelmess 2016, S. 54ff.).

Als „Kreateure von Geschichten" helfen Erlebnispädagog:innen dabei, über sprachliche Interventionen in Form von Fragen oder durch eigene Bilder und Geschichten sowohl nonverbale Erfahrungen in Sprache umzuwandeln als auch Geschichten der Teilnehmenden als Ausdruck ihrer Wirklichkeitskonstruktion zu ergänzen, zu verändern oder neu zu kreieren.

Am Lagerfeuer erzählt uns eine Teilnehmerin, dass sie, wie in einer Geschichte, die sie einmal gehört hat, immer wieder das Gefühl bekomme, auf einer Veranda zu sitzen und in den Nebel zu sehen. Sie verspüre dabei einen großen Drang zu wissen, was sich jenseits des Nebels befinde, und male sich alles Mögliche aus. Dieser Gedanke hole sie immer wieder ein.

Wir unterhielten uns zu fünft in einem längeren Gespräch am Lagerfeuer über die Fragen nach den Schritten ins Ungewisse, den Gedanken, erst einen sicheren Platz verlassen zu müssen, damit etwas „Neues" entsteht, über Risiken, die man eingehen muss, ...

Bis ein Kollege sagte: „Oder, Du buchstabierst Nebel einfach rückwärts!"

Zu 3) Die Gestaltung von Kontexten dient als Möglichkeit der indirekten Einflussnahme auf Systeme, die sich nur selbst verändern können (Barthelmess 2016, S. 62ff.).

Erlebnispädagog:innen haben die Aufgabe und die Fähigkeit, die Teilnehmenden „mit Informationen, Reizen, Kontexten, Umgebungen und Interventionen so zu versorgen, dass die Chance erhöht wird, dass sich das betreffende Klientensystem positiv weiterentwickelt" (ebd., S. 24). Und bei dieser Weiterentwicklung geht es, wie es Rainer Schwing und Andreas Fryszer (2015, S. 13) ausdrücken, „(...) um Veränderung, wie wir die Welt sehen und erleben, wie wir gefühlsmäßig reagieren und wie wir in unserem Denken und Handeln mit der Welt in Beziehung treten".

Erlebnispädagogik kann in hohem Maße durch einen „anregungsreichen Kontext" (Barthelmess 2016, S. 52) dazu beitragen, bei den Teilnehmenden Entwicklung zu begünstigen. Dies gilt insbesondere dann, wenn man Erlebnispädagogik nicht als Aneinanderreihung von Aktivitäten (wie beispielsweise Natursportarten) und (anschließender) Reflexion betrachtet, sondern den Blick auch auf die Rolle der Erlebnispädagog:innen, als Begleitung von Menschen in ihrer Entwicklung, lenkt. Wie wir bereits erläutert haben, ist hierbei die Person der Erlebnispädagog:innen ein wesentlicher Faktor. Manfred Spitzer formuliert es so: „Was den Menschen umtreibt, sind nicht Fakten und Daten, sondern Gefühle, Geschichten und vor allem andere Menschen" (Spitzer 2006, S. 160).

Erlebnispädagog:innen müssen dabei verstehen, welche Dynamiken sie auslösen können, und ein Bild davon haben, warum sie sich für eine bestimmte Intervention entscheiden. Während eines prozessorientierten Trainings wird aus systemischer Sicht versucht, mit bestimmten Aktivitäten ein System (ein Team, eine Gruppe, einen einzelnen Teilnehmenden) emotional zu bewegen und neue Wirklichkeitskonstruktionen anzuregen.

Systemische Erlebnispädagogik stellt weder eine wissenschaftsgeleitete Anwendung systemtheoretischer Konzepte noch eine reine Anwendung von Techniken dar. Verbunden wird beides durch die Person des systemisch Arbeitenden und durch eine Reihe grundlegender, das konkrete Handeln inspirierender Prämissen und Haltungen (vgl. Schlippe/Schweitzer 2003, S. 116).

Im Folgenden werden die erarbeiteten Grundannahmen, Haltungen und Zielsetzungen in neun Themenbereiche gebündelt und konkret auf den erlebnispädagogischen Kontext bezogen. Am Ende jedes Abschnittes entwickeln wir eine These für eine von systemischen Sichtweisen geprägte Erlebnispädagogik, von denen wir hoffen, dass sie zum Weiterdenken anregen.

8.3 Thesen für die erlebnispädagogische Praxis

Die neun Thesen, die nun beschrieben werden, sollen aus den bisherigen Ausführungen Erkenntnisse ableiten und Empfehlungen für die konkrete erlebnispädagogische Arbeit darstellen: Was bedeutet das alles für uns als Erlebnispädagog:innen? Was genau können wir verändern? Wo können wir andere Schwerpunkte setzen oder veränderte Blickwickel einnehmen? Auf was konkret sollten wir achten?

Dabei wählen wir bewusst nur einige für uns maßgebliche Themen aus dem Bereich des systemischen Denkens aus, wissend, dass hier auch viele andere Aspekte dargestellt werden könnten.

8.3.1 Zutrauen entwickeln

Pygmalion-Effekt

In den Sechzigerjahren wurde an der Oak-School-Grundschule von Robert Rosenthal ein Test mit 18 Lehrerinnen und 650 Schüler:innen durchgeführt. Man führte einen Intelligenztest mit den Schülern durch und behauptete gegenüber den Lehrerinnen, dass dieser Test es auch ermögliche, die 20 % der Schüler:innen herauszufinden, die im kommenden Schuljahr rasche und überdurchschnittliche Leistungsfortschritte machen würden.

Bevor die Lehrerinnen den ersten Kontakt mit ihren neuen Schüler:innen hatten, wurde ihnen eine Liste mit (vollkommen willkürlich ausgewählten) Namen von Schüler:innen überreicht, von denen die Leistungssteigerungen angeblich erwartet wurden.

Am Ende des Schuljahres wurde der Intelligenztest wiederholt. Dieser ergab tatsächlich eine überdurchschnittliche Zunahme des IQ und der Leistungen der zuvor zufällig ausgewählten Schüler:innen.

In den Jahren davor hatte man ähnliche Versuche zum Thema „Selbsterfüllende Prophezeiung" mit Ratten und sogar mit primitiven Strudelwürmern gemacht. Den Probanden wurde jeweils erklärt, dass sie besonders „dumme" oder besonders „intelligente" Ratten bzw. Würmer zu trainieren hätten. Die Testleistungen fielen bei den (ebenfalls willkürlich ausgesuchten) „intelligenten" Ratten und Würmern signifikant besser aus (nach Watzlawick 2010, S. 97ff.).

Diese Experimente sind hervorragende Beispiele dafür, welche Wirkung Wunschdenken, Vorurteile und Vorannahmen unabhängig von den „Tatsachen" stets haben. Und welche Auswirkung unser Verhalten auf die Entwicklung der Menschen hat, mit denen wir beruflich (und privat) zu tun haben.

„Wir alle schreiben in der Biografie der Teilnehmenden, die sich uns anvertrauen" – so lautete ein für uns wichtiger Satz von Hartmut Winter auf der Fachtagung „erleben & lernen" 2012 in Augsburg. Der Satz spiegelt für uns auf beeindruckende Weise wider, welchen Stellenwert das Thema „Haltung" im Schaffen von Erlebnispädagog:innen haben muss. Und wir haben mit Hilfe unserer Methoden, die starke Emotionen hervorrufen können, die Möglichkeit, bedeutsame Einträge in das Lebensskript unserer Teilnehmenden zu verfassen.

Eine wertschätzende Haltung, die wohlwollendes Wahrnehmen der Teilnehmenden, Empathie und die Akzeptanz ihrer jeweiligen Wirklichkeiten einschließt, schwebt für uns wie eine Wolke über allen anderen Grundannahmen und Zielsetzungen. Sie beeinflusst alle vorangegangenen Herangehensweisen und ist für uns eine „conditio sine qua non" – eine Voraussetzung, ohne die es nicht geht.

Wieder geht es um das Zutrauen in ein System, dass es alle Voraussetzungen für eine Lösung in sich trägt. Aus dieser Sicht kann eine Haltung des „Du wirst es schaffen!" entstehen und macht uns zu Begleitenden des Weges dorthin und zu Unterstützern in Form von Fragenden, die die wahren Expert:innen, also die Teilnehmenden, in Entscheidungsfragen unterstützen. Eine wohlwollende Grundhaltung allen Teilnehmenden gegenüber dient hierzu als Basis.

Als Erlebnispädagog:innen dürfen wir uns immer wieder fragen, wo wir den unterschiedlichen Gruppen wirklich wohlwollend gegenübertreten (Sonderschulklasse und Managementteam) und wo uns Vorannahmen blockieren, um das ganze Potential einer Gruppe freilegen zu können.

Unsere erste These lautet daher:

Wir könnten als Erlebnispädagog:innen noch wirksamer werden, wenn ...

... wir eine Haltung von tatsächlichem Zutrauen entwickeln.
Echte Begleitung beginnt im eigenen Kopf, nicht erst in der Tat.

8.3.2 Sich selbst über die Schulter schauen

In unserer erlebnispädagogischen Praxis kommt es immer wieder einmal vor, dass wir denken: „So wie dieses Team miteinander agiert, könnten wir uns nicht vorstellen zu arbeiten." Wir selbst dürfen wohl eine Meinung haben zu den Dingen und bestimmtes Verhalten für uns persönlich als hilfreich oder nicht hilfreich einordnen. Die Art und Weise, wie eine Kreativabteilung eines Marketingunternehmens komplexe Teamaufgaben löst und scheinbar aus dem Chaos heraus praktikable Lösungen hervorzaubert, muss nicht die gleiche sein, die wir mit unseren anderen Strukturen wählen würden. Doch unsere persönliche Meinung und eigene Wirklichkeit müssen nicht mit denen der Teilnehmenden übereinstimmen – und werden es in der Regel auch nicht! Die Teilnehmenden bleiben dabei Expert:innen für ihre Bedürfnisse und Ziele.

Neutralität ist eine wichtige Voraussetzung dafür, dass Erlebnispädagog:innen von all ihren Teilnehmenden als kompetent akzeptiert werden. Sie sorgt zugleich dafür, dass sich in der Haltung der Erlebnispädagog:innen eine respektvolle Neugier widerspiegelt. Eine Haltung des Nichtwissens, aus der heraus Hypothesen und zirkuläre Fragen wachsen können.

Genau mit dieser Haltung des Nichtwissens zeigen Erlebnispädagog:innen, dass sie nicht annehmen, die Lösung der Probleme zu kennen. Dadurch wird es erleichtert, Hypothesen wieder verwerfen zu können, wenn sich diese als nicht nützlich erweisen.

Ein guter und wichtiger Schritt ist es jedoch, sich dieser Tatsache bewusst zu sein. Seine Stärken und Schwächen zu kennen, die Punkte, auf die man „anspringt", vor Augen und Kolleg:innen zur Seite zu haben, die genau wissen, wo diese Punkte liegen.

„Wenn der Name ‚Karsten' fällt, gehen bei mir alle Warnanlagen an", so erzählt unser Kollege leicht aufgebracht. Unter seinen Mitschülern in der 5. Klasse gab es einen Karsten, und dieser Mensch habe durch seine Art nachhaltig dafür gesorgt, dass er seine eigenen Kinder nie so nennen würde und dass jeder, der sich als ‚Karsten' neu vorstellt, zunächst nicht bei Null, sondern automatisch bei minus Fünf anfangen muss.

Das ist ein Grund dafür, dass wir zumeist und wenn immer es möglich ist, im Tandem arbeiten: bestimmte Themen weiterreichen, andere übernehmen, wenn wir merken, dass ein solcher Punkt bei den Kolleg:innen erreicht ist.

Eine zweite These lautet daher:

Wir könnten als Erlebnispädagog:innen noch wirksamer werden, wenn ...

**... wir uns immer wieder selbst über die Schulter schauen,
um zu klären, was uns gerade bewegt, welches unsere Themen sind,
um diese nicht auf unsere Teilnehmenden zu übertragen.**

8.3.3 „Falsch und Richtig"

„Die Welt und die Wirklichkeit gibt es nicht. Wir erschaffen sie und sind daher auch dafür verantwortlich." (Fritz B. Simon)

Kehren wir zurück zu der beliebten Frage unserer Absolvent:innen: „Was muss ich tun, um etwas Bestimmtes zu erreichen? Welche Aufgabe eignet sich besonders, um ... zu bewirken?" Dabei könnte es sich genauso gut um eine Frage des Auftraggebenden handeln: „Was werden Sie tun, um das formulierte Ziel zu erreichen?"

Wir Menschen sind eine „Blackbox": Man kann in sie zwar einen Impuls hineingeben und es wird stets ein Impuls am „anderen Ende" herauskommen. Wie sich dieser gestaltet, welche Schaltkreise angeregt werden, wird für uns aber immer unergründbar bleiben. In der Kybernetik werden solche Systeme als „nicht triviale Maschinen" bezeichnet, um aufzuzeigen, dass diese nicht einem einfachen Ursache-Wirkungs-Prinzip folgen, wie (zumeist) dieser Rechner, auf dem wir gerade dieses Buch schreiben. In unserer Welt gibt es zahlreiche triviale Maschinen, die uns das Leben einfach gestalten, und wir sind sehr froh, wenn wir an einem Automaten einen bestimmten Knopf drücken und dabei recht sicher sein können, dass auch das gewünschte Erfrischungsgetränk und nicht etwa eine Dose Lebertran ausgeworfen wird.

Manche Pädagog:innen wünschen sich, dass es bei Menschen ebenso funktioniere, doch dieser „Automat" ist durch eine große Anzahl innerer Zustände geregelt, als hätte ein geschickter Affe die Drähte verlötet und würde dies nach jedem Geldeinwurf wieder aufs Neue tun.

Diese inneren Zustände bei einem Menschen könnten beispielsweise lauten:

- Hungrig oder gerade gut gegessen?
- Frisch verliebt oder gerade in Trennung?
- Gesund oder grippekrank?
- Vor einer halben Stunde eine Mail erhalten mit einem Hauptgewinn oder der Kündigung?
- Ärger mit den Kolleg:innen oder der Familie gehabt oder besondere Freude?

Und unendlich viele weitere innere Zustände, die wieder beliebig miteinander kombiniert werden können.

Die Anzahl der Möglichkeiten, mit welchem Output ein System bei einem bestimmten Input reagiert, wächst schnell in einen Bereich, dessen Größenordnung gerne mit dem Attribut „astronomisch" versehen wird. So kann der Input „Lustiges Aufwachspiel" schnell in eine essentielle Reflexionsrunde münden.

Folgendes passierte während einer Veranstaltung mit 30 Abteilungsleitern eines Touristik-Unternehmens in einem Park:

Bevor es an diesem Nachmittag in ein größeres, ca. zwei Stunden andauerndes Lernprojekt zum besprochenen Thema („Vernetzung der diversen Standorte des Unternehmens") gehen sollte, wollten wir die Teilnehmenden nochmals in Bewegung bringen und wählten die Übung „Fliegendes Durcheinander". Es geht im Wesentlichen um etwas Koordination und kurze Absprachen und um viel Spaß, Bälle, Quietschhühner und Stoffaffen nach einem vorgegebenen System durch die Luft zu werfen. Viel lockeres Lachen kennzeichnete die ersten fünf Minuten der Übung, bis einer der Teilnehmenden zum zweiten Mal mehr als zwei Gegenstände gleichzeitig fangen musste. Wutentbrannt warf er alles auf den Boden und rief in die Runde: „Seht ihr denn nicht, dass mein Schreibtisch schon wieder voll ist! Immer schiebt ihr mir alle Arbeit zu, ohne zu sehen, ob das bei mir überhaupt möglich ist."

Das „eigentliche" Lernprojekt musste an diesem Nachmittag nicht mehr stattfinden.

In Bezug auf ausgewählte Interventionen kann es kein „Falsch" und kein „Richtig" geben, und zwar auf beiden Ebenen nicht: Die Reaktion unserer Teilnehmenden und was diese aus den neu gemachten Erfahrungen machen, ist immer sinnvoll und passt zu dem, was sie gerade umtreibt. Und auch unsere Planungen können nicht dieser Kategorisierung gehorchen, denn wir können nicht wissen, welche Reaktionen ausgelöst werden.

Vielmehr geht es darum, unterschiedliche Sichtweisen an die Oberfläche zu bringen und diese gemeinsam abzugleichen.

Wer hat Recht?

Zwei Juden kamen zum Rabbi, damit er ihren Streit schlichte. Er saß an seinem Schreibtisch und seine Frau in der Ecke desselben Zimmers.

„Worum geht es denn?", fragte der Rabbi. Der erste Kläger trug seinen Fall so überzeugend vor, dass der Rabbi umgehend befand: „Keine Frage, du bist im Recht." Dann wandte er sich dem zweiten zu: „und was hast du dazu zu sagen?"

Dieser argumentierte ebenso überzeugend wie der erste. Darauf urteilte der Rabbi: „Ich muss sagen, du bist im Recht." Jetzt mischte sich seine Frau ein: „Mein lieber Mann, mögest du hundertzwanzig Jahre alt werden, aber wie um alles in der Welt sollen beide recht haben können?"

Der Rabbi strich sich durch den Bart, dann kam er zu dem Schluss: Du hast natürlich auch recht!"

(Bonder 2003, S. 108f.)

Dies führt zu dem Eingeständnis, dass es keine Garantie dafür gibt, etwas mit unseren Methoden erreichen zu können, geschweige denn etwas ganz Bestimmtes, vom Auftraggebenden Gewünschtes zu bewirken. Diese Offenheit täte dem Markt sehr gut, allzu oft klingt es in der Werbung allerdings so, als müsste man nur ein paar Stunden in einem Hochseilgarten oder auf einem Raft verbringen, um ein gutes Team als Output zu erhalten.

Unsere dritte These lautet:

Wir könnten als Erlebnispädagog:innen noch wirksamer werden, wenn ...

**... wir uns häufig daran erinnern,
dass jeder aus seiner Sicht der Welt heraus Recht hat,
und mehr die Frage beleuchten,
wie wir mit den Schnittmengen umgehen.**

8.3.4 Die Teilnehmenden abholen

„Der Wurm muss dem Fisch schmecken, nicht dem Angler."

(Helmut Thoma, 1990, S. 165)

Wie oft passiert es uns als Prozessbegleitende, dass wir einen wunderbaren Plan im Kopf haben und dabei, dank leicht lenkender Vorabsprachen, auch viele unserer Lieblingsbausteine in ein Programm integriert haben. Und plötzlich „wollen" die Teilnehmenden etwas ganz anderes. Jetzt kommt es auf echte Professionalität an. Wie kann ich den neuen Auftrag bedienen? Werde ich ihm gerecht, bedenkend, dass ich „nur mich" und noch eine Kiste voller Seile und Augenbinden im Auto dabei habe?

Ein Training war mit dem Auftraggeber vereinbart, konkrete Fragestellungen waren vorbereitet. Doch bei der Erwartungsklärung stellte sich heraus, dass diese Zielsetzung nicht an die Mitarbeitenden vermittelt worden war. „Wenn ich denen gesagt hätte, dass wir ein Training durchführen, wären sie nicht gekommen", lauteten die Worte der Abteilungsleiterin. Die Teilnehmenden waren auf Spaß und Action eingestellt, und nach Rücksprache vereinbarten wir gemeinsam, die beiden Tage als „Traincentive" zu gestalten, also eine anregende Incentive-Veranstaltung mit genügend Raum für Reflexionen anzubieten, bei denen es mehr um allgemeingültige Regeln der Zusammenarbeit gehe. Dies führte zu einer hohen Akzeptanz und am Ende konnten greifbare Ergebnisse erarbeitet werden.

Doch das Wichtigste ist diese Tatsache: Die Teilnehmenden dürfen sich nicht fremdbestimmt fühlen, sondern entscheiden immer wieder neu, woran sie arbeiten möchten. Dies erfordert bei Erlebnispädagog:innen eine hohe Flexibilität, damit sie prozessorientiert arbeiten können. Und dies bedarf wiederum einer guten Ausbildung, eines klaren theoretischen Fundamentes und viel vorhandener Erfahrung.

Und so formulieren wir die nächste These:

Wir könnten als Erlebnispädagog:innen noch wirksamer werden, wenn ...

**...wir unsere Teilnehmenden immer wieder aufs Neue „abholen"
und mit dem arbeiten,
was diese tatsächlich aktuell bewegt.**

8.3.5 Von der Zielerreichung zur Entwicklungsbegleitung

„Zentral ist die Annahme, dass jedes System bereits über alle Ressourcen verfügt, die es zur Lösung seiner Probleme benötigt – es nutzt sie nur derzeit nicht“
(Schlippe/Schweizer 2013, S. 209f.).

Manchmal werden wir von den Teilnehmenden mit den Worten „Sind Sie die Trainer?“ begrüßt, und obwohl wir denken zu wissen, was der Fragende damit meint, sträuben sich bei uns ein wenig die Haare, wir verbergen zu diesem Zeitpunkt jedoch unsere Gedanken, lächeln und sagen „Ja“.

Wir Erlebnispädagog:innen sollten unsere Rolle nur in Ausnahmefällen am Rande unseres Spektrums als Trainer:innen verstehen. Von Trainer:innen erwartet man, dass er wie ein Handwerker weiß, „wo es klemmt“ und welche Verhaltensweisen eingeübt werden müssen, gerade so wie ein Fußballtrainer, der bestimmte Spielsituationen und auch die Kondition trainiert.

Doch dies passt in keiner Weise zu den oben beschriebenen Haltungen. Simon Priest (1996 – 2004) verwendet das Wort „Facilitation“, was man am besten mit „Unterstützung, Vermittlung, Ermöglichung“ übersetzt und das sich im Wort „Prozessbegleitung“ für uns am ehesten abbildet.

Erlebnispädagog:innen sind dafür verantwortlich, einen passenden Raum für die Entwicklung der Teilnehmenden zu kreieren. Dieser Raum muss physisch und psychisch sicher sein, anregend und herausfordernd, auf angemessene Weise gestaltet und zu unseren Hypothesen und zum Auftrag passen. Wir begleiten nun die Teilnehmenden mit Reflexionen dabei, diesen Raum für sich konstruktiv zu gestalten, so dass der Weg in Richtung der individuellen Weiterentwicklung bereitet ist. Es gilt den Fokus weg von einer Zielerreichung hin zu einer Entwicklungsbegleitung zu legen. Wir setzen in hohem Maße auf die Eigenverantwortung der Teilnehmenden. Dabei fokussieren wir in besonderem Maße die Stärken der Einzelnen, ganz gleich, ob dies in Gruppenprozessen, wie bei Teamaufgaben oder in Momenten des „Alleine-Seins“, wie am Abseilfelsen, eine Rolle spielt.

„Erlebnispädagogische Projekte sind umso nützlicher, je schneller sie von der Beschreibung der Defizite in die Verbindung mit den Möglichkeiten übergehen“ (Hufenus 2007, S. 221).

Wir gehen immer davon aus, dass unsere Teilnehmenden Expert:innen sind für ihre Themen und selbst am besten wissen, was für sie hilfreich ist. Unsere Aufgabe ist es, mit ihnen gemeinsam auf die Suche zu gehen, Perspektiven zu verändern und Handlungsalternativen anzubieten. Die Entscheidung, was wirksam ist, treffen sie aber selbst.

Eine Teilnehmerin steht am Felskopf und zieht den Klettergurt an. Sie wirkt sehr unsicher und unentschlossen, ob sie es wagen soll, sich die 15 Meter Felswand abzuseilen.

Der begleitende Erlebnispädagoge geht mit ihr ins Gespräch, versucht mit ihr gemeinsam ihren Gefühlen auf die Spur zu kommen. Unter Tränen bindet sie sich ein, äußert, dass sie es gerne versuchen möchte. „Du kannst das alles, von der Technik her ist das kein Problem", gibt ihr der Erlebnispädagoge noch mit, bevor sie über die Kante geht.

Als sie nach erfolgreich abgeseilter Wand strahlend zurückkehrt, bedankt sie sich. So oft traue sie sich Dinge nicht zu, zu denen sie aber eigentlich in der Lage sei. Sie zweifle nur zu sehr an ihren Fähigkeiten. Der letzte Satz des Erlebnispädagogen habe sie bestärkt und sei der Schlüssel gewesen, so dass sie sich habe trauen können.

Unsere These – resultierend aus diesem und den vorangegangenen Kapiteln – lautet nun:

Wir könnten als Erlebnispädagog:innen noch wirksamer werden, wenn ...

... wir unseren Fokus der Begleitung
weg von einer Zielerreichung
hin zu einer Entwicklungsbegleitung legen.

8.3.6 Was wirkt, entscheiden die Empfänger:innen

„Eine Hypothese ist eine vorläufige, im weiteren Verlauf zu überprüfende Annahme über das, was ist" (Schlippe/Schweitzer 2003, S. 117).

Stellen Sie sich einmal folgendes Szenario vor: Sie sind Chef eines Unternehmens und haben einen bewährten Mitarbeiter, Herrn Müller, von dem Sie glauben, er habe eine Anerkennung verdient. Sie wollen ihm eine Freude bereiten und ihn für seine Treue belohnen, Sie teilen ihm daher mit, dass er 500 € als Dankeschön erhalte. Er bedankt sich und geht. Ihre Hypothese lautet also: „Herr Müller fühlt sich geehrt und freut sich aufrichtig und wird sich noch motivierter an die Arbeit der kommenden Zeit machen."

Herr Müller trifft am Abend seine Frau und erzählt. Und das könnte sehr unterschiedlich ausfallen. Gehen wir einmal einige der vielen möglichen Reaktionen durch:

- „Ich habe heute eine Belohnung bekommen, toll! Und sogar gleich 500 €, lass uns das feiern!"
- „Hallo Schatz. Ich glaube in den nächsten Wochen kommt verdammt viel Arbeit auf mich zu und wir werden uns noch seltener sehen. Jetzt hat mir mein Chef tatsächlich schon mal 500 € gegeben, um mich darauf einzustimmen."
- „Ich habe heute 500 € bekommen. Nach so vielen Jahren bester Arbeit bin ich nicht mehr wert als 500 €. Jetzt reicht es mir aber ... morgen kündige ich!"
- „500 € habe ich bekommen. Na toll! Weißt du, was ich auch mitbekommen habe? Der Schultze, der hat 1000 € bekommen! Dieser miese Chef, ich bin viel weniger wert als andere und das zeigt er mir jetzt auch noch ..."

Und so weiter. Waren Sie darauf vorbereitet? Hatten Sie die anderen Abenderzählungen im Sinn? Und: Denken Sie, wissen zu können, für welche der zahlreichen Aspekte sich genau ihr Kunde/Teilnehmender entscheidet, wo es doch so viel Auswahl gibt?

So wie in diesem Beispiel aus der nicht erlebnispädagogischen Praxis, das wir jedoch für sehr anschaulich halten, ergeht es uns als Erlebnispädagog:innen womöglich öfters als wir annehmen. Menschliche Reaktionen folgen, wie bereits dargestellt, nicht einem einfachen Ursache-Wirkungs-Prinzip.

Es zeigt sich erneut: Die Empfänger:innen entscheiden über die Wirkung einer Intervention.

Eine Teilnehmerin erzählt, dass sie in nicht geringem Maße darunter leide, dass sie eine Ausstrahlung habe, bei der viele Mitmenschen oft davon ausgehen würden, ihr gelinge „immer alles". Und ihr Auftreten bestärkt dieses Bild auch bei uns, scheinbar mühelos überwindet sie viele Grenzen. Als sie beim Abseilen von einem Hochhaus als eine von wenigen nicht teilnimmt und „nur" Bilder knipst, ist unser Bild, dass es ihr einfach körperlich nicht gut geht. Etwas anderes kommt uns nicht in den Sinn, so selbstsicher wirkt sie.

Vier Wochen später im Januar im Hochseilgarten gibt es die Möglichkeit, vom 14 m hohen Pamper Pole zu springen.

Ein halbes Jahr später erzählt sie uns nun, dass sie dort zum ersten Mal bewusst eine Entscheidung getroffen habe, die sie einen enorm großen Schritt weitergebracht habe. Sie erzählt, wie ihr aufgefallen sei, dass wir im kurzen Gespräch mit den Teilnehmenden zum Zeitpunkt, als sie alleine vor dem Aufstieg von uns nochmals überprüft werden, ob alle Karabiner geschlossen sind, sehr unterschiedlich vorgehen würden. Mal würden wir noch eine halbe Minute reden, mal noch Fragen stellen. Und bei ihr hätten wir nichts gesagt, sondern sie nur angesehen. In diesem Moment sei ihr klar gewesen, dass sie ganz alleine entscheiden könne und müsse. Ohne jeden äußeren Druck auf ihre innere Bewegtheit. Und diese „Intervention" unsererseits, nämlich nichts zu sagen, sei das zielführendste der letzten Jahre gewesen.

Unsere sechste These lautet daher:

Wir könnten als Erlebnispädagog:innen noch wirksamer werden, wenn ...

... wir uns immer wieder rückversichern, für welchen Aspekt sich unsere Teilnehmenden entscheiden.

8.3.7 Aus „Entweder-Oder" mehr „Sowohl-als-auch" werden lassen

„Handle stets so, dass weitere Möglichkeiten entstehen." (Foerster 2010, S. 60)

Das vorgestellte Komfortzonenmodell spiegelt diese Zielsetzung auf ideale Weise wider. Indem wir die Fläche der Komfortzone vergrößern, hat die Teilnehmenden bei zukünftigen Herausforderungen eine größere Standfläche und dadurch mehr Möglichkeiten, um diese besser zu bewältigen.

Dazu gehören auch:

- Das Anerkennen von bestimmten Grenzen, um dort in Zukunft keine unnötigen Energien zu verwenden.
- Die Umdeutung von scheinbaren Misserfolgen (Reframing) durch die Trainer:innen oder besser durch die Teilnehmenden selbst.

Oft wird das Leben auf eine große Anzahl von Dilemmata reduziert. Man muss sich immer wieder entscheiden zwischen scheinbar nur zwei existierenden Wegen. Wie häufig steht man sich selbst im Wege, wenn man nur die Möglichkeit „A oder B" sieht (Dilemma) und dabei die beiden Varianten „Sowohl A als auch B" und „Weder A noch B" übersieht, was aus einem Dilemma schnell ein Tetralemma werden lässt und somit die Anzahl der möglichen Wege schlagartig zumindest verdoppelt.

Ein gutes Beispiel: der sogenannte Pamper Pole im Hochseilgarten. Nicht nur das Erreichen der Mastspitze ist ein Erfolg, es geht um das Erreichen des einen Schrittes mehr als gedacht. Das ist Entwicklung! Der Teilnehmer hat SOWOHL auf seine innere Stimme gehört (und ist nicht ganz nach oben geklettert) und hat AUCH einen neuen Schritt getan (und ist 5 Stufen hochgeklettert, trotz seiner Höhenangst).

Wir sind keine Expert:innen, wir sind Begleiter. Teilnehmende bleiben dabei Expert:innen ihrer Lebenswelt.

Auch in der Erlebnispädagogik sollten die Teilnehmenden Expert:innen für ihre Bedürfnisse und Ziele bleiben. Unsere Herausforderung sollte es sein, Entwicklungsschritte zu ermöglichen und keine Leistungsabgleiche zu verantworten.

Eine unserer wichtigen Faustregeln lautet, immer besonders auf die Ersten und Letzten und auf die Lautesten und die Leisesten zu achten. Nicht selten erweist sich diese Faustregel als sehr hilfreich, denn wir haben die Erfahrung gemacht, dass manche „Ersten" schon im Tunnel sind und die Umwelt nur noch teilweise wahrnehmen. Und dass gerade auf den Letzten ein hoher Druck lastet.

S. ist die Letzte, die sich auf die Leiter wagt, um sich aus 1,50 m Höhe in die Arme der anderen rückwärts fallen zu lassen. Zumeist hinterfragen wir Entscheidungen der Teilnehmenden dort oben nicht mehr, sondern sorgen für Konzentration der Fängergruppe. Ein Blick in ihr Gesicht lässt uns hier anders handeln, und wir fragen nochmals nach: „Bist du denn auch wirklich bereit? Was genau lässt dich gerade glauben, dich fallen lassen zu müssen?" Wir steigen von der Leiter, ein gutes Gespräch entwickelt sich und ein halbes Jahr später wird diese Schlüsselszene von ihrer Seite nochmals aufgegriffen. S. hatte, wie sie berichtet, die nochmalige „Erlaubnis" gebraucht, um sich nicht fallen zu lassen, und genau diese Frage habe in der Folge bei Ihr wichtige Entwicklungsschritte ausgelöst, da sie nun begonnen habe, andere Entscheidungen in ihrem Leben zu hinterfragen.

Unsere siebte These lautet daher:

Wir könnten als Erlebnispädagog:innen noch wirksamer werden, wenn ...

**... wir es schaffen,
durch Fragen, Angebote und Gedankenexperimente
unseren Teilnehmenden neue Denk- und Handlungsoptionen
zu eröffnen.**

8.3.8 Die Kunst des Fragens

„Persönlich bin ich immer bereit zu lernen, obwohl ich nicht immer belehrt werden möchte." (Winston Churchill)

Wie stellen wir Fragen? Welche Fragen stellen wir? Welche Annahmen über „Falsch und Richtig" verstecken sich hinter den Fragen? Wie häufig stellen wir sogenannte „Ostereierfragen", bei denen offensichtlich ist, welche Antworten ein Fragender erwartet?

Passende Fragen, die Erlebnispädagog:innen mit dem ihm eigenen Abstand anders stellen können, als es die Teilnehmenden womöglich schon tun, tragen dazu bei, die Perspektive zu wechseln und aus der eigenen Wirklichkeitskonstruktion auszusteigen. Diese Fragen werden aus der Rolle der Prozessbegleitung gestellt und nicht aus der Rolle der wissenden Expert:innen. Jedes System bringt alle Voraussetzungen und Kräfte für eine gute Lösung mit. Ein System hat die Fähigkeit, selbst auf eine Lösung zu kommen – prozessbegleitende Erlebnispädagog:innen unterstützen lediglich, indem sie die Anzahl der Optionen für die Teilnehmenden erweitern.

Reflexionsfragen sollen anregen und nicht auf die Ziele verweisen. Sie müssen dabei so formuliert sein, dass sie die Teilnehmenden zum Innehalten und Nachdenken anregen. Dadurch werden sie zu echten Fragen und sind keine in Frageform verpackten Antworten.

Für uns ist das Bild des Prozessionsspinners das passendste dazu. Diese Raupen eines Schmetterlings gehorchen einem einfachen Programm, wenn sie sich auf die Suche nach einem neuen Futterbaum machen:

- Laufe einfach los!
- Wenn Du auf eine andere Raupe triffst, hänge Dich an ihr Ende!

Spannend ist, wenn die erste Raupe einer so gebildeten Karawane auf das hintere Ende der eigenen Prozession trifft: Alles dreht sich im Kreis. Und hier nutzen auch noch so viele Hinweisschilder mit der Aufschrift „Dort geht es zum Futterbaum" nichts – das System wird verhungern.

Es sei denn, die Prozession wird wegen irgendeiner Störung an einer Stelle aufgebrochen und es gibt einen neuen Vordersten. Der befolgt dann wieder den Programmierbefehl Nummer 1 und es kann weitergehen in Richtung Nahrung (Straß 2007, S. 11; Simon 2012, S. 36ff.).

Gute Fragen sollen genau diese Verstörung herstellen, ohne die sich Menschen manchmal im Kreise weiterdrehen. Dazu dienen auf besondere Weise zirkuläre Fragen, die wiederum dazu anregen können, die Perspektive zu wechseln und aus der eigenen Wirklichkeitskonstruktion auszusteigen. Dabei verbleibt die Verantwortung für die Lösung stets in der Gruppe bzw. beim Einzelnen, wir Erlebnispädagog:innen geben keine Lösungen vor.

In einer Ausbildungsgruppe muss eine Kleingruppe ein selbstgewähltes konstruktives Lernprojekt mit den übrigen Teilnehmenden durchführen. Sie wählt das bereits an anderer Stelle erwähnte Szenario „Flugzeugabsturz", bei dem die Gruppe sich trotz Beeinträchtigungen (blind, taub, stumm, gelähmt) an einem Platz versammeln muss. Nach der erfolgreichen Durchführung erwarten die Beteiligten die „üblichen" Reflexionsfragen und sie sind zunächst irritiert und später begeistert von Fragen wie:

„Welchen Vorteil habe ich durch meine Beeinträchtigung erfahren?"

„Was, glaube ich, hätte der Gruppe gefehlt, wenn ich nicht dabei gewesen wäre?"

Bei Reflexionen können daher die Wechselwirkungen, die das Verhalten von Menschen immer wieder hervorrufen, angesprochen und unter anderem durch zirkuläre Fragen hervorgehoben werden.

Unsere nächste These lautet daher:

Wir könnten als Erlebnispädagog:innen noch wirksamer werden, wenn ...

... wir es schaffen, Reflexionsfragen so zu formulieren, dass diese nicht unsere eigenen Antworten enthalten, sondern unsere Teilnehmenden lediglich zum Innehalten und Nachdenken anregen.

8.3.9 Die Kunst der Entschleunigung

„Du musst nur langsam genug gehen, um immer in der Sonne zu bleiben."
(„Der Kleine Prinz", Saint-Exupéry 2000, S. 53).

Basierend auf der Systemtheorie orientieren sich Systeme an zirkulären (rekursiven) Prozessen. Beispiele hierfür sind in der Natur die wiederkehrenden Jahreszeiten, im sozialen System das Arbeiten am Tag und das Ruhen in der Nacht. Das Leben bewegt sich in verlässlich immer wiederkehrenden Schleifen, als Wechsel von Stabilität (Morphostase) und Veränderung/Wachstum (Morphogenese).

Menschen befinden sich wie alle anderen Systeme in einem dieser beiden Zustände oder auf der Suche nach einem dieser Zustände („Ich will endlich mal wieder Ruhe in mein Leben bringen, suche Stabilität" ODER „Ich suche nach einer Möglichkeit, mich endlich wieder weiterzuentwickeln, ich will keinen Stillstand mehr").

Davon ausgehend sollten wir uns immer wieder diesen Fragen stellen:

- Wie oft könnte es uns passieren, dass unser Programm und unsere Idee des Prozesses den zirkulären Bedürfnissen unserer Teilnehmenden widersprechen?
- Wie viel Programm am Stück ist verträglich?
- Wie viel Angst haben wir als Prozessbegleitende vor „Leerlauf"?
- Sollte „verordnete Erholung" nicht fester Bestandteil jeder erlebnispädagogischen Aktion sein?
- Wie unterstützen wir Teams, wenn einige Teilnehmende gerade das Erlebte sichern und die neuen Eindrücke „stabilisieren" möchten, andere Teilnehmende aber „endlich weiter" wollen?

Ein Bogenschütze ging durch einen Wald in der Nähe eines Hinduklosters, das für die Strenge seiner Lehre bekannt war, als er sah, wie die Mönche im Garten tranken und miteinander scherzten.

„Wie zynisch die doch sind, die den Weg Gottes suchen!", empörte sich der Bogenschütze laut. „Da sagen sie, Disziplin sei wichtig und betrinken sich!"

„Wenn du 100 Pfeile hintereinander abschießt, was wird dann mit deinem Bogen geschehen?", fragte der Älteste der Mönche.

> *„Mein Bogen würde zerbrechen!", antwortete der Bogenschütze.*
>
> *„Wenn jemand seine Grenzen überschreitet, bricht er auch seinen Willen!", sagte der Mönch.*
>
> *„Wer kein Gleichgewicht zwischen Arbeit und Ruhezeit schafft, verliert seine Begeisterung und wird nicht weit kommen!"*
>
> *(Coelho 2007, S. 87)*

Unsere neunte These lautet:

Wir könnten als Erlebnispädagog:innen noch wirksamer werden, wenn ...

... es uns gelingt, den Programmpunkt „Entschleunigung als Möglichkeit der persönlichen Verarbeitung" fest zu installieren.

8.4 Systemische Erlebnispädagogik – was ist das?

Der Gedanke einer Verbindung systemischer Ansätze mit erlebnispädagogischen Methoden ist keinesfalls neu. Das Wortpaar „Systemische Erlebnispädagogik" ist bisher kein feststehender, klar definierter Begriff und beinhaltet zunächst nichts anderes als genau diese Verknüpfung, die sehr unterschiedlich ausgestaltet werden kann. Womöglich wird auch schon viel häufiger „systemisch erlebnispädagogisch" gearbeitet als es sich in den bisherigen Veröffentlichungen widerspiegelt.

Insbesondere Astrid Habiba Kreszmeier, Hans-Peter Hufenus, Konstanze Thomas sowie Christine und Hansjörg Lindenthaler haben durch die Veröffentlichung ihrer Konzepte systemischer Erlebnispädagogik das Thema in die Szene eingebracht. Das Verständnis von Erlebnispädagogik als Methode zur Persönlichkeitsentwicklung wurde durch neue Aspekte erweitert und auf diese Weise wurden wertvolle Beiträge zu einer wirksamen Erlebnispädagogik geleistet.

8.4.1 Konzepte systemischer Erlebnispädagogik

Bereits 1996 haben Astrid Habiba Kreszmeier und Hans-Peter Hufenus die „kreativ-rituelle Prozessgestaltung" ins Leben gerufen und im Jahr 2000 das Werk „Wagnisse des Lernens" veröffentlicht, das diesen Ansatz beschreibt und Erlebnispädagogik mit systemischen Prinzipien und Grundannahmen verknüpft. Der Ursprungsgedanke in der Entwicklung der kreativ-rituellen Prozessgestaltung war die Suche nach dem, was in der Erlebnispädagogik wirkt.

2007 folgte die Veröffentlichung der Werke „Systemische Erlebnispädagogik", herausgegeben von Konstanze Thomas und Astrid Habiba Kreszmeier, das sich ebenfalls der kreativ-rituellen Prozessgestaltung in Theorie und Praxis widmet, sowie „Lexikon der Erlebnispädagogik" von Andrea Zuffellato, in dem Theorie und Praxis der Erlebnispädagogik aus systemischer Perspektive betrachtet werden.

Christine und Hansjörg Lindenthaler, unter anderem auch Schüler:innen der Wildnisschule von Hans-Peter Hufenus und Absolvent:innen der Ausbildung zur kreativ-rituellen Prozessgestaltung, legten 2012 eine Publikation zur „Systemischen Prozessbegleitung in der Natur" vor, welche sie in ihrem Institut für systemische Bildung und Beratung „Natur als Partnerin" praktizieren und lehren.

Kreativ-rituelle Prozessgestaltung (Krpg) wird beschrieben als „Konzept zur Begleitung von Personen und Gruppen, welches auf der Verbindung erlebnispädagogischer Methoden mit einer systemischen Haltung beruht. In der Verknüpfung von Naturerfahrung, Kreativtechniken, szenischer Arbeit und ritueller Gestaltung wird ein Lernprozess gestaltet, der den Einzelnen darin unterstützt, sich wahrzunehmen, Verhaltensweisen und gegebenenfalls Muster zu erkennen sowie Lösungen zu entwickeln, um mit einem Bewusstsein der individuellen Ressourcen und im lebendigen Austausch mit der Umwelt den guten Platz in der Gruppe, im Team oder in der Familie einnehmen zu können" (Thomas/Kreszmeier 2007, S. 8).

Die Schule der kreativ-rituellen Prozessgestaltung erweitert das erlebnispädagogische Spektrum im Zuge einer systemischen Haltung um systemisch-phänomenologische Aspekte (Theorie der morphischen oder morphogenetischen Felder nach Rupert Sheldrake, Kreszmeier/Hufenus 2000, S. 169; Lindenthaler/Lindenthaler 2012, S. 24f.) und legt einen Schwerpunkt auf die Bereiche Kreativtechniken, szenisches Arbeiten und rituelle Gestaltung.

Die ebenfalls als zentrales Element genannte Naturerfahrung ist von jeher wesentlicher Bestandteil von Erlebnispädagogik und wird in der Krpg weiter ausdifferenziert in konkrete, metaphorische, energetische und spirituelle Naturerfahrung (ebd., S. 59).

Das Feld der Kreativtechniken ist in Form von Landart seit Längerem in der erlebnispädagogischen Arbeit präsent und wird in der Krpg stark erweitert durch Methoden aus dem systemischen Arbeiten wie Biografiearbeit, Skulpturen und Symbolarbeit; darüber hinaus auch Maskenbau, Tanz, Sozialer Kosmos und Raumgestaltungen (Kreszmeier/Hufenus 2000, S. 81).

Szenisches Arbeiten beinhaltet Rollenspiel und Aufstellungsarbeit, auch in Form von Sculpting und Spotting. Beim Sculpting werden Beziehungen, Gefühle, Ränge, innere Befindlichkeiten und Kommunikationsmuster dargestellt, beim Spotting werden zwei einander ausschließende oder widersprüchliche Parteien an verschiedenen Punkten im Raum aufgestellt (ebd., S. 96f.).

Das Feld der rituellen Gestaltung bezeichnen die Autor:innen selbst als „das umstrittenste Feld der Krpg" (ebd., S. 111). Rituelle Gestaltungen werden in der Krpg sparsam eingesetzt und meinen nicht alltägliche, besondere Handlungen, die zu besonderen Zwecken eingesetzt werden und einen Entwicklungsprozess begleiten sollen. Dabei können und wollen sie keine spirituelle oder kulturelle Tradition verkörpern (ebd., S. 117). In der modernen Erlebnispädagogik finden wir rituelle Gestaltungen vor allem in der Einkleidung von Solozeiten.

Die Krpg ist eine Möglichkeit, Erlebnispädagogik systemisch zu gestalten, wobei eine rituelle und spirituelle Dimension aus unserer Sicht kein notwendiges Kriterium für systemische Erlebnispädagogik ist.

Im Folgenden möchten wir uns zusammenfassend der Grundstruktur systemisch-erlebnispädagogischen Arbeitens widmen, die sowohl der Krpg zugrunde liegt als auch Grundlage für weitere Konzepte systemischer Erlebnispädagogik sein kann.

Systemische Erlebnispädagogik setzt sich aus handlungsorientierten Methoden in Kombination mit Reflexionstechniken und Sichtweisen aus der systemischen Beratung zusammen. Entscheidend ist die Art und Weise der Prozessbegleitung und nicht die gewählte Methode.

8.4.2 Die Grundstruktur systemischer Erlebnispädagogik

Erlebnispädagog:innen stellen zunächst „nur" Ereignisse zur Verfügung, die die Teilnehmenden zu ihren eigenen Erfahrungen werden lassen, und öffnen vorher, währenddessen oder hinterher Räume, in denen die Erfahrungen zu Erkenntnissen reifen können, um Entwicklung zu ermöglichen. Diese Räume müssen physisch und psychisch sicher, anregend und herausfordernd gestaltet sein und zu den Hypothesen und zum Auftrag passen. Somit ist es auch unsere Aufgabe als Erlebnispädagog:innen, immer wieder neu in eine Auftragsklärung zu gehen.

Sodann begleiten wir die Teilnehmenden mit Interventionen dabei, diesen Raum für sich konstruktiv zu gestalten, so dass der Weg in Richtung der individuellen Weiterentwicklung bereitet ist.

Während dieser Zeit stehen Erlebnispädagog:innen mit ihrer gesamten Persönlichkeit im Fokus der Teilnehmenden, und zwar auch dann, wenn eine erlebnispädagogische Veranstaltung längst vorbei ist und der direkte „Einfluss" auf letztere schwindet.

Jedes Handeln beinhaltet eine Abfolge von Sehen, Ordnen und Entscheiden. Diese Folge wird zumeist linear dargestellt, aus systemischer Sicht stellt dies jedoch bereits hier einen zirkulären Prozess dar (Schwing/Fryszer 2013, S. 16), der sich bei Erlebnispädagog:innen darin wiederfindet, dass sie manchmal zunächst handeln (eine Anfangsaktivität gestalten, um zu sehen, wie sie die aktuelle Gruppe einordnen können) und ihr Handeln sodann an das jeweils Wahrgenommene und durch Hypothesen unterstützte, neu Geordnete anpassen müssen. Dazu benötigen Erlebnispädagog:innen ein großes Repertoire an möglichen Interventionen und die Offenheit, eigene Hypothesen immer wieder auf den Prüfstand zu stellen.

Ob ein Erlebnis in eine Entwicklung mündet, hängt stark mit den Menschen zusammen, die das Erlebnis begleitet haben. Denn neben einer angepassten Ausbildung und Ausrüstung sind es im Wesentlichen die Erlebnispädagog:innen selbst, die es den Teilnehmenden ermöglichen, sich beim Betreten neuer Räume auf jeder Ebene sicher zu fühlen.

Systemische Erlebnispädagogik ist also weit mehr als eine Methode und ein Anwenden systemischer „Techniken". Sie ist vor allem eine Haltung, die durch systemische Sichtweisen geprägt ist. Dazu gehören unter anderem:

- Das Bewusstsein über den eigenen Einfluss auf den Prozess, allein durch Anwesenheit, eigene Geschichte und Persönlichkeit.
- Das Wissen darüber, „nur" Impulse geben und nicht steuern zu können und deshalb den Schwerpunkt auf die Gestaltung des Rahmens und die aufmerksame Beobachtung der Teilnehmenden und des Prozesses zu legen.
- Vertrauen in die Teilnehmenden, die Expert:innen für ihre Themen sind, zu haben.

8.5 Zusammenfassung

Die Ausgangsfrage dieses Kapitels lautete:

Inwiefern ergänzen sich Erlebnispädagogik und systemisches Denken und wie können Erlebnispädagog:innen von einer systemisch geprägten Haltung profitieren und noch wirksamer Einfluss nehmen?

Da sich Systeme nur selbst von innen heraus verändern können, bleiben uns als Erlebnispädagog:innen in der Begleitung von Menschen „nur" Impulse von außen, um diese zu Veränderungs- und Entwicklungsprozessen anzuregen und dabei zu begleiten.

Erlebnispädagogik ist sozusagen von ihrem Wesen her darauf ausgerichtet, anregende Kontexte zu gestalten. Sie ist schon immer eine Methode gewesen, die mit dem Neuen, Nicht-Alltäglichen und mit herausfordernden Settings geworben hat.

Über sprachliche Interaktionen können Erlebnisse ausgedrückt und Geschichten kreiert und verändert werden. Zudem können Bewusstseinsmuster und Gefühle durch eine veränderte Aufmerksamkeitsfokussierung beeinflusst werden.

Wir haben systemische Sichtweisen konkret auf die erlebnispädagogische Arbeit bezogen und neun Thesen entwickelt. Diese schlagen für unterschiedliche Themenbereiche in der Begleitung von Menschen Vorgehensweisen und Gedankenexperimente vor, die erlebnispädagogisches Intervenieren noch wirksamer machen können.

Die Verknüpfung erlebnispädagogischer Methoden mit systemischen Ansätzen ist nichts Neues. Vorreiter in der erlebnispädagogischen Szene sind Hans-Peter Hufenus, Astrid Habiba Kreszmeier, Konstanze Thomas und Andrea Zuffellato. Kreszmeier und Thomas haben durch die Veröffentlichung des Werkes „Systemische Erlebnispädagogik" diesen Begriff publik gemacht.

Systemische Erlebnispädagogik entpuppt sich als mehr als eine Kombination erlebnispädagogischer Methoden mit Herangehensweisen aus der systemischen Beratung. Verbunden wird beides als entscheidendes Kriterium für systemische Erlebnispädagogik durch die Persönlichkeit und die Haltung der Erlebnispädagog:innen.

Die Entwicklung der eigenen Haltung soll uns in Kapitel 9 beschäftigen.

9. Entwicklung der eigenen Haltung

9. Entwicklung der eigenen Haltung

„Umso stärker ergreift der Mensch die Einheit, je sicherer er seines Eigentümlichen ist." (Leo Baek)

Die Kombination systemischen Denkens und erlebnispädagogischer Herangehensweise rückt die Erlebnispädagog:innen in ihrer Persönlichkeit und damit in ihrer Haltung in den Vordergrund. Erlebnispädagogik wird zu dem, was Erlebnispädagog:innen mit ihren Methoden und seiner Haltung im Sinne einer Entwicklungsbegleitung der Teilnehmenden machen.

Eine Haltung erwirbt man nicht und hat sie dann ein für alle Mal, sie bedarf einer permanenten Auseinandersetzung und eines achtsamen Umgangs mit sich selbst, den eigenen Motiven, Antreibern und blinden Flecken. Und so wird die Selbstreflexion einerseits zum Teil der gewünschten Haltung und andererseits zum notwendigen Bestandteil zur Entwicklung eben dieser Haltung.

9.1 Selbstreflexion als möglicher Zugang?

Haltung kann anders als natursportliche Fähigkeiten und Techniken der Prozessbegleitung nicht einfach erlernt werden. Stephen Bacon stellt nach Cornelia Schödlbauer (Bacon 2003, S. 13) den „Hard Skills und Soft Skills als konsumierbaren und aneignungsfähigen Lerneinheiten" die Haltung der Person/Persönlichkeit der Kursleitenden entgegen. Haltung ist nicht „erlernbar", denn das widerspräche dem Wesen von Haltung, die eben keine Methode ist.

Es gibt jedoch Methoden, wie man seine Haltung immer wieder auf den Prüfstand stellen kann. Dazu bedarf es vor allem einer permanenten Selbstreflexion darüber, was innerlich vor, während oder nach einem Kontakt in Bezug auf diese Person abläuft: In welche Schubladen steckt man sein Gegenüber? Was erwartet man? Ist man noch offen genug für neue Aspekte?

Man kann eine Haltung nur entwickeln und weiterentwickeln – durch Erfahrungen und Selbstreflexion. Hier sind wir bei den großen Fragen angekommen: Wer bin ich? Woher komme ich? Wo möchte ich hin? Was kann ich und mit wem? Wie sehe ich die Welt? Wie möchte ich sein? Welche Spuren will ich hinterlassen? Was interessiert mich wirklich?

Wer an dieser Stelle Anweisungen erwartet im Sinne von: „So muss man es machen, dann wird es so", der wird leider enttäuscht werden. Haltung entwickeln wir durch die Auseinandersetzung mit uns selbst auf tiefer Ebene und durch ein achtsames Bewusstsein für die eigenen Grenzen, Antreiber und Fallen. Das bedeutet für unsere Arbeit als Erlebnispädagog:innen eine permanente Auseinandersetzung mit uns selbst.
„(...), Distanz zur Situation bei gleichzeitig intensivem Sich-einlassen, die eigene emotionale Resonanz als Information nutzend. Ohne Reflexion, Bewusstheit, d.h. ohne sich selbst, die eigenen blinden Flecken, Fehler, Werte, Grenzen zu kennen und zu akzeptieren, ist dieses paradoxe Oszillieren zwischen Nähe und Distanz kaum auszuhalten. Das Aushalten der Paradoxie und Unsicherheit gibt Sicherheit, Stabilität auf einem höheren Niveau, macht Professionalität aus" (Königswieser/Hillebrand in Tomaschek 2006, S. 77).

Der Aspekt der Selbstreflexion wirkt in alle anderen Aspekte hinein und die Bereitschaft dazu ist daher die wichtigste Voraussetzung zur Entwicklung einer Haltung. Erlebnispädagog:innen müssen über ein wirkungsvolles Instrumentarium zur Selbstreflexion verfügen, das kollegiale Supervision als festen Bestandteil integriert. Über Möglichkeiten zu verfügen, die eigenen blinden Flecken auszuleuchten, hilft auch dabei, eine gewisse „konstruktivistische Arroganz", nämlich Fehler bei den anderen und nicht bei sich selbst zu suchen (Meier-Gantenbein 2012, S. 280), zu überwinden und eine Entwicklung zu „pädagogischer Vorsicht" (ebd.) zu fördern. Denn auch Erlebnispädagog:innen können die Welt nur so sehen, wie sie ihnen zugänglich ist.

Dies alles hat auch Auswirkungen auf die Ausbildungen von Erlebnispädagog:innen, in denen häufig noch zu viel Wert auf die klassische Natursportausbildung und weitere Methoden gelegt wird.

Bei erlebnispädagogischen Maßnahmen wollen wir als Voraussetzung für Entwicklungen der Teilnehmenden den Boden für eine Auseinandersetzung mit sich selbst bereiten und diese Auseinandersetzung begleiten. Ansonsten gehen wir „nur" Klettern oder Kanu fahren oder Abseilen.

Auch bei der Weiterbildung von Erlebnispädagog:innen müssen wir daher unseren Teilnehmenden entsprechende Räume öffnen und im Laufe der Weiterbildung Selbstreflexion anregen und begleiten. Ansonsten lehren wir nur Methoden und bilden keine Erlebnispädagog:innen aus.

Systemisch ausgerichtete Erlebnispädagogik benötigt Prozessbegleitende, die verstehen, dass sie selbst sich in Entwicklung befindende Menschen sind (Lindenthaler/Lindenthaler 2012, S. 148).

9.2 Haltung auf dem Prüfstand

Im Folgenden wollen wir einige Methoden vorstellen, um die eigene Haltung zu reflektieren. Dies kann auf drei verschiedenen Ebenen geschehen: für mich persönlich, im Kollegenteam oder als mögliches Angebot für die Teilnehmenden von Ausbildungen zukünftiger Erlebnispädagog:innen.

9.2.1 Fragebogen

Das Thema Selbstreflexion wird auch in den Studien von John Hattie aufgegriffen. Konkret wagt er sich an Handlungsempfehlungen, in deren Zentrum zehn Haltungen stehen (Zierer 2016, S. 108ff.). Die zehnte Haltung lautet: „Ich arbeite mit anderen Lehrpersonen zusammen" (ebd., S. 124). Der darin enthaltene Kriterienkatalog nennt wiederum zehn verschiedene Punkte, von denen aus man im Gespräch mit seinen Lehrerkollegen eigene Haltungen hinterfragen kann (ebd., S. 125).

Wir haben 2014 auf dem internationalen Kongress „Erleben und Lernen" in Augsburg einen Fragebogen veröffentlicht, der die gleichen Ziele verfolgt. In diesem wurden beispielhafte Fragen zusammengestellt, die unserer Meinung nach geeignet sind, die eigene Haltung als Prozessbegleitung im „erlebnispädagogischen Alltag" kritisch zu hinterfragen und auf den Prüfstand zu stellen:

Wie unterscheiden sich Vision und Praxis? Wie ehrlich bin ich mir selbst gegenüber?
Wo muss ich eingestehen, dass ich meine eigenen Ideale über den Haufen werfe?
Was hat sich vielleicht eingeschlichen?

- Wer ist deiner Meinung nach für das Gelingen einer Veranstaltung verantwortlich?
- Angenommen, du bekommst eine positive Rückmeldung über dein Programm: An wem lag es? Den Teilnehmenden, dir oder den Umständen?
- Angenommen, du bekommst eine negative Rückmeldung über dein Programm: Wen machst du dafür verantwortlich? Die Teilnehmenden, dich, oder die Umstände?
- Bereitest du dich auf erlebnispädagogische Aktionen vor? Wenn ja, wie?
- Wenn du dich über deine Teilnehmenden informierst, welche Informationen holst du wozu ein? Und welche nicht?
- Was erwartest du von dir selbst als Prozessbegleitung
- Was zeichnet die Kolleg:innen aus, mit der/dem du am liebsten zusammenarbeitest?
- Wovon hängt deine eigene Motivation ab und wie beeinflusst deine Motivation die der Teilnehmenden?
- Angenommen, die Wettervorhersage für dein Programm ist sehr schlecht, wie beeinflusst das deine Motivation?
- Glaubst du, den Prozess einer Gruppe steuern zu können? Wenn ja, wodurch und wozu? Wenn nein, wieso nicht?
- Wenn du eine Reflexionsfrage stellst: Hast du manchmal das Gefühl, dass du weißt, was für diese Gruppe gut ist?
- Wie gehst du damit um, wenn du das bemerkst (Vorannahmen über die Gruppe gemacht zu haben)?
- Was an deinen Teilnehmenden setzt dich unter Stress? Wie begegnest du dem?
- Was bedeutet „Wertschätzung" für dich?
- An welchen Stellen wirst du als Erlebnispädagog:in mit deiner Haltung konfrontiert?
- Gesetzt der Fall, eine teilnehmende Person geht dir auf die Nerven. Wessen Problem ist das und wie gehst du damit um?
- Hast du schon einmal bestimmte Inhalte angeboten, weil sie für dich logistisch geschickter oder einfacher waren als Inhalte, die vielleicht förderlicher für die Gruppe gewesen wären?
- War schon einmal das Honorar dein Hauptmotivator?
- Denkst du während einer Veranstaltung zuweilen mit Hoffnung an das Ende derselben? Und wenn ja, wie reagierst du darauf?
- Angenommen, du bist Teilnehmer oder Teilnehmerin in deinem Seminar: Könntest du von dir als Seminarleitung etwas annehmen? Weshalb?

9.2.2 Feuer und Coaching – Texte und Fragen zum Nachdenken

In unseren Programmen verwenden wir gerne das Element „Feuer machen", um die Teilnehmenden dabei nicht nur aktiv erleben zu lassen, wie man mit archaischen Mitteln ein Feuer entfachen kann, sondern beim Durchleben der Hochs und Tiefs während dieses Prozesses, sie auch mit sich selbst zu konfrontieren. Gerade die „primitiven" Methoden, wie die des Feuerschlagens mit Stahl und Feuerstein oder gar die des Feuerbohrens, erfordern bei vielen Teilnehmenden Durchhaltevermögen, innere Ruhe und Ausdauer, den Mut, Veränderungen vorzunehmen, und Geduld. Viele Details entscheiden über Erfolg oder Misserfolg.

Selbst wenn die Glut endlich produziert wurde, ist es eventuell noch ein längerer Weg bis hin zur lodernden Flamme und zum dauerhaft und rauchfrei brennenden Feuer.

Zwischen zwei Übungseinheiten von ca. 20 Minuten Dauer schicken wir die Teilnehmenden gerne auf sogenannte „Geh-Spräche". In Kleingruppen gehen sie auf einen Spaziergang und beschäftigen sich mit an den jeweiligen Kontext angepassten Fragen. Dabei erhalten die Teilnehmenden einen Zettel mit durchschnittlich drei Fragen, die wie folgt lauten könnten:

In Bezug auf Deine Tätigkeit als Erlebnispädagog:in ...

- Wer oder was war Dein initialer Funke?
- Auf welchen Zunder ist er gefallen?
- Was tust Du, um den Funken überspringen zu lassen?
- Wofür brennst Du in der Erlebnispädagogik?
- Hast Du Dir schon einmal mit Erlebnispädagogik „die Finger verbrannt"?
- Was benötigt Deine Erlebnispädagogik-Flamme, damit sie erhalten bleibt?

Zum Abschluss lesen wir gerne diese beiden Teile der Geschichte „Erfahrungen einer Flamme" [10] vor. Zwischen den beiden Abschnitten teilen wir Gedanken zu diversen Themen rund um das Thema „Feuer machen, Flamme erhalten und Löschen von Feuer".

Erfahrungen einer Flamme, Version 1

„Hektisch werden Funken in die Luft geschlagen, ich kann mich als Flamme nicht zusammen halten und Fuß fassen, der Zunder liegt weit verstreut, denn der Wind hat ihn auseinander geblasen. Per Zufall findet ein Funke Nährmaterial und vorsichtig kann ich mich ausbreiten. Zögerlich suche ich mir einen Weg in unübersichtlich aufgeworfenem Holz. Einmal fehlt mir der Sauerstoff, einmal das Brennmaterial, um mich richtig auszubreiten. Noch immer warte ich auf bessere Bedingungen, halte mich klein. Doch nein, ich warte vergeblich. Nach kurzer Zeit bin ich erloschen."

Vorbereitung: Wie bereite ich mich vor? Wie viel Zeit habe ich? Woher bekomme ich Material?

Ort: An welchem Ort plane ich mein Projekt? Wie sind die Bedingungen? Ist es windig und nass oder finde ich eine windgeschützte und trockene Stelle? Sind der Boden und die nähere Umgebung so beschaffen, dass ein Feuer entzündet und erhalten werden kann?

Einsatz: Welches Material habe ich zur Verfügung? Welches Ziel habe ich? Wie passen Ziel und Material zusammen? Was nehme ich als Zunder? Wie ist er beschaffen? Was nehme ich als Brennmaterial? Habe ich nur eine Sorte oder stehen mir mehrere Stufen zur Verfügung? Wie viel davon habe ich zur Verfügung? Was ist die zündende Idee und wie viel Aussicht habe ich auf Erfolg?

Am Brennen halten: Wie kann ich das Feuer am Brennen halten? Habe ich genügend Material zur Verfügung? Habe ich noch Zunder vorrätig, wenn das Feuer ganz ausgehen sollte? Wie sieht der „Plan B" aus? Wie gehe ich mit dem Brennmaterial um? Lege ich in kleinen Schritten nach oder nehme ich große Scheite und riskiere ein Ersticken des Feuers? Brauche ich ein heißes Kochfeuer oder lang anhaltende wärmende Glut? Wie lange soll das Feuer brennen? Bin ich der/die Einzige, der auf das Feuer aufpasst?

Löschen: Wie schnell und gründlich kann ich löschen, wenn es darauf ankommt? Oder soll die Glut erhalten und weitergegeben werden?

Nachbereitung: Wie hinterlasse ich die Feuerstelle? Bereite ich alles so vor, dass der Nächste in kurzer Zeit Feuer machen kann, oder hinterlasse ich den Ort ohne Spuren, dass hier jemals ein Feuer war?

›

10 Geschrieben von Rafaela Zwerger in Anlehnung an einen Text von Christian Maier (2000, S. 151f.): „Die Geschichte eine Pfeils" in „Spielraum für Wesentliches".

Erfahrungen einer Flamme, Version 2

„Aus kleinen Funken zum Leben erwachend finde ich mich auf sorgfältig platziertem Zunder wieder. Das überlegt aufgeschichtete Brennmaterial ist in Reichweite, so dass ich mir schnell meinen Weg suchen und mich vergrößern kann.
Ich spüre ein sanftes Anblasen, das mir Sauerstoff bringt und das Überspringen erleichtert. Rechtzeitig bekomme ich neue Nahrung, wenn die alte zur Neige geht, angepasst an meine Größe und Hitze. So macht es mir Spaß zu wachsen und mich auszubreiten, ich kann fröhlich tanzen und sehe mein Spiegelbild in den Augen derjenigen, die ich wärme."

9.2.3 Übung für Mitarbeitende aus der Jugendhilfe

Nachfolgend beschreiben wir eine Übung für Menschen, die im weitesten Sinne in der Jugendarbeit tätig sind. Auch hier geht es darum, letztendlich die eigene Haltung zu reflektieren, auch wenn es zunächst nicht explizit so ausgedrückt wird: die eigene Haltung, eigene Prinzipien und Werte im Laufe des eigenen Lebens – über ein „Sich-Zurück-Versetzen" in die eigene Jugend und Leitfiguren in dieser Zeit.

Zunächst werden die Teilnehmenden in Kleingruppen aufgeteilt. Jede Kleingruppe erhält zwei Briefumschläge, die nummeriert sind. Dazu erhalten sie diese Anweisungen:

„Gehen Sie in Kleingruppen zu höchstens vier Personen zusammen und unterhalten Sie sich über die eigene Jugend. Wie waren Sie mit 16 Jahren unterwegs?
Welche Themen haben Sie beschäftigt, zu welchen Personen hatten Sie besondere Beziehungen, wie war der Kontakt mit Ihren Eltern? Nehmen Sie sich für diesen Austausch ca. 60 min Zeit.
Öffnen Sie bitte erst dann den Umschlag mit der 1."

Im Umschlag 1 befindet sich ein Brief mit folgendem Inhalt:
„Unterhaltet Sie sich nun über wichtige erwachsene Bezugspersonen in dieser Zeit. Lassen Sie sich dabei von folgenden Fragen leiten. Wer war eine wichtige erwachsene Person (Mentor/Mentorin) für mich? Das können ganz unterschiedliche Personen gewesen sein, Lehrpersonen, Großeltern, Nachbarn, Trainer:innen im Sportverein, Mitarbeitende aus dem Jungendzentrum, ...? Was hat diese Erwachsenen von den anderen unterschieden? Wie waren sie, dass sie für mich wichtig wurden? Nehmen Sie sich dafür ca. 30 min Zeit.
Öffnen Sie bitte erst dann den Umschlag mit der 2."

Im Umschlag 2 befindet sich ein Brief mit folgendem Inhalt:
„Überlegen Sie nun bitte zunächst für ca. 15 min jeder für sich, ohne weiteren Austausch mit den anderen: Bin ich heute ein Erwachsener, von dem ich damals, als ich ca. 16 war, etwas angenommen hätte? Was lässt mich diese Frage mit „Ja" oder „Nein" beantworten? Woran mache ich das fest? Und was könnte ich gegebenenfalls wie verändern?

Tauschen Sie sich dann erneut mit den anderen für ca. eine halbe Stunde über Ihre Überlegungen aus."

9.2.4 Hochseilgarten – Mutsprüche

Im Vorfeld des Begehens eines Hochseilelementes sind viele Teilnehmende mit Ängsten konfrontiert und setzen sich damit auseinander, wie sie mit diesen Ängsten umgehen wollen. Immer wieder kommt es zu unerwarteten körperlichen Reaktionen oder alte Themen „tauchen auf". Wie in Beispielen bereits beschrieben, laden wir solche Elemente auch bewusst und absichtsvoll mit Fragen als Gedankenanstöße auf.

Unmittelbar vor einer Hochseilaktion sind Teilnehmende oft in Gedanken, hadern mit ihren Gefühlen und Entscheidungen. Angebote der stillen Reflexion oder eines „Geh-Sprächs" im Zweierteam, sowohl im Vorfeld als auch während Wartezeiten oder nach dem Begehen oder Nicht-Begehen eines Hochseilelementes, werden gerne genutzt.

Wir haben gute Erfahrungen damit gemacht, Spruchkarten zum Thema Mut und Angst auszulegen.

Diese Spruchkarten bedienen inhaltlich beide Pole: sowohl die Ermutigung, einen Schritt weiter zu gehen als sonst, als auch die Erlaubnis zum Nein-Sagen. Sie sollen dabei unterstützen, Gedanken zu ordnen, und Entscheidungshilfen geben. Manch ein Zitat spricht jemanden besonders an, trifft genau den Punkt.

Methodisch können die Karten sowohl auf dem Weg zum Hochseilelement als „Brainwalk" ausgelegt werden oder auch in der Umgebung des Hochseilelementes selbst, um in Wartezeiten, während der Entscheidungsfindung und/oder nach der Entscheidung die Sprüche und Zitate auf sich wirken zu lassen.

„Nur das Unbekannte ängstigt die Menschen; wenn sie erst in den Ereignissen drinstehen, fürchten sie sich nicht mehr." Antoine de St. Exupéry

„Nicht weil es schwer ist, wagen wir es nicht, sondern weil wir es nicht wagen, ist es schwer." Lucius Annaeus Seneca

„Mut ist nicht, keine Angst zu haben, sondern die eigene Angst zu überwinden." Martina Aschwanden

„Gott, gib mir die Gelassenheit, Dinge hinzunehmen, die ich nicht ändern kann, den Mut, Dinge zu ändern, die ich ändern kann, und die Weisheit, das eine vom anderen zu unterscheiden" Reinhold Niebuhr

„Selbstvertrauen gewinnt man dadurch, dass man genau das tut, wovor man Angst hat, und auf diese Weise eine Reihe von erfolgreichen Erfahrungen sammelt." Dale Carnegie

„Wenn du immer nur das tust, was du heute kannst, wirst du immer nur das bleiben, was du heute bist." Henry Ford

„Angst ist ein guter Ratgeber, sie ist natürlich und sie erhöht die Wachsamkeit." Henning Beier

„Wenn du deiner Angst einen Namen gibst, verliert sie einen Teil ihres Schreckens." Helga Schäferling

„Aber ich habe auch begriffen, was mich immer verwundert hatte: Weshalb Plato (oder war es Aristoteles?) dem Mut die niedrigste Rangstufe unter den Tugenden zuweist. Nicht gerade sehr edle Gefühle, aus denen er sich zusammensetzt: Ein bisschen Wut, ein bisschen Eitelkeit, ein Gutteil Trotz und ganz gewöhnliche Sportlust. Vor allem auch ein gesteigertes Gefühl physischer Kraft, obwohl die eigentlich nichts dabei zu tun hat. Man kreuzt die Arme über dem offenen Hemd und atmet tief. Alles in allem eher ein Wohlgefühl. Wenn es bei Nacht passiert, mischt sich darein das Gefühl, eine ungeheure Dummheit begangen zu haben. Nie wieder werde ich einen Menschen bewundern, der nichts als mutig ist." Antoine de St. Exupéry, «Nachtflug»

„Man kann fast alles in kleinen, wohlüberlegten Schritten erreichen. Aber manchmal braucht man auch den Mut, einen großen Sprung zu wagen; einen Abgrund überquert man nicht mit zwei kleinen Sprüngen." David Lloyd George

„Der mutigste Mensch ist derjenige, der alle Risiken abwägt, und wenn sie größer werden als die Sache es wert ist, den Mut hat zurückzugehen und sich dem anderen Risiko zu stellen, ein Feigling genannt zu werden." Kurt Hahn

9.2.5 SWOT-Analyse

In Kapitel 4.4.1 haben wir das Modell des Johari-Fensters vorgestellt. Dieses Modell eignet sich gut in Erwachsenengruppen, um den Nutzen und Mehrwert von Feedback und Selbstreflexion abzuleiten und deutlich zu machen.

Darauf aufbauend setzen wir gerne ein weiteres Modell als Einzelarbeit mit eventuell nachfolgendem Austausch im Zweierteam ein: die SWOT-Analyse.

Das Akronym SWOT steht für die englischen Begriffe: „**S**trengths" (Stärken), „**W**eaknesses" (Schwächen), „**O**pportunities" (Möglichkeiten/Chancen), „**T**hreats" (Gefahren).

Üblicherweise verbinden wir in unserem Denken Stärken eher mit Möglichkeiten und Schwächen eher mit Gefahren. Die SWOT-Analyse lädt dazu ein, auch einmal nach den dunklen Seiten der eigenen Stärken und den hellen Seiten der eigenen Schwächen zu forschen. Insbesondere auf die eigene Rolle als Erlebnispädagog:in und Prozessbegleitung bezogen kann dieser Blickwinkel eine neue Wahrnehmung der eigenen Fähigkeiten bewirken und dabei unterstützen, mögliche Wirkungen eigenen Verhaltens auf die Teilnehmenden besser einzuschätzen.

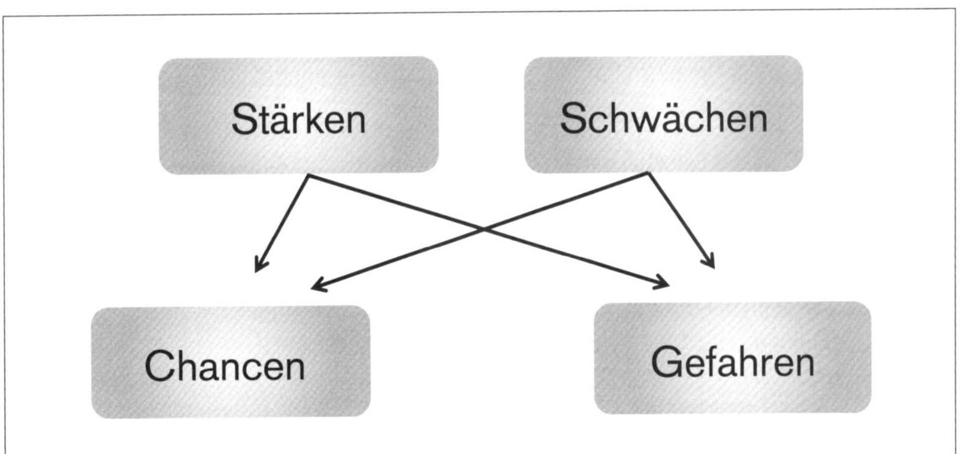

Abb. 9-1: Das Schema der SWOT-Analyse

Methodisch bedeutet dies, zunächst Raum und Zeit für Selbstreflexion anzubieten und die Teilnehmenden einzuladen, ihre größte Stärke wie auch ihre größte Schwäche (in Bezug auf eine bestimmt Fragestellung) für sich zu benennen. Anschließend ist es die Aufgabe, zur Stärke wie zur Schwäche jeweils die Chancen wie auch die Gefahren auszuloten.

Optional kann im Zweiergespräch auch jeweils die Fremdwahrnehmung mit der Selbstwahrnehmung verglichen werden.

9.2.6. Praktische Übungen zur Hypothesenbildung

In unserem Alltag treffen wir immer wieder auf Menschen, deren Verhalten uns aus unserer subjektiven Perspektive eigenartig, komisch oder zumindest irritierend erscheint.

Aus systemischer Sicht liegt **jedem Verhalten eine subjektiv positive Absicht** zugrunde, hat also einen im Kontext begründeten Sinn. Das heißt nicht, dass jedes Verhalten positiv bewertet werden muss. Die Absicht hinter diesem Verhalten ist jedoch aus Sicht des Einzelnen subjektiv positiv.

Werden wir durch ein bestimmtes Verhalten eines Menschen irritiert, kommt es schnell zu Wertungen des Verhaltens, meist zu Abwertungen. Aus Abwertung wird Missachtung, zunächst Missachtung des Verhaltens und daraus entwickelt sich manchmal die Missachtung der Person.

Als derjenige, der von diesem Verhalten irritiert ist, gelingt es oft nicht, die positive Absicht dahinter zu erkennen. Ein erkennen dieser Absicht, kann jedoch zu einem anderen Einordnen des Verhaltens, und damit zu anderen Bewertungen und im weiteren Verlauf zu anderen Reaktionsmöglichkeiten führen.

Als Hypothesen bezeichnen wir: „vorläufige im weiteren Verlauf zu überprüfende Annahmen". Systemische Hypothesen sind keine Zuschreibungen und auch keine Suche nach dem „Warum", also der Ursache eines bestimmten Verhaltens, sondern die Suche nach der Antwort auf die Frage, „Wozu zeigt sich dieses Verhalten?".

- Dabei geht es um ein Einschätzen des Zusammenwirkens von Handlungen und Umständen. Die systemischen Hypothesen können den Sinn, den ein „Problem" für das System macht, verdeutlichen. Dies führt zu einer Abkehr von Schuldzuweisungen.
- Im Vordergrund steht dabei die Frage nach der Funktionalität. Betrachtet werden situationsbezogen der Sinn und die Angemessenheit der derzeitigen Lösung.
- Ziel ist die Bildung situativer, zeitpunktbezogener Hypothesen.

Um den Einstieg in das Bilden systemischer Hypothesen zu erleichtern, suchen wir nach Antworten auf die Frage: „Wofür sorgt dieser Mensch mit dem irritierenden Verhalten?" Dabei ist es entscheidend, ausschließlich die positiven Absichten, die sich hinter dem gezeigten Verhalten verbergen könnten, zu formulieren.

Systemische Hypothesen werden in Kombination mit der Frage „was stattdessen?" gesehen. Häufig fallen Formulierungen leichter, die beschreiben, was beendet werden soll. Die positive Absicht findet sich aber in dem, was stattdessen stattfinden soll.

Zum Beispiel anstelle von: „Er sorgt dafür, dass er nicht mehr so oft seine Mutter um Erlaubnis fragen muss", könnte die Formulierung lauten: „Er sorgt dafür, dass er mehr Dinge selbst entscheiden kann".

Arbeitsauftrag (Arbeit in Kleingruppen):

5–10 min Eine Person berichtet von einem für ihn/sie irritierenden Verhalten einer anderen Person.

5–10 min Die Mitglieder der Kleingruppe stellen Verständnisfragen zur Situation (ohne Interpretationen).

10–15 min Alle gemeinsam bilden Hypothesen zum Verhalten. Die formulierten Hypothesen werden mit dem Halbsatz *„Er oder sie sorgt dafür, dass..."* eingeleitet, um der Gefahr zu entgehen, eine Hypothese über die möglichen Ursachen des Verhaltens zu entgehen.

9.2.7 Ehrlichkeit dem Kunden gegenüber

Mit welcher Grundhaltung „verkaufe" ich erlebnispädagogische Maßnahmen und bin ich davon überzeugt, dass man mit dieser Methode „alles" erreichen kann?

In Anbetracht des Eingeständnisses, dass das Erreichen eines bestimmten Zieles mit erlebnispädagogischen Projekten nicht garantiert werden kann, muss transparent gemacht werden, dass Erlebnispädagogik auch scheitern kann. Christine und Hansjörg Lindenthaler formulieren dazu treffend: „Trotz aller Bemühungen gehört das Scheitern zum Alltag, deswegen verlieren die gemachten Erfahrungen nicht an Wert" (Lindenthaler/Lindenthaler 2012, S. 238). Sie plädieren für einen offen Umgang mit dem Thema Scheitern: „Die Erlebnispädagogik könnte sich dadurch vom belastenden Image befreien, Probleme zu lösen, die anderswo nicht gelöst werden könnten" (Lindenthaler/Lindenthaler 2012, S. 147). Weiter schreiben sie, dass es dem Image schade, wenn Erlebnispädagogik damit argumentiere, dass spektakuläre Methoden auch entsprechende Ergebnisse bringen würden (ebd.) Und dennoch teilen wir die Überzeugung: „Entwicklung findet immer statt, wenn auch nicht immer unter der Wahrnehmung von dokumentierenden Pädagogen" (ebd., S. 238).

Manchmal herrscht Unklarheit über verschiedene Begriffe wie Trainer:in, Coach, Prozessbegleiter:innen oder Berater:innen. Es ist notwendig, sich darüber auszutauschen, welches Verständnis sowohl die Auftraggebendenseite als auch die Auftragnehmenden von welcher Bezeichnung hat und welche Erwartungen damit verbunden sind. Dies dient einer differenzierten Auftragsklärung, der Transparenz – und damit der Zufriedenheit der Kunden.

Dies ist ein Schreiben, das wir gegebenenfalls im Vorfeld an Kunden versenden, die uns als „Prozessbegleitung" buchen wollen:

Was Sie bekommen, wenn Sie uns buchen – und was nicht!

Passen wir zu Ihnen? Passen wir zu Ihren Themen und Bedürfnissen? Unsere Gedanken zu diesem Thema sollten Sie sich zumindest vor Augen führen, um eine zusätzliche Entscheidungshilfe in den Händen zu halten, wenn es um die Frage geht, ob Sie uns für die Begleitung Ihrer Prozesse auswählen möchten.

Alle Trainer:innen sind entscheidend durch ihre persönliche Grundhaltung geprägt, und unsere wiederum findet in einer systemischen Grundhaltung ihre geistige Heimat. Konkret bedeutet dies unter anderem:

- Wir gehen davon aus, dass die Teilnehmenden die Expert:innen für ihre Lebenswelt sind und nicht wir. Daraus ergibt sich für uns vor allem die Rolle der Begleitenden und nicht die von Beratenden. Wer von uns demnach direkt lernen möchte, „wie er sich verhalten soll", wird eventuell keine befriedigenden Antworten erhalten.

- Wir versuchen durch passende Reflexionsfragen und andere Gedankenexperimente unseren Teilnehmenden neue Denk- und Handlungsoptionen zu eröffnen. Unsere handlungsorientierten Angebote und die damit verbundenen Reflexionen sollen dabei helfen, dass die Teilnehmenden innehalten können und womöglich hier und dort nachhaltig „stolpern".
- Dabei ist uns eine Entwicklungsbegleitung viel wichtiger als die unmittelbare Zielerreichung, wobei wir letztere nicht aus den Augen verlieren. Teilnehmende benötigen jedoch manchmal ein Stück Geduld, wenn sie scheinbar um den gleichen Punkt kreisen. Es ist genau dieser Anlauf, der manchmal notwendig ist, um zielgerichtet Ergebnisse überhaupt produzieren zu können. Vergleichbar mit einem Raumschiff, das durch Umkreisen eines Himmelsobjektes und durch Ausnutzen dessen Gravitationsenergie erst genügend Fahrt aufnehmen muss, um die Umlaufbahn verlassen zu können.
- Dabei müssen wir unsere Teilnehmenden immer wieder aufs Neue „abholen" und mit dem arbeiten, was diese tatsächlich aktuell bewegt. Auch wenn Manche bereits „zwei Schritte weiter sind" – eine ganzheitliche und nachhaltige Teamlösung kann nur gefunden werden, wenn alle „mit an Bord sind". Genau dafür sorgen wir mit beharrlichem Nachfragen. Jeder hat aus seiner Sicht der Welt heraus Recht. In einem ersten Schritt geht es darum, die jeweiligen – womöglich unterschiedlichen – Wahrnehmungen auszutauschen und abzugleichen. Spannend ist: Wie gehen wir mit den gemeinsamen Schnittmengen um?
- Unsere Programme arbeiten aktiv mit dem Programmpunkt „Entschleunigung als Möglichkeit der persönlichen Verarbeitung". Dies schließt sowohl einen dauernden Wechsel aus erfahrungsorientierter Aktion und Reflexion ein als auch unterschiedliche Reflexionsphasen, bei denen die Teilnehmenden einerseits mit dem Teamsystem als Gesamtes und andererseits mit sich selbst konfrontiert werden. Und so wird es in Gruppendiskussionen womöglich einmal „heiß hergehen" und kurze Zeit später finden sie sich alleine oder im Kleinteam im ruhigen Austausch miteinander oder mit sich selbst wieder.
- Immer wieder stellen wir (neue) Hypothesen auf, und da es sich bei *einer Hypothese nur um eine vorläufige, im weiteren Verlauf zu überprüfende Annahme über das, was ist, handelt,* besprechen wir diese immer wieder mit der Gruppe.
- Oft werden wir mit Widersprüchen konfrontiert. Das, was offen gesagt wird in der Gruppe, passt nach unserer Wahrnehmung nicht zu dem, was auf andere Weise oder im Vorfeld kommuniziert wurde. Wir werden die Teilnehmenden immer wieder genau darauf ansprechen. Genau an diesen Stellen muss sich eine Gruppe darauf einlassen können, möglicherweise neue Ziele zu vereinbaren, falls dies notwendig erscheint.

Die Methoden, mit denen wir arbeiten, sind dabei vielfältig. Immer wieder gehen wir mit Ihnen „in den Wald", sei es, um kooperative konstruktive Lernprojekte durchzuführen oder Ihre Gedanken in der Natur bei Reflexionen noch besser in Bewegung zu bringen. Manchmal ist der Seminarraum genauso oder gar besser geeignet, um „spielerisch" die Themen an das Tageslicht zu bringen. Und nicht selten nutzen wir den bewährten Stuhlkreis, um Wahrnehmungen abzugleichen und Modelle vorzustellen.

Dabei bedienen wir uns unterschiedlichster Ansätze, die immer wieder durch eine systemische Grundhaltung geprägt sind. Und wir nutzen Modelle aus der Transaktionsanalyse, Gruppendynamik, Kommunikationstheorie und vieles mehr. Erklärungsmodelle, die wir anbieten, sind dabei unserem umfangreichen „Best of" entnommen und entstammen selten einer einzelnen theoretischen Grundlage alleine.

Buchen Sie uns also auf keinen Fall als Prozessbegleitung, wenn Sie

- Beratung im Sinne von „Wir wissen, was Sie brauchen" suchen (Typ „Consulting")
- Handwerkszeug trainieren möchten oder
- lediglich auf nette Weise und gespickt mit kleinen Abenteuern das bestätigt bekommen möchten, was Sie ohnehin bereits wissen.

All das sind legitime und gute Aufträge, die wir gut begleiten oder gar trainieren können, doch dann treten wir in einer anderen Funktion auf.
Reden Sie also mit uns – dann können wir gemeinsam Ihr Anliegen erforschen.

9.2.8 Anleitung zum Durchschnittlich-Sein

In den bereits erwähnten Studien von John Hattie (2014) wurde auch der Einfluss von Erlebnispädagogik untersucht, und die Ergebnisse sind bemerkenswert, denn in Ergänzung von zahlreichen anderen Faktoren haben erlebnispädagogische Maßnahmen einen Nachläufer-Effekt, welcher in der Erziehungswissenschaft selten festgestellt wird (Zierer 2016, S. 58). Andere Faktoren, die das Lernen fördern sollen, sind nach einer gewissen Zeit nicht mehr nachweisbar. Als Beispiel wird angeführt, dass man am Ende der vierten Klasse nicht mehr sagen kann, welche Kinder in einer Kita gewesen sind.

Zwei Gründe werden dafür angeführt. Zum einen die Tatsache, dass die Ziele, Inhalte, Methoden und Medien nachvollziehbar, konkret und umsetzbar sind. Zum anderen – und hier sind wir wieder mitten im Thema – werden die Beziehungen zwischen Lehrpersonen und Schüler:innen sowie der Schüler:innen untereinander gesehen. Bei gemeinsamen Aktivitäten im anregungsreichen Kontext werden Kooperationen aufgebaut und wird Vertrauen gefördert (ebd.).

Wir wagen an dieser Stelle den Umkehrschluss: Erlebnispädagogik arbeitet insbesondere dann nachhaltig, wenn Erlebnispädagog:innen und Teilnehmende über Klarheit bezüglich der Ziele und Methoden verfügen und eine Beziehung zwischen ihnen aufgebaut wurde. Noch einmal zitieren wir eine Kernbotschaft aus den Studien von John Hattie: „Das Wie ist hier wichtiger als das Was. Für sich alleine genommen bewirken curriculare Programme (wie Erlebnispädagogik, Anmerkung der Verfasser) wenig. Sie müssen durch die Lehrpersonen zum Leben erweckt werden" (ebd., S. 59).

Manchmal werden Dinge deutlicher, wenn man sie aus der Gegenperspektive betrachtet. Anweisungen wirken oft belehrend, ins Gegenteil verkehrte Anweisungen jedoch werden eher schmunzelnd entgegengenommen und regen stärker zum Nachdenken und Überprüfen an.

Wenn wir uns darum bemühen wollen, besonders wirksame Arbeit zu leisten, können wir uns also anschauen, was wir tun müssten, um „nur" durchschnittlich zu handeln. Dabei ist der Begriff „durchschnittlich" nicht abwertend gemeint, sondern dient lediglich der Überspitzung und Karikatur.

1. Wählen Sie vor allem die Übungen aus, die Sie in einem anderen Zusammenhang als für sich wirksam erlebt haben. Gehen Sie davon aus, dass Sie mit genau **diesen** Übungen genau **diese** erwarteten Erfolge erzielen.
2. Fünf Übungssequenzen an einem Tag sind mehr als drei. Halten Sie Ihre im Vorfeld geplante detaillierte Zeitplanung unbedingt ein!
3. Vertrauen Sie voll und ganz Ihrer persönlichen Wahrnehmung, was das Beste für die Gruppe ist, und geben Sie nötigenfalls auch den richtigen Weg vor!
4. Vereinfachen Sie den Entscheidungsprozess der Teilnehmenden durch klare JA- oder NEIN-Fragen, so dass Sie die Handlungsoptionen Ihrer Teilnehmenden möglichst verringern, denn deren Leben ist kompliziert genug.
5. Bleiben Sie stets Expert:in für die Lösungen des Teams. Was ein Konflikt ist, entscheiden alleine Sie!
6. Bereiten Sie vor allem die Reflexionen inhaltlich genau vor (Vorbereitung auf Karteikarten: „Was sage ich wann zu wem?").
7. Verfolgen Sie eine einmal gefasste Diagnose zu den Teilnehmenden und deren Themen so lange, bis diese sich bewahrheitet.
8. Arbeiten Sie vorzugsweise alleine, um die Absprachezeiten möglichst gering zu halten. Und wenn Sie schon eine Kolleg:in dabei haben, beziehen Sie nicht auch noch zusätzlich die Teilnehmenden in die Prozesse mit ein.
9. Als Profi stehen Sie über den eigenen Befindlichkeiten und können eigene Bedürfnisse dem Prozess unterordnen.
10. Der mit dem Chef im Vorfeld vereinbarte Auftrag sollte alleinige Arbeitsgrundlage sein. Das Seminar ist erst dann erfolgreich, wenn alle mit dem Auftraggebenden vereinbarten Ziele erreicht sind.

9.2.9 Dekonstruktionsbrille

Manch pädagogische Begleitung neigt dazu, die Dinge um sich herum gar neugierig zu betrachten, und erforscht mit deutlichem Interesse die Konstruktionen von Welt und die Lösungsideen derer, mit denen sie unterwegs sind. Oft sind intensive Kommunikation und der Aufbau von echten Beziehungen die Folge. Um diese Folgen wirksam zu vermeiden, empfehlen wir an dieser Stelle unsere **Dekonstruktionsbrille 3.0**! Nach dem Ausschneiden direkt aufsetzen und genussvoll dem Feierabend entgegendämmern.

Neu: Wirkt jetzt auch gegen das Ändern von einmal gefassten Meinungen!

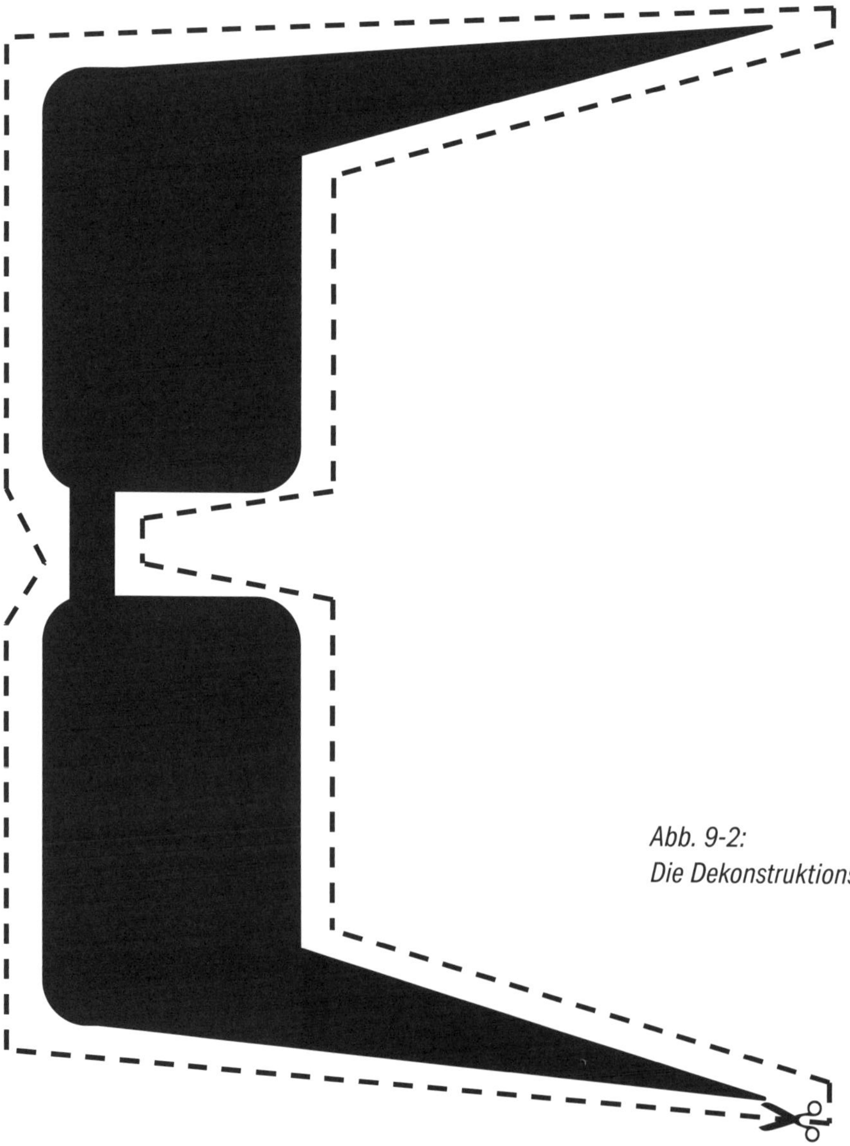

Abb. 9-2: Die Dekonstruktionsbrille

9.3 Zusammenfassung

Unsere Ausgangsfrage für dieses Kapitel lautete: Wie kann ich meine Haltung entwickeln?

Die eigene Haltung gegenüber Personen, Aktivitäten oder Umständen entpuppt sich als zentraler Schlüssel bei der Suche nach der Wirksamkeit von erlebnispädagogischen Maßnahmen. Die persönliche Haltung entwickeln wir vor allem durch Selbstreflexion. Durch Feedback bekommen wir Zugang zum sogenannten „blinden Fleck". Durch Selbstreflexion überprüfen wir dieses Feedback auf dessen Bedeutung für uns. Die Haltung schwebt wie eine große Wolke über all unserem Handeln, Denken und Fühlen. Sie steuert unsere Wahrnehmung und damit unsere Möglichkeiten.

Selbstreflexion wird somit einerseits zum entscheidenden Baustein bei der Entwicklung der eigenen Haltung und ist damit gleichzeitig der entscheidende Bestandteil eben dieser.

10. Fazit

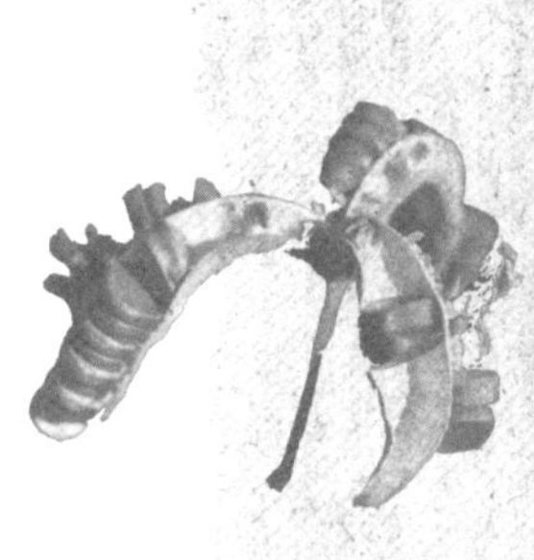

10. Fazit

Am Ende unseres Buches möchten wir noch einmal auf das Bild des Kuchenbackens zurückkommen.

Wir erinnern an unsere Sätze im Vorwort: „Wir werden nicht das Kuchenbacken neu erfinden oder auch nur behaupten, unsere Kuchen schmecken besonders gut. Doch wir denken, aus lange bekannten Zutaten am Ende einen neuen Kuchen kreiert zu haben, der dann probiert werden kann." Und genau das haben Sie nun getan!

Vielleicht haben Sie nach der Lektüre dieses Buches eine Vorstellung davon entwickelt, was es außer einem Rezept und entsprechenden Zutaten noch braucht, um einen für den jeweiligen Kunden schmackhaften Kuchen zu „backen". Und womöglich hat sich auch Ihre eigene Antwort auf die Frage: „Welche Aufgabe und welche Reflexionsmethode muss ich kombinieren, um ein bestimmtes Thema zu bearbeiten?" verändert oder Sie können zumindest nachvollziehen, warum wir Erlebnispädagog:innen dies für so komplex halten, dass wir keine einfache Antwort darauf geben wollen.

Erlebnispädagogische Angebote lassen sich vielleicht besser mit einer Gebirgstour vergleichen als mit dem Kuchenbacken.

Übergeordnetes Ziel ist es, mit der Methode Erlebnispädagogik (Persönlichkeits-)Entwicklung bei den Teilnehmenden zu fördern. In der Umsetzung ist der Weg das Ziel.

Johan Hovelynck schreibt: „Erfahrungsorientierte Pädagogik (...) hat in erster Linie den *Prozess* im Auge: von Augenblick zu Augenblick geht es darum aufmerksam zu verfolgen, wie die gegenwärtige Erfahrung zum Lernen beizutragen vermag" (Hovelynck 2004, S. 24). Es geht vor allem um das Unterwegssein und Sammeln von Erfahrungen, und womöglich gibt es die Gelegenheit, den einen oder anderen Gipfel mitzunehmen. Erst am Ende rekapitulieren wir: Wo sind wir eigentlich gewesen? Was hat jeder Einzelne, was haben wir gemeinsam erlebt?

Unsere beiden Erlebnispädagog:innen begleiten die Tour.

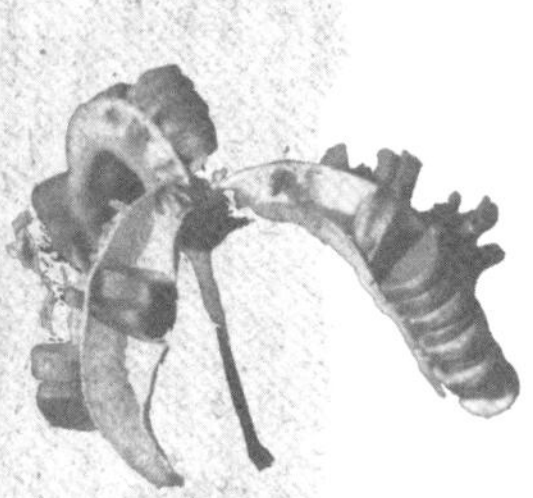

Im „Gepäck“ und in ihrer Grundausstattung haben sie von Anfang an die verschiedenen erlebnispädagogischen Theorien, die in Kapitel 4.1 beschrieben wurden: der Experiential Learning Cycle, der Aktions-Reflexions-Zyklus, die E-Kette, die erlebnispädagogische Waage, das Komfortzonenmodell und andere mehr. Diese Theorien bilden die Grundlage der Tourenplanung und werden immer wieder zu Rate gezogen, wenn es um Entscheidungen über den Tourenverlauf geht.

Im Gebirge gibt es verschiedene (Vegetations-)Zonen und Geländeformen, die sich auch wiederholen können, je nachdem, welcher Weg gewählt wird. In der Metapher der Gebirgstour stehen sie für Aktivitäten und Reflexionsmethoden.

Die Wege durch das Gebirge stellen die Modelle der Prozessbegleitung (siehe Kapitel 5) dar. Je nachdem, welchen Weg die Erlebnispädagog:innen wählen, können sie beispielsweise mit einer Reflexionsfrage beginnen und erst dann in eine Aktivität einsteigen, diese dann erneut reflektieren oder eine weitere Aktivität anschließen. Sie können auch mit einer Aktivität starten und erst danach reflektieren oder bestimmte Aktivitäten länger ausdehnen, genauso wie Reflexionsphasen ausgedehnt werden können.

Klar ist, dass jede Zone durchquert werden muss – durch die Berge kann man nicht ausschließlich an idyllischen Wiesen entlang gehen und glücklicherweise hören auch Geröllhalden irgendwann wieder auf.

Durch ein Gebirge gibt es sehr viele Wege: steilere und weniger steile, abwechslungsreiche oder eintönige, längere und kürzere.

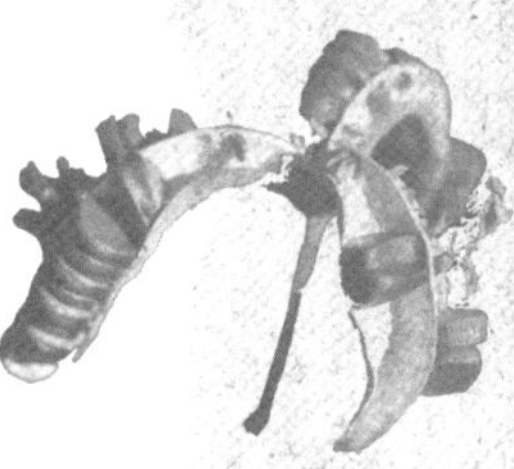

Wie entscheiden nun die Erlebnispädagog:innen, welchen Weg sie wählen, an welcher Wegkreuzung sie in welche Richtung weitergehen?

Hier sind wir bei den Grundgedanken aus Kapitel 7 und bei der Haltung der Erlebnispädagog:innen. Unsere beiden Erlebnispädagog:innen haben verschiedene Hüte und Brillen, ja sogar ein Fernglas bei sich, womit sie unterschiedliche Rollen und Perspektiven einnehmen können.

Mit zunehmender Erfahrung und durch das Nutzen ihrer Intuition erkennen sie im Laufe ihres Berufslebens immer besser kleinste Zeichen und Veränderungen, die sie für ihre Entscheidung für einen bestimmten Weg nutzen können.

Sie kennen die Gruppe, beobachten, wie Einzelne unterwegs sind, stellen Hypothesen auf, gleichen diese mit den Teilnehmenden ab und adaptieren so ihre Tourenplanung. Bei jeder Weggabelung wägen sie ab, wie viel Einfluss sie auf die Teilnehmenden nehmen wollen und welcher Weg dazu in ihren Augen der passendste wäre.

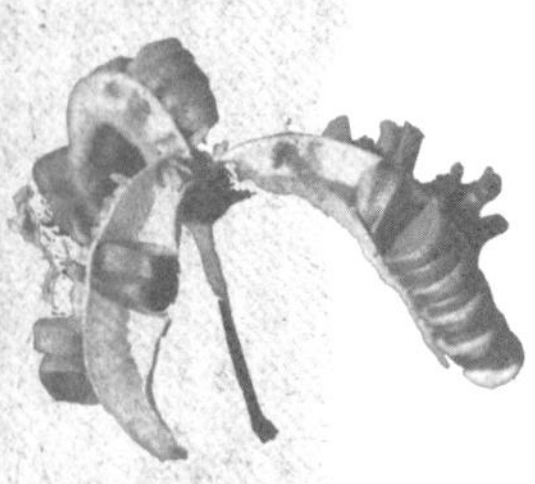

Sie achten auf sich selbst: Habe ich das richtige Schuhwerk für bestimmte Passagen? Wie sieht es gerade mit meiner eigenen Kondition aus und wie viel Energie habe ich gerade? Mit welchen eigenen Themen bin ich gerade beschäftigt? Habe ich genügend Erfahrung und die nötige Sicherheitsausrüstung, um einen Gletscher zu überqueren, oder nehme ich mir Bergführer:innen dazu?

Und so „landen" wir auch in diesem Bild bei den Themen Selbstreflexion und Haltung der Erlebnispädagog:innen, die uns durch das ganze Buch begleitet haben.

Das Fazit aus diesem Buch kann nur jeder Leser selbst ziehen – denn natürlich wissen wir auch hier nicht, wer das Geschriebene mit welcher Brille in welchem inneren Zustand auf der Grundlage welcher Erfahrungen gelesen hat – und was einzelne Leser:innen daraus machen, im Sinne von „gelesen ist noch nicht verstanden, verstanden ist noch nicht akzeptiert, akzeptiert ist noch nicht adaptiert, adaptiert ist noch nicht angewendet, angewendet ist noch nicht beibehalten" ... (vgl. Kapitel 4.4.3).

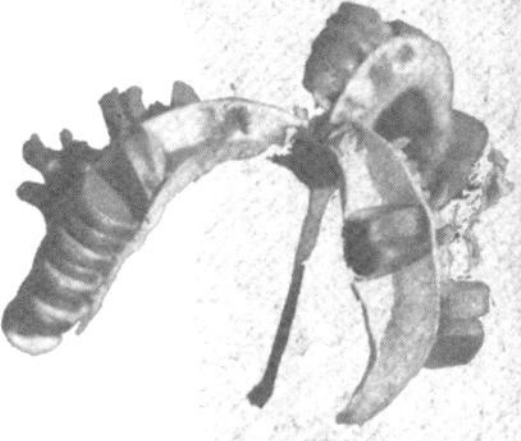

Wer beim Lesen dieses Buches an der ein oder anderen Stelle gedacht hat, den Gedanken zwar zustimmen zu können, es aber in der Praxis nicht immer zu schaffen, alles in dieser Weise umzusetzen, ist wahrscheinlich in guter Gesellschaft.

Wie kann es uns gelingen, den Boden für eine Entwicklung bei unseren Teilnehmenden zu bereiten, Prozesse differenziert zu beobachten und eine möglichst „neutrale", wertschätzende Haltung einzunehmen, in dem Wissen, dass wir immer auch unsere eigene Geschichte und Persönlichkeit in unsere Beziehung mit den Teilnehmenden einbringen? Unsere Antwort an dieser Stelle lautet: „Nie vollkommen".

Im Vorwort zum Buch „Der innere Kompass" von Jorge Bucay (2013) schreibt dessen Sohn, dass er seinen Vater bei einer öffentlichen Lesung einmal mit einer Frage habe in Bedrängnis bringen wollen. Vor gut 1000 Zuhörern habe er ihm live die Frage gestellt, ob er all diese Dinge, von denen er in seinen Büchern schreibe, auch zu Hause umsetze. Er habe geantwortet: „... mein Sohn: Ich versuche es. Manchmal gelingt es mir nicht, aber ich versuche es."

Doch auch wenn es uns nicht stets oder hundertprozentig gelingen sollte, dies alles umzusetzen: Erlebnispädagogik profitiert enorm von einer systemischen Haltung und dem Bemühen um wirksame Interventionen. Wir wünschen daher zusammen mit Christine und Hansjörg Lindenthaler (2012, S. 7) der erlebnispädagogischen Praxis ein größeres „Maß an gelebter systemischer Kultur" und hoffen, dass wir mit diesem Buch Anstöße zu Ihrer persönlichen Entwicklung geben konnten.

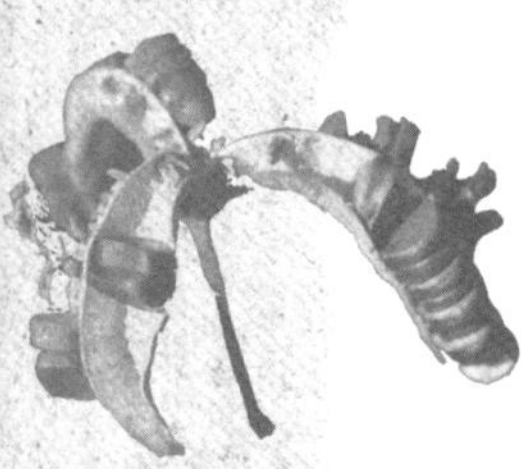

Dank

Wir möchten uns bei vielen Menschen bedanken, die uns bei der Umsetzung des Buches auf verschiedenste Weise unterstützt haben.

Beginnen möchten wir bei **Hanna Abstreiter** für sehr viele Anregungen und noch mehr Fragen sowie ihre Ermutigung, unserem Stil treu zu bleiben.

Mit **Werner Michl** haben wir so manches Gespräch geführt, bei dem einige der Gedanken auf den Prüfstand gebracht und ergänzt wurden. Auch hat er zusammen mit **Holger Seidel** das Skript einer ersten kritischen Gesamtprüfung unterzogen.

Johan Hovelynck hat das fast vollendete Buch ebenfalls genau gelesen und uns einige sehr wichtige Hinweise zu Begrifflichkeiten und teilweise auftretenden Widersprüchen gegeben. Vielen Dank für die Gespräche und Anregungen!

Nicht zuletzt spielen die **Teilnehmerinnen** und **Teilnehmer** unserer Kurse und Veranstaltungen eine große Rolle durch ihr Feedback, durch ihre Fragen und die mit uns geteilten Entwicklungsschritte.

Herzlichen Dank auch an **Sibylle Schönert** und **Alex Ferstl** vom ZIEL-Verlag für die große Unterstützung und die vielen Gedanken, die sie sich bei der Arbeit an allen drei Auflagen gemacht haben.

Viele der in diesem Buch verarbeiteten Gedanken wurden zusammen mit unserem Kollegen und vor allem Freund **Oliver Dorgerloh** gemeinsam entwickelt. Daher gelten ihm diese letzten Zeilen des Buches!

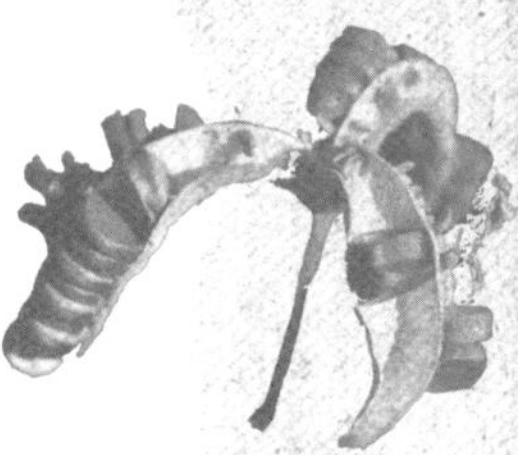

Literatur

Anderson, L. W. (Hrsg.), Krathwohl, D. R. (Hrsg.), Airasian, P. W. (Hrsg.) (2001): A taxonomy for learning, teaching and assessing: A revision of Bloom's taxonomy of educational objectives. Addison Wesley

Bacon, S. (2003): Die Macht der Metaphern, The Conscious Use of Metaphor in Outward Bound, 2. überarbeitete Auflage, ZIEL-Verlag, Augsburg

Baig-Schneider, R. (2012): Die moderne Erlebnispädagogik: Geschichte, Merkmale und Methodik eines pädagogischen Gegenkonzeptes, 1. Auflage, ZIEL-Verlag, Augsburg

Baecker, D. (2012): Lexikon des Systemischen Arbeitens, Carl Auer, Heidelberg

Barthelmess, M. (2016): Die systemische Haltung. Was systemisches Arbeiten im Kern ausmacht. Vandenhoeck & Ruprecht, Göttingen

Berghaus, M. (2004): Luhmann leicht gemacht, 2. Auflage, Böhlau Verlag, Köln

Bernstein, S., Lowy, L. (1987): Untersuchungen zur sozialen Gruppenarbeit in Theorie und Praxis, Lambertus, Freiburg

Besser, R. (2003): „Hauptsache ein Alibi". In: management & training 10/2003, S. 51ff., managerSeminare Verlags GmbH, Bonn

Bloom, Benjamin S. (1976): Taxonomie von Lernzielen im kognitiven Bereich. Beltz, Weinheim und Basel

Bonder, N. (2003): Der Rabbi hat immer Recht. Die Kunst, Probleme zu lösen. Pendo, Zürich

Bucay, J. (2013). Der innere Kompass: Wege zur Spiritualität, Fischer, Frankfurt

Coelho, P. (2007): Vom Gleichgewicht. In: Unterwegs. Der Wanderer. Gesammelte Geschichten, Diogenes Verlag, Zürich

Elger, C.E. (2009): Neuroleadership. Erkenntnisse der Hirnforschung für die Führung von Mitarbeitern, Haufe, Planegg

Falke, K. (2015): Der Circle of Courage. In: Into the Wild International: Methoden und Formate der Prozessbegleitung im Entwicklerbad, S. 21-29, agjf Sachsen, Chemnitz

Foerster, H. (2010): Das Konstruieren einer Wirklichkeit. In: Watzlawick, P. (Hrsg.): Die erfundene Wirklichkeit. Piper, München, S. 39-60

Friebe, J. (2010): Reflexion im Training: Aspekte und Methoden der modernen Reflexionsarbeit, managerSeminare Verlags GmbH, Bonn

Friebe, J. (2016): Reflektierbar: Reflexionsmethoden für den Einsatz in Seminar und Coaching, managerSeminare Verlags GmbH, Bonn

Fürst, W. (2009): Gruppe erleben. Soziales Lernen in der erlebnispädagogischen Gruppe. Ernst Reinhardt, München

Gilsdorf, R. (2004): Von der Erlebnispädagogik zur Erlebnistherapie – Perspektiven erfahrungsorientierten Lernens auf der Grundlage systemischer und prozessdirektiver Ansätze, EHP, Bergisch Gladbach

Gilsdorf, R., Kistner, G. (1995, 2003, 2013): Kooperative Abenteuerspiele, Band I, II, III, Kallmeyersche Verlagsbuchhandlung, Seelze-Velber

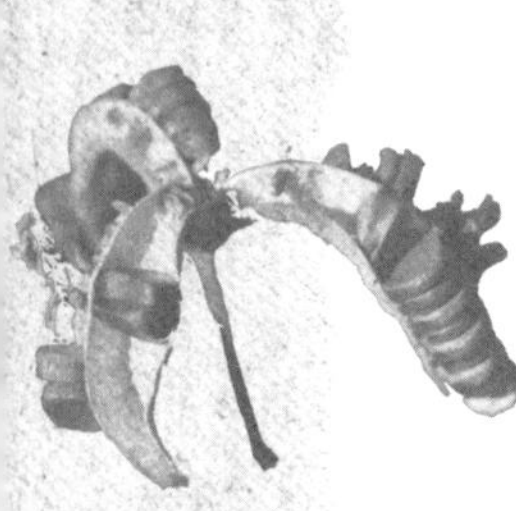

Goethe, J.W. von (1825): in Johann Peter Eckermann: Gespräche mit Goethe in den letzten Jahren seines Lebens. Brockhaus 1868 Mannheim

Gris, R. (2008): Die Weiterbildungslüge. Warum Seminare und Trainings Kapital vernichten und Karrieren knicken. Campus Verlag, Frankfurt.

Hänsel, M. (2013): Der Ordnung halber! Grundlagen der systemischen Beratung. In: Vogel, M. (Hrsg.) (2013): Organisation außer Ordnung: Außerordentliche Beobachtungen organisationaler Praxis, S. 21-38, Vandenhoeck & Ruprecht, Göttingen

Hargens, J. (2006): Systemische Therapie...und gut ein Lehrstück mit Hägar. 3., unveränderte Auflage, Verlag modernes lernen, Dortmund

Hargens, J. (2007): Lösungsorientierte Therapie ... was hilft wenn nichts hilft ..., Borgmann, Dortmund

Hattie, J., Klaus Zierer (Übersetzer), Wolfgang Beywl (2014): Lernen sichtbar machen: Überarbeitete deutschsprachige Ausgabe von Visible Learning (Übersetzer). Schneider Verlag, Baltmannsweiler

Hattie, J. (2014), Klaus Zierer (Bearbeitung), Wolfgang Beywl (Bearbeitung): Lernen sichtbar machen für Lehrpersonen: Überarbeitete deutschsprachige Ausgabe von „Visible Learning for Teachers": Schneider Verlag, Baltmannsweiler

Heckmair, B. & Michl, W. (2018): Erleben und Lernen. Einführung in die Erlebnispädagogik. 8. Auflage, Ernst Reinhardt Verlag, München

Heckmair, B. (2000): 20 Erlebnisorientierte Lernprojekte, Beltz, Weinheim

Hesse, H. (1987): Demian, Gesammelte Werke Bd. 5, 1. Auflage: Suhrkamp, Frankfurt am Main

Hovelynck, J. (1999a): Erfahrungslernen und Erlebnispädagogik als Prozeß der Metaphernentwicklung, Übersetzt von Schödlbauer, C. In: Schödlbauer, C., Paffrath, F.H. und Michl, W. (Hrsg.) (1999): Metaphern – Schnellstraßen, Saumpfade und Sackgassen des Lernens, ZIEL-Verlag, Augsburg, S. 192-207

Hovelynck, J. (1999b): Handlungstheorien erkennen und entwickeln. In: e&l erleben und lernen 3 & 4/1999, S. 42-51, ZIEL-Verlag, Augsburg

Hovelynck, J. (2001): Jenseits von Didaktik – Auf der Suche nach der verlorenen Erfahrung. In: Paffrath, F.H. und Ferst, A. (Hrsg.) (2001) Hemmungslos erleben? Horizonte und Grenzen, ZIEL-Verlag, Augsburg, S. 136-153

Hovelynck, J. (2004): Erlebnispädagogik: Fokus auf Prozessen des Erfahrens und Lernens. Übersetzung von Rüdiger Gilsdorf. In: e&l erleben und lernen 5/2004, S. 24-27, ZIEL-Verlag, Augsburg

Hufenus, H.P. (2007). Ein roter Faden ist eigentlich ein rotes Netz. In: Thomas, K.; Kreszmeier, A. (Hrsg.). Systemische Erlebnispädagogik. Kreativ-rituelle Prozessgestaltung in Theorie und Praxis (S. 220-234). ZIEL-Verlag, Augsburg

Hüther, G. (2008) Die Macht der inneren Bilder, 4. Auflage, Vandenhoeck & Ruprecht, Göttingen

Hüther, G. (2015): „Etwas mehr Hirn, bitte". Eine Einladung zur Wiederentdeckung der Freude am eigenen Denken und der Lust am gemeinsamen Gestalten. Vandenhoeck & Ruprecht, Göttingen

Keil, J., Pasternack, P. (2011): Qualifikationsprofile in Arbeitsfeldern der Pädagogik der Kindheit. Ausbildungswege im Überblick, Robert Bosch Stiftung, Stuttgart. Zugänglich unter http://www.peer-pasternack.de/projektpublikationen30.html

Klein, I. (2017): Gruppen leiten ohne Angst. Themenzentrierte Interaktion (TZI) zum Leiten von Gruppen und Teams. Auer, Augsburg

Kolb, A. Y. & Kolb, D. A. (2008): The learning way: Meta-cognitive aspects of experiential learning. Simulation and Gaming, verfügbar auf http://learningfromexperience.com

Kolb, A. & Kolb, D. A. (2009): Experiential Learning Theory: A Dynamic, Holistic Approach to Management Learning, Education and Development, S. 42-68. The SAGES Handbook of Management Learning, Education and Development. Edited by S. J. Armstrong, and C. V. Fukami. verfügbar auf http://learningfromexperience.com

Kolb, A. & Kolb, D. A. (2013): The Kolb Learning Style Inventory 4.0. A Comprehensive Guide to the Theory, Psychometrics, Research on Validity and Educational Applications. verfügbar auf http://learningfromexperience.com

Kolb, D. (1984): Experiential Learning: Experience as a Source of Learning and Development. Prentice-Hall, Inc. Verfügbar auf der Website der Experienced Based Learning Systems, Inc. verfügbar auf http://learningfromexperience.com

König, O., Schattenhofer, K. (2015): Einführung in die Gruppendynamik, 7. Auflage, Carl Auer, Heidelberg

Königswieser, R., Hillebrand, M. (2006): Haltung in der systemischen Beratung. In: Tomaschek, Nino (2006): Systemische Organisationsentwicklung und Beratung bei Veränderungsprozessen, Carl-Auer Verlag, Heidelberg, S. 74-82

Königswieser, R., Hillebrand, M. (2011): Einführung in die systemische Organisationsberatung (6. Auflage), Carl-Auer-Verlag, Heidelberg

Kreszmeier, A.H., Hufenus, H. (2000): Wagnisse des Lernens, Haupt Verlag, Bern, Stuttgart, Wien

Lang, B. et al. (Hrsg.) (2013): Traumapädagogische Standards in der stationären Kinder- und Jugendhilfe. Beltz Juventa, Weinheim und Basel

Lindenthaler, C., Lindenthaler, H. (2012): Natur als Partnerin. Systemische Prozessbegleitung in psychosozialen Handlungsfeldern, Buch&media, München

Löhmer, C, Standhardt, R. (2018): TZI – Die Kunst, sich selbst und eine Gruppe zu leiten, 2. Auflage, Klett-Cotta, Stuttgart

Loriot (2008): Das Frühstücksei. Gesammelte dramatische Geschichten, Diogenes Verlag, Zürich

Luckner, J.L., Nadler, R.S. (1997): Processing the Experience, 2. Auflage, Kendall/Hunt, Dubuque/Iowa

Luft, J. (1993): Einführung in die Gruppendynamik, Ernst Klett, Stuttgart

Maier, C. (2000): Spielraum für Wesentliches. INNER GAME – mit mehr Leichtigkeit leben, lernen und arbeiten, BW Bildung und Wissen, Nürnberg

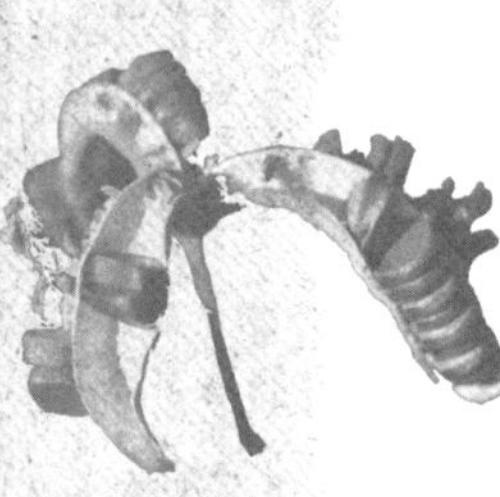

Maturana, H.R., Varela, F.J. (2012): Der Baum der Erkenntnis – Die biologischen Wurzeln menschlichen Erkennens, 5. Auflage, Fischer Taschenbuch Verlag, Frankfurt

Meier-Gantenbein, K.F. (2000): Ermöglichen statt erziehen. Bausteine einer erlebnispädagogischen Didaktik. Lambertus, Freiburg

Meier-Gantenbein, K.F. (2012): Konstruktivismus: Wie wirklich ist die Wirklichkeit? In: Meier-Gantenbein, K.F., Späth, T. (2012): Handbuch Bildung, Training und Beratung. Zwölf Konzepte der professionellen Erwachsenenbildung, 2. Auflage, Beltz, Weinheim und Basel, S. 270-294

Meier-Gantenbein, K.F. (2012): Systemtheorie: Was brauchbar ist, entscheide ich! In: Meier-Gantenbein, K.F., Späth, T. (2012): Handbuch Bildung, Training und Beratung. Zwölf Konzepte der professionellen Erwachsenenbildung, 2. Auflage, Beltz, Weinheim und Basel, S. 296-328

Michl, W. (2015): Erlebnispädagogik. Ernst Reinhardt UTB, München

Michl, W. (1989): Höhlentour. Zur Integration von Körpererfahrung. Erlebnispädagogik und kulturelle Praxis. In: deutsche Jugend 11, S. 485-489

Michl, W., Fengler, J. (2023): 500 Stichwörter zur Erlebnispädagogik. Insiderwissen für Outdoorhandeln, Weinheim: Beltz Juventa.

Murray, J. (1992): The Great Bear: Contemporary Writings on the Grizzly, Alaska Northwest Books, Portland, Oregon, USA

Oerter, R., Montada, L. (2002): Entwicklungspsychologie. Ein Lehrbuch, 5. Auflage, Oerter/Montada, Beltz Verlag, Weinheim

Paffrath, H.F. (2013): Einführung in die Erlebnispädagogik, ZIEL-Verlag, Augsburg

Priest, S., Gass, M.A. (2005): Effective Leadership in Adventure Programming, Human Kinetics, Leeds UK, 2. Auflage

Priest, S., Gass, M.A. (1999): Techniken der unterstützenden Prozeßbegleitung, Übersetzt von Schödlbauer, C. In: Schödlbauer, C., Paffrath, F.H. und Michl, W. (Hrsg.) (1999): Metaphern – Schnellstraßen, Saumpfade und Sackgassen des Lernens, ZIEL-Verlag, Augsburg, S. 218-231

Priest, S., Gass, M.A., Gillis, L. (2000): The Essential Elements of Facilitation, Kendall/Hunt, Dubuque/Iowa

Prior, M. (2017): MiniMax-Interventionen: 15 minimale Interventionen mit maximaler Wirkung, 14. Auflage, Carl-Auer, Heidelberg

Quarch, C. (2019): Abenteuer Verantwortung. In: e&l – erleben und lernen, 6, Augsburg: ZIEL-Verlag, S. 24-28.

Raab, U., Späth, T. (2010): Handbuch Trainingsmethoden. Ein Methodenbuch für Trainer von Trainern. ZIEL-Verlag, Augsburg

Reiners, A. (2007): Praktische Erlebnispädagogik Band 2: Neue Sammlung handlungsorientierter Übungen für Seminar und Training, 2. Auflage, ZIEL-Verlag, Augsburg

Reiners, A. (2013): Praktische Erlebnispädagogik Band 1: Bewährte Sammlung motivierender Interaktionsspiele, 9. Auflage, ZIEL-Verlag, Augsburg

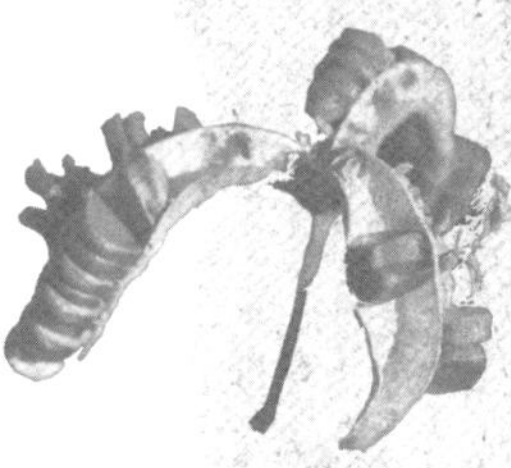

Retzer, A. (2006). In: Seidelberger, M. (2010). Neutralität, In Systemische Notizen 04/10, S. 42-56

Röhner, J., Schütz, A. (2016): Psychologie der Kommunikation, 2. Auflage, Springer Fachmedien, Wiesbaden

Rothmeier, K. (2018): Erlebnispädagoge be® / Erlebnispädagogin be®. In: e&l erleben und lernen 8/2018, S. 42-51, ZIEL-Verlag, Augsburg

Royer, H.P. (2008): Nur wer loslässt, wird gehalten. Christuszentrierte Erlebnispädagogik, Hänssler, Holzgerlingen

Rutkowski, M. (2010): Der Blick in den See. Reflexion in Theorie und Praxis. ZIEL-Verlag, Augsburg

Saint-Exupéry, A. de (2000): Der Kleine Prinz, 56. Auflage, Karl Rauch Verlag, Düsseldorf

Scharmer, C.O., Käufer, K. (2008): „Führung vor der leeren Leinwand". In: Zeitschrift OrganisationsEntwicklung Nr. 2/2008, S. 5, Fachverlag der Verlagsgruppe Handelsblatt GmbH, Düsseldorf

Scharmer, C.O. (2009): Theorie U – Von der Zukunft her führen, Carl Auer, Heidelberg

Schlippe, A. von und Schweitzer, J. (2003): Lehrbuch der systemischen Therapie und Beratung I, 2. Auflage, Vandenhoeck & Ruprecht, Göttingen

Schlippe, A. von und Schweitzer, J. (2013): Lehrbuch der systemischen Therapie und Beratung I, 2. Auflage, Vandenhoeck & Ruprecht, Göttingen

Schmidt, G. (2007): Vorwort. In: Hargens, J. (2007): Lösungsorientierte Therapie ... was hilft wenn nichts hilft ..., Borgmann, Dortmund

Schödlbauer, C. (2000): Metaphorisches Lernen in erlebnispädagogischen Szenarien. Eine Untersuchung über handlungsorientierte Lehr-Lern-Prozesse, Verlag Dr. Kovac, Hamburg

Schödlbauer, C. (2003): Vorwort. In: Bacon, S. (2003): Die Macht der Metaphern, The Conscious Use of Metaphor in Outward Bound, 2. überarbeitete Auflage, ZIEL-Verlag, Augsburg

Schreyer, J. (2017): Outdoortraining für Gesundheitsförderung und Persönlichkeitsentwicklung. Praxisbuch mit 51 Übungen. Ernst Reinhardt, München

Schulz von Thun, F. (2008): Miteinander reden: 2, Rowohlt Verlag, Reinbek bei Hamburg

Schwing, R., Fryszer, A. (2013): Systemisches Handwerk – Werkzeug für die Praxis. Vandenhoeck & Ruprecht, Göttingen

Schwing, R., Fryszer, A. (2015): Systemische Beratung und Familientherapie – Kurz, bündig, alltagstauglich. Vandenhoeck & Ruprecht, Göttingen

Seibel, B. (2010): Bildung und Erziehung in Vereinen und Verbänden – Grundlagen und Haltungen für die Kinder- und Jugendarbeit der ehrenamtlichen Pädagogen, hofmann, Schorndorf

Seidel, H. (2018): Berufsbild Erlebnispädagoge / Erlebnispädagogin. In: Michl, W., Seidel, H. (Hrsg.): Handbuch Erlebnispädagogik, Ernst Reinhardt, München

Senninger, T. (2000): Abenteuer leiten – in Abenteuern lernen, Ökotopia, Münster

Simon, F.B. (2012): Meine Psychose, mein Fahrrad und ich. Zur Selbstorganisation der Verrücktheit. Carl-Auer, Heidelberg

Sonntag, C. (2010a): Abenteuer Spiel 1: Handbuch zur Anleitung kooperativer Abenteuerspiele, 3. erweiterte Auflage, ZIEL-Verlag, Augsburg

Sonntag, C. (2010b): Abenteuer Spiel 2: Handbuch zur Anleitung kooperativer Abenteuerspiele, 1. Auflage, ZIEL-Verlag, Augsburg

Spitzer, M. (2006): Lernen – Gehirnforschung und die Schule des Lebens, Spektrum Akademischer Verlag, Heidelberg

Stölzel, T. (2012): Staunen, Humor, Mut und Skepsis. Philosophische Kompetenzen für Therapie, Beratung und Organisationsentwicklung. Vandenhoeck & Ruprecht, Göttingen

Straß, U. (2007): Hilfreiches Fragen – Praxishandbuch für hilfreiche Gespräche in Lern- und Veränderungsprozessen, Books on Demand GmbH, Norderstedt

Thiesen, C. (2016): in e&l 3&4 2016, Circle of Courage, In: e&l erleben und lernen 3 & 4/2016, S. 13-17, ZIEL-Verlag, Augsburg

Thoma, H. (1990): „Der Wurm muss schmecken“. In: Der Spiegel 42/1990, S. 162-168

Thomas, K., Kreszmeier A.H. (2007): Systemische Erlebnispädagogik, Kreativ-rituelle Prozessgestaltung in Theorie und Praxis, ZIEL-Verlag, Augsburg

Thoreau, H.D. (1999): Walden. Ein Leben mit der Natur. Deutscher Taschenbuch Verlag, München

Tuckman, B.W. (1965): Developmental sequence in small groups. In: Psycological Bulletin 63 (6), S. 384-399

Wagner, M. (2002): Wer hat den Affen auf der Schulter? Die Verantwortung für den Transfer. In: Schad, N., Michl, W. (Hrsg.), Outdoor Training. Personal- und Organisationsentwicklung zwischen Flipchart und Bergseil, Luchterhand, Neuwied. S. 94-103

Watzlawick, P. (2007): Menschliche Kommunikation. Formen, Störungen, Paradoxien. Huber Verlag, Bern (CH)

Watzlawick, P. (Hrsg.) (2010): Die erfundene Wirklichkeit. Wie wissen wir, was wir zu wissen glauben? Piper Taschenbuch Verlag, München

Weber, C. (2010). Flüssige Wärme in der Brust, https://www.sueddeutsche.de/wissen/gemischte-gefuehle-erhabenheit-fluessige-waerme-in-der-brust-1.1003731, abgerufen am 9.12.2022

Zimbardo, Ph. G., Gerrig, R.J. (2003): Psychologie, 7. Aufl., Springer Verlag, Berlin, Heidelberg, New York

Zierer, K. (2016): Hattie für gestresste Lehrer. Kernbotschaften und Verhaltensempfehlungen aus John Hatties „Visible Learning“ und „Visible Learning for Teachers“, Schneider Verlag, Hohengehren

Zuffelato, A., Kreszmeier, A.H. (2007): Lexikon Erlebnispädagogik. Theorie und Praxis der Erlebnispädagogik aus systemischer Perspektive, ZIEL-Verlag, Augsburg

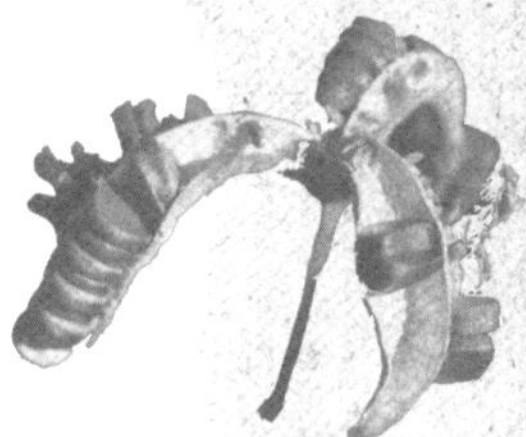

Internetquellen

Bundesverband Individual- und Erlebnispädagogik e.V., Berufsbild:
www.be-ep.de, https://www.bundesverband-erlebnispaedagogik.de/fileadmin/user_upload/be-ep.de/Dateien/Pdf/Downloads/23-04-03_berufsbild_erlebnispaedagoge.pdf, abgerufen am 2.9.2023

Bundesverband Individual- und Erlebnispädagogik e.V., Titel und Anerkennungsverfahren Erlebnispädagoge be® / Erlebnispädagogin be®:
www.be-ep.de, https://www.bundesverband-erlebnispaedagogik.de/qualitaet/erlebnispaedagoge-ber.html, abgerufen am 6.11.2018

Chapman, A. (1999-2016)
http://www.businessballs.com/consciouscompetencelearningmodel.htm, abgerufen am 6.11.2018. Zitat: „Businessballs is a free ethical learning and development resource for people and organizations, run by Alan Chapman, founded in Leicester UK, now based mainly in Eynsford, Kent"

Der Duden:
www.duden.de, abgerufen am 6.11.2018

Experience-Based Learning Systems, Website von Alice und David A. Kolb:
www.learningfromexperience.com

→ Kolb, A. Y. & Kolb, D. A. (2008): The learning way: Meta-cognitive aspects of experiential learning. Simulation and Gaming. https://learningfromexperience.com/research-library/the-learning-way-meta-cognitive-aspects-of-experiential-learning/abgerufen am 6.11.2018

→ Kolb, A. & Kolb, D. A. (2009): Experiential Learning Theory: A Dynamic, Holistic Approach to Management Learning, Education and Development, S. 42-68. The SAGES Handbook of Management Learning, Education and Development. Edited by S. J. Armstrong, and C. V. Fukami. PDF: https://learningfromexperience.com/downloads/research-library/experiential-learning-theory-working-paper.pdf, abgerufen am 6.11.2018

→ Kolb, A. & Kolb, D. A. (2013): The Kolb Learning Style Inventory 4.0. A Comprehensive Guide to the Theory, Psychometrics, Research on Validity and Educational Applications. https://learningfromexperience.com/research-library/the-kolb-learning-style-inventory-4-0/, abgerufen am 6.11.2018

→ Kolb, D. (1984): Experiential Learning: Experience as a Source of Learning and Development. Prentice-Hall, Inc. Verfügbar auf der Website der Experienced Based Learning Systems, Inc., https://learningfromexperience.com/research-library/the-process-of-experiential-learning/ abgerufen am 6.11.2018

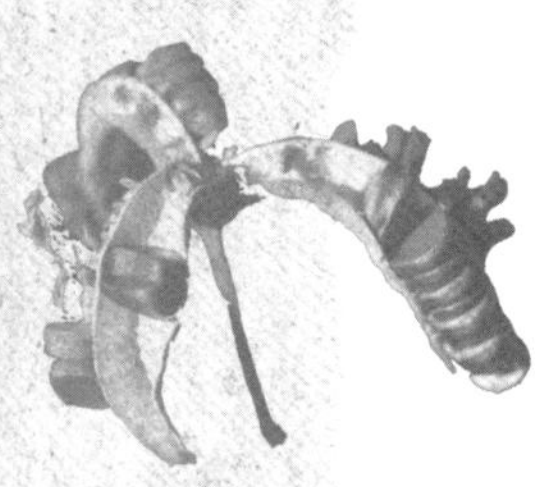

Fellermayr, L. (2009). Ontologien für Lernzieltaxonomien und Lernzielstrukturen aus der Informatik. Technische Universität München, https://www.yumpu.com/de/document/read/45888090/download-fachgebiet-didaktik-der-informatik-technische-

Handbuch zum Deutschen Qualifikationsrahmen – DQR (2013), www.dqr.de/media/content/DQR_Handbuch_01_08_2013.pdf, abgerufen am 6.11.2018

Priest, S. (1996 bis 2004): http://simonpriest.altervista.org/TRRK/EXP/exp.htm, abgerufen am 6.11.2018

Theodore Roosewelt Center: http://www.theodorerooseveltcenter.org/Learn-About-TR/TR-Quotes.aspx, abgerufen am 6.11.2018

Universität Kassel: Mitteilungsblatt der Universität Kassel Nr. 07/2016 vom 24.03.2016 http://www.uni-kassel.de/fb02/fileadmin/datas/fb02/1.Jahrgang_Nr.17_2006.pdf, abgerufen am 6.11.2018

Sonstige Quellen

Schleidt, W. (2016): Persönliche Mitteilung per Mail am 9.12.2016, nachdem wir beim Konrad-Lorenz-Institut in Wien nach der Quelle des Zitats geforscht haben. Näheres zur Person unter https://de.wikipedia.org/wiki/Wolfgang_Schleidt und http://www.schleidt.org/wolfgang/

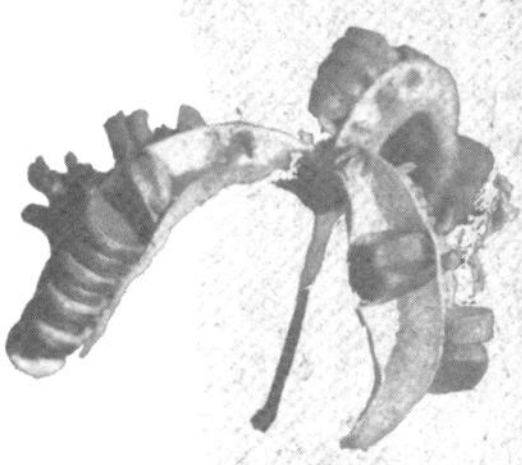

Roland Abstreiter

Rafaela Zwerger

Reinhard Zwerger

Roland Abstreiter, *Jahrgang 1970, Dipl.-Sozialpädagoge (FH), Master of Arts in Supervision (DGSv), Erlebnis- und Umweltpädagoge seit 1997, seit 2009 Lehrtrainer bei der Zwerger&Raab GmbH*

Rafaela Zwerger, *Jahrgang 1979, Dipl.-Sozialpädagogin (FH), Systemische Beraterin, Erlebnis- und Umweltpädagogin seit 2004, seit 2008 Lehrtrainerin bei der Zwerger&Raab GmbH, Lehrbeauftragte für Erlebnispädagogik an Hochschulen für Soziale Arbeit seit 2010.*

Reinhard Zwerger, *Jahrgang 1962, Dipl.-Geophysiker (Vulkanologe, Seismologe), Gründung des erlebnispädagogischen Vereins Arco e.V. 1985. Geschäftsführer der Zwerger&Raab GmbH seit 1990. Lehrbeauftragter für Erlebnispädagogik an Hochschulen für Soziale Arbeit seit 1991, Mitglied im Vorstand des Bundesverbandes Individual- und Erlebnispädagogik e.V.*

Die Zwerger&Raab GmbH

1988 aus dem 1985 gegründeten Verein arco e.V. hervorgegangen, bietet seit 1991 Aus- und Weiterbildungen im Bereich Erlebnis- und Umweltpädagogik an. Die Autor:innen sind ein wesentlicher Bestandteil des Lehrteams des Unternehmens.

E-Mail: info@zwerger-raab.de
Internet: www.zwerger-raab.de

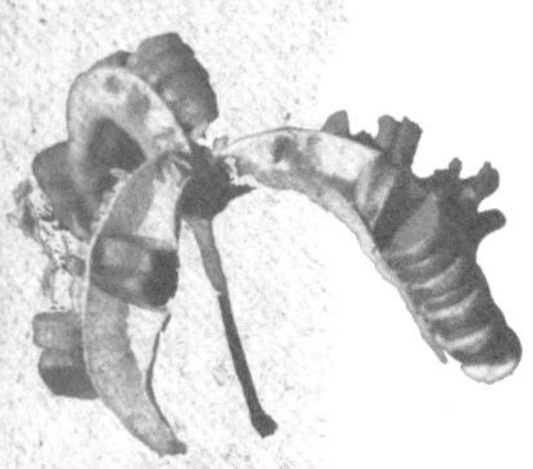